高校心理辅导理论与实务

崔诣晨 编著

中国林業出版社

·北 京·

内容简介

本书以更广阔的视野审视和阐释了各类心理异常现象，全面考虑了文化环境、伦理道德、人际关系等社会支持系统对塑造大学生自尊自信、理性平和、积极向上的健康心态的作用，展现了高校心理辅导理论与实践新模式。这种模式以“知识—能力、知识—实践、能力—实践”三维动态的心理辅导能力培养为根本，以“心理辅导人员在不同的职业角色成长阶段所应具备的职业技能”为核心，以“心理辅导、心理咨询、心理危机预防与干预的实训体系建设”为重点，层层深入论述了高校心理辅导工作的丰富内容和具体形式。

图书在版编目（CIP）数据

高校心理辅导理论与实务 / 崔诣晨编著. —北京：中国林业出版社，2018. 12

ISBN 978-7-5038-9894-5

Ⅰ. ①高… Ⅱ. ①崔… Ⅲ. ①大学生 - 心理辅导 - 高等学校 - 教材 Ⅳ. ①G444

中国版本图书馆 CIP 数据核字（2018）第 272066 号

中国林业出版社 · 教育出版分社

策划编辑：肖基浒　吴　卉　　**责任编辑：**肖基浒　曹鑫茹

电　　话：（010）83143555　　**传　　真：**（010）83143516

出版发行：中国林业出版社（100009　北京市西城区德内大街刘海胡同 7 号）
E-mail：jiaocaipublic@163. com　电话：（010）83143500
http：//www. forestry. gov. cn/lycb. html

经　　销：新华书店

印　　刷：三河市祥达印刷包装有限公司

版　　次：2019 年 1 月第 1 版

印　　次：2019 年 1 月第 1 次印刷

开　　本：787mm × 1092mm　1/16

印　　张：17. 75

字　　数：336 千字

定　　价：45. 00 元

未经许可，不得以任何方式复制或抄袭本书之部分或全部内容。

版权所有　侵权必究

序

PREFACE

近年来，我国青年的社会心态变得越来越理智成熟、开放多元、积极主动，且更加具有世界意识。党的十九大多次强调“预防为主，防治结合”的健康文明新理念新举措和“加强社会心理服务体系建设”的重要性，全国教育大会也多次提到“完善人格”的育人目标。因此，做好大学生心理辅导工作既是建设健康中国的实施战略，也是培养高素质人才的必备条件。

“心理辅导”这一教育形式最早出现于20世纪初期。第二次世界大战后，心理辅导逐渐成为一门集学术性和实践性为一体的学科。进入20世纪70年代后，欧美各国学校的心理辅导工作进入了空前发展的阶段，建立了由小学至大学、完整成熟的心理辅导体系，由受过专业训练的人员提供咨询、辅导与测验服务，促进了学生的健康成长。受这一国际教育改革趋势的推动，我国高校的心理辅导开始不断向专业化道路前进，其内容和形式日趋多元化与多样化。

正如美国《哲学百科全书》所说，现代心理辅导“强调个体的力量与价值，充分考虑人与环境的相互作用；强调认知因素在个体判断和决策中的作用；强调个体差异，研究个人在制定总目标、计划以及扮演社会角色方面的个性特征及可塑性”。

究其内涵，高校心理辅导以心理学理论和技术为指导，关注大学生的常态发展（即不同发展阶段的任务及应对策略），尤其重视智力与潜能的开发，以及各种心理冲突和危机的早期预防和干预。与蓬勃发展的各类心理健康教育活动（如心理咨询、团体心理辅导、心理危机预防与干预等理论技术的应用）相比，国内心理辅导人员的职业认证体系建设（如专业培训、专业督导、职业道德监管等）尚处于起步阶段。他们既不同于具有从业资格的注册心理咨询师，也不同于临床精神科医师，目前对他们的专业指导还没有形成统一的模式和体系。

我们现处于“摸着石头过河”、逐步探索高校心理辅导理论与实践发展道路的时期。可以说，崔诣晨博士的编著在一定程度上回应了高校心理辅导要解决的问题和面临的困境。概括起来，主要有三个层面：一是如何帮助高校心理辅导人员厘清职业定位——鼓励来访者主动承担责任，发掘个人资源和潜能；二是如何解析和评估高校辅导人员心理辅导能力的构成与培养体系；三是如何从辅导案例出发，层层递进开展高校辅导人员心理辅导能力的实训。

通过阅读，相信读者们会跟我一样，感受到这本教材所展现的高校心理辅导理论与实践新模式。这种模式以“知识—能力、知识—实践、能力—实践”三维动态的心理辅导能力培养为根本，以“心理辅导人员在不同的职业角色成长阶段所应具备的职业技能”为核心，以“心理辅导、心理咨询、心理危机预防与干预的实训体系建设”为重点，层层深入论述了高校心理辅导工作的丰富内容和具体形式。

该教材还有一个重要的特点是理据翔实、紧跟前沿。在介绍大学生的典型心理问题及心理辅导策略时，以更广阔的视野审视和阐释了各类心理异常现象，全面考虑了文化环境、伦理道德、人际关系等社会支持系统对塑造大学生自尊自信、理性平和、积极向上的健康心态的作用，从而有助于促进大学生心理健康素质与思想道德素质、科学文化素质协调发展。

“欲事立，须是心立。”建设社会主义现代化强国，社会心态必须强起来。我愿以这句话与大家共勉。是为序。

国务院妇儿工委儿童智库专家

教育部中小学心理健康教育专家指导委员会委员

南京师范大学心理学院教授

2018 年 12 月 8 日于南师大随园田家炳楼

前　言

FOREWORD

2004 年，笔者迈入高校心理健康教育领域之时，国内心理咨询行业尚处于起步阶段。后来，在接受相关业务培训的过程中，逐步接触和深入了解到心理辅导的理论流派和应用技术。即便如此，仍然对能否胜任“高校心理辅导教师”这一角色心存困惑和焦虑。究其缘由，作为社会阶层中最活跃的群体，广大青年的社会心态呈现出适应性、动态性和复杂性等特征；而现阶段所采取的心理辅导尚处于“以心理问题与障碍为导向、以心理危机预防与干预为焦点”的传统模式，缺乏对大学生积极心理品质的开发和社会适应能力的培养。对此，把握新时代大学生的心理发展规律，使其心理健康水平和综合素质得到最大程度的提升，是摆在高校新辅导工作者面前的紧迫任务和重大课题。

改革开放 40 年来，中国社会经历着社会转型以及全球化、网络化等现代化进程。与此相应，追逐人与环境的和谐、生态与心态的双重文明，成为我国青年对美好生活的热切向往，也体现了我国社会心态的嬗变轨迹。当我们试图理解新时期高校心理辅导的理论内涵和实践意义时，重新定位自身的职业角色成为做好这项工作的必然前提和基础。青年群体自知力良好，具有选择或创造自己未来的潜能。因此，协助大学生面向未来，以积极的心态思考和行动，将更加具有高校心理辅导的建设性内涵和意义。

心理辅导是高校心理健康教育的基石，它既是一门具有极强的整体性与操作性、集理论与应用于一体、使辅导者和被辅导对象产生丰富主观体验的应用性学科，也是一项培育社会责任感和修炼专业技能的热门职业。其遵循的基本原理是：通过辅导人员的价值观、咨询模式与沟通技能这三个认知系统之间的有机结合，帮助当事人重塑积极心理品质，挖掘和培养自我调控能力。可见，与单一的心理咨询相比，多元化的心理辅导模式将更加注重人文关怀和心理疏导，培育学生自尊自信、理性平和、积极向上的健康心态，从而获得最大的助人效果。

习近平总书记在 2018 年全国教育大会上强调，“坚持中国特色社会主义教育发展道路，培养德智体美劳全面发展的社会主义建设者和接班人”。在这一国家战略方针的指引下，高校心理辅导工作将面临怎样的发展机遇和挑战？

随着咨询案例和经验的不断丰富，笔者开始认识到：做好心理辅导工作，应不以旁观者的姿态武断地评判来访者，而是充满敬畏地走进来访者的心灵，镜映和抱持他们成长过程中的心理冲突和内在需求。从事高校心理辅导工作的助人者，不光是心理健康教育工作者、心理咨询师，还应包括“学生的人生导师和知心朋友”——辅导员。

如何帮助高校心理辅导人员提高创新实践能力，做到科学有效地运用相关的理论和技术以达到助人效果？本书阐释了三点育人理念：一是高校心理辅导人员应具备一定的职业操守，以建立值得信赖的助人关系；二是高校心理辅导人员应必备专业的沟通技能，以帮助当事人敞开心扉地倾诉和宣泄；三是高校心理辅导人员应从个体心理咨询、团体心理辅导、心理危机预防与干预三个层面勾画出具有普遍意义的助人模式，并解析每种助人模式的基本路径、阶段性目标和实施途径。

与大众心理辅导类书籍不同，本书贴合高校心理辅导工作实际，考量高校心理辅导队伍的职业化诉求，采取适合大学生群体的特色心理辅导模式，为高校心理辅导的专业化建设提供了相应的基础理论支撑与实践指导。

本书的酝酿、编写和出版是一个艰辛的过程。感谢国家林业和草原局普通高等教育“十三五”规划教材评审组专家的厚爱，使本书得以立项资助；感谢南京林业大学马克思主义学院、学生工作部以及南京晓庄学院心理健康研究院的各位领导和同仁给予的关怀与帮助，使笔者能兼顾好日常工作和本书的创作。

全书各章节由笔者负责编著和统稿，南京林业大学学生心理健康教育指导中心的程云霞老师以及南京林业大学思想政治教育专业的研究生周明洁、王进怡、赵紫叶参与了部分章节的撰写。在此，对他们的辛勤付出致以诚挚的谢意。南京师范大学心理学教授、博士生导师傅宏对本书出版给予了鼓励和鞭策，并在百忙之中欣然题序。感谢中国林业出版社编辑为本书付梓不辞劳苦的工作。

本书的创作受到了国内外很多专家、学者的思想启迪，主要参考文献在书末列出，在此一并致谢。由于编者水平有限，书中不足之处恳请广大读者批评指正！最后，谨以本书献给所有关怀、帮助、支持、鼓励笔者的亲人、师长、学友和朋友们！

崔诣晨

2018 年 12 月 10 日于南京玄武湖畔

目 录

CONTENTS

第一章 高校辅导人员的职业定位

想试着回答一下吗

- 你知道高校辅导人员主要负责哪方面的工作吗?
- 你认为一名优秀的高校辅导人员应该具备哪些素质?
- 如果在学习和生活中遇到困难，你会向高校辅导人员求助吗?
- 你对你所在学校的辅导人员的工作满意吗?
- 如果你将来成为一名高校辅导人员，你将会加强哪方面的学习呢?

……

第一节 高校辅导人员的职业规划

高校辅导人员，泛指高校基层从事思想政治教育与管理工作的人员(如辅导员、班主任、基层党团组织人员)。在做大学生思想工作时，他们与学生的接触最密切、对学生的影响最直接，但同时也都有过“心有余而力不足”的尴尬。思想问题是复杂的，一个缺乏专业知识、举措不当或道德水准不高的辅导人员，往往解决不了思想问题。过去，高校辅导人员习惯于把大学生的思想与行为问题简单归咎为思想观念与道德情操的偏差，工作方法过于简单，不能适应学生千差万别的个体需要。现阶段，思想政治教育与心理健康教育两大领域的结合，已成为值得关注的重要课题，在此基础上，拓展新领域、创造新方法、开辟新途径也是实现思想政治教育科学化的重要路径。因此，高校辅导人员必须重视大学生心理发展的特点和规律，培养心理辅导能力；在实际工作中，遵循大学生的认知结构、思想动态与心理发展规律；在对其错误思想观念与心理问题进行疏导的同时，伴以一定的心理辅导与咨询，从而增强思想政治教育的实效性，提高大学生的心理健康水平。

一、高校辅导人员的角色定位

近年来，高校辅导人员队伍职业化建设日趋深入。这一趋势，可以看成是外因与内因协同作用的结果。究其外因，一是随着当前高等教育体制改革的深化，高校思想政治教育与心理健康教育的内容呈现出多样化的特点。因此，高校辅导人员要做到与时俱进，切实有效地开展工作；二是当代大学生的心理素质、生活方式、价值取向及所处的现实社会环境与过去相比有很大不同，在种种选择中，他们往往处于矛盾的状态，如“成人”与“成才”；“义务”与“权利”；“求知”与“求职”；“情感”与“婚恋”；“需求”与“保障”等。因此，高校辅导人员必须具有精准的判断力和抉择能力。但一些高校辅导人员在面对新形势和复杂的社会问题时，由于缺乏专业素养和工作技能，导致其在工作时偶尔会出现知识危机和心理恐慌。因此，高校需要大力加强辅导人员队伍职业化建设，开展高校辅导人员的角色定位研究。

（一）高校辅导人员的宏观角色

“角色”一词原指戏剧中演员扮演的剧中人物。20 世纪 20 年代，美国芝加哥社会学派的代表人物乔治·赫伯特·米德(George Herbert Mead)将角色的概念引入社会学研究领域，以说明个体在社会舞台上的身份和行为。作为一种职业，高校辅导工作的性质和特点决定其角色并非单一，而是复杂多元的。思想政治教育与管理是一门科学，而科学的价值在于务实。因此，高校辅导人员要密切关注社会环境、大学生心理的变化与发展及其价值观的走向，及时调整工作内容、方法和态度。根据这一时代背景和工作特性，我们把高校辅导人员的宏观角色定位为“三者”。

1. 教育者

高校辅导人员是开展大学生思想政治教育工作的中坚力量，是我国思想政治工作最基层的组织者、教育者和管理者。他们肩负着提高大学生思想政治觉悟、培养其健全人格的重任。在信息爆炸的时代，大学生获取信息的途径越来越多，获得的知识量也越来越大，这本来是一件好事，但随之产生的，则是一些大学生在不同的思想观念中迷失了自我，缺乏政治信仰、理想信念模糊、价值取向扭曲、诚信意识淡薄、社会责任感不足、缺少艰苦奋斗的精神、团结协作观念淡薄、心理素质欠佳等问题。这就需要高校辅导人员以一个教育者的角色出现，运用形式多样的课外活动和党团实践，将教育寓于活动与实践之中，帮助大学生树立正确的世界观、人生观和价值观，引导其健康成长。

2. 管理者

高校是大学生从学校到社会的实践载体，而大学生则是高校的主体。因此，高校辅导人员工作的主要目标是促进大学生全面发展，其管理工作主要涉及三部分内容：学生的思想政治教育、心理辅导和日常行为管理。虽然，高校辅导人员兼具教师的身份，但其工作性质和教师相比仍有较大差异，主要表现在三个方面：一是管理对象特殊。高校辅导人员要管理的对象是学生的思想。要想对大学生进行有效的引导，就必须认真研究他们的思维活动，分析其具体行为，把握学生的思想脉搏，从而针对具体问题找到最佳解决途径，帮助大学生树立正确的学习观、人生观、价值观和世界观。二是管理内容繁杂。高校辅导人员的事务性工作极其广泛，涉及教育、教学与管理等多个层面。高校辅导人员需要处理的各类学生问题也纷繁芜杂，有学习、人际交往、情感等方面的问题，也有心理、职业选择、人生规划等方面的问题。三是工作期限不固定。问题学生的思想净化和行为改善工作并不能一蹴而就，因此，高校辅导人员的管理工作是一个从量变到质变的过程，而质的变化有可能需要几年甚至几十年。目前，已有大量研究在广泛关注高校辅导人员应具有的优秀品质、甄选机制、管理模式、绩效考核等职业化建设问题。

3. 服务者

从广义角度看，教育、管理都是服务的一种方式。高校的发展趋势必然由管理型向服务型转变。因此，高校辅导人员在扮演教育者和管理者的同时，始终在为学生全面成长成才服务。从狭义的角度看，高校辅导人员的工作不应是一种被动的、保姆式的服务，而应是一种主动的、“以人为本”的服务。他们应了解大学生群体中普遍存在的、主要的、关心的、以及迫切需要解决的问题，成为大学生的知心朋友和人生导师。

（二）高校辅导人员的微观角色

高校辅导人员的微观角色，即高校对辅导人员工作任务和内容的具体要求，也就是指在帮助大学生培养良好的人格品质和扎实的专业基础的过程中，扮演的角色。高校辅导人员的微观角色可以定位为“三员一友”。

1. 指挥员

高校辅导人员是开展大学生日常思想政治工作的基层指挥员。要做好这一工作，就是要从策划、组织、安排三个方面下工夫，切实做到策划缜密、组织得当、安排紧凑，紧抓管理育人的工作。高校的重要职能在于培养学生独立自主和适应社会的能力。在大学生们面临人际关系、情感、学习与实践能力不足等困惑时，高校辅导人员应抓住他们的性格特点，结合自身的实践经验与具体环境，及时、准确地给予其精神上的引领和帮助。

2. 引导员

实践证明，由于高校辅导人员工作认真、学识渊博以及具有独特的人格魅力，以至于他们已经成为大学生心中的一面“旗帜”。要做好这面“旗帜”，就需要温情的服务和正确的引导，更重要的是要有能力成为学生的人生导航。为此，高校辅导人员需要加强教育学、心理学、管理学等相关学科的学习，从学生的特点出发，引导其进行职业规划，设定短期、中期和长期的目标，塑造其完善的人格，帮助其成为对社会有用的人。

3. 咨询员

青年时期是人的一生中心理变化最为激烈的阶段，而大学生又是一个承载着社会、家庭高期望值的群体，是在社会变革中不断受到冲击、诱惑和压力的群体。因此，高校辅导人员的工作错综复杂，责任重大。要做好这份工作，首先应加强心理辅导能力，掌握多学科知识。如心理发展的基本规律、常见心理障碍的表现、成因及处理方法等，这些知识都是必备的。其次，应提高自身素质和个人魅力。要具备宽广的胸怀、积极的态度、蓬勃的精神面貌；要能耐心倾听、理解并鼓励大学生；要多做换位思考，引导他们做出正确的人生抉择。最后，应不断拓展自己的眼界，增强自己的业务能力。要深化高校辅导人员的职业发展教育理念的认识，开展专业理论和技能的学习，并加强业务实践培训。

4. 知心朋友

新时期，许多大学生都是“90 后”，而高校辅导人员的年龄一般都在 25 ~ 34 岁，这为高校辅导人员成为大学生的“知心朋友”提供了极大的便利。但是，这并不意味着高校辅导人员要盲目地和学生“打成一片”，丧失职业威信。因此，作为学生的老师和朋友，辅导人员更要注重将优良传统与改革创新有机结合起来，培养三种能力：一是热爱学生，倾听学生的能力；二是深入了解学生，认知学生的能力；三是帮助学生，解决学生困难的能力。如果辅导人员与学生能在知情知心的基础上建立情感联系，就会使学生受到鼓舞而自强不息。

二、高校辅导人员的工作关系

高校的学生事务纷繁复杂，无论从数量还是内容上，都需要高校辅导人员与学校各部门相互配合、协调，才能妥帖地加以处理。

（一）高校辅导人员与“两课”教师的关系

“两课”教师是指，高校中承担德育及公共政治课程教学任务的任课教师。虽然，高校辅导人员与“两课”教师都属于高校的德育教师，在工作中有许多共同点，但两者之间还是存在着些许差异。从工作方式上来看，“两课”教师的德育工作主要是通过课堂授课的形式展开，而高校辅导人员的德育工作则贯穿于学生思想政治教育和日常事务管理之中。对高校辅导人员而言，除了在管理和服务过程中始终坚持育人观念外，还须重视提高自身的能力和素质，借鉴“两课”教师课堂教学专题性强、知识面广、挖掘力度深等经验，有针对性地对大学生开展教育。此外，高校辅导人员还应加强与学生之间的沟通和交流，避免德育课程退化为课堂上的照本宣科，应在精心设计和组织教学活动的基础上，加强实践教学改革，从而更好地提任大学生的政治理论素养、完善其道德品质。

（二）高校辅导人员与任课教师的关系

这里说的任课教师，专指“两课”以外的任课教师。一般来看，高校辅导人员属于德育教师，任课教师属于智育教师。在大学生成长的过程中，德育和智育都是不可或缺的组成部分，对大学生的成长成才都起着至关重要的作用。因此，高校辅导人员与任课教师之间要彼此协助、相互沟通。高校辅导人员要努力营造良好的班风，为任课教师创造舒适的授课环境；任课教师则要尽力提升学生的思维能力和知识水平，促进学生自我认知能力的发展与成熟，从而减轻高校辅导人员在学生事务管理中的压力和负担。高校辅导人员与任课教师应经常交换信息，这既有利于高校辅导人员更好地掌握学生的学习动态，做好学生管理工作，更好地担当学生成长的领导者和引路人；又能协助任课教师了解学生的日常状况，有针对性地开展教学工作。两者相得益彰，互为补充。

（三）高校辅导人员与导师的关系

导师主要负责指导大学生的自主学习，承担为学生提供学习咨询和指导的责任。导师和辅导人员都需要及时掌握学生的思想动态、学业进展、专业能力等情况，从而帮助、指导学生解决困难和问题，维护学生的权益。导师制的确立为学生与专业教师之间搭建了一个更加便利、快捷的沟通平台，但导师无法像辅导人员那样，将主要的工作精力都投入在学生工作中。导师自身还承担教学、科研、外出讲学等其他工作，无法时刻和学生进行沟通，难以全面掌握学生的思想动态。但对于高校辅导人员而言，大部分精力都应放在对学生的思想政治教育和事务管理上。因此，只有通过高校辅导人员和导师的通力协作，才能让学生顺利地度过大学生活。

（四）高校辅导人员与党政管理干部的关系

院系层面的党政管理干部一般会与高校辅导人员有较多的直接接触，如院党委书记、支部书记等。他们都是大学生思想政治教育工作队伍的主体，两者从事的工作目标一致，旨在通过理想信念教育、爱国主义教育和思想道德建设，推动、促进大学生全面发展。此外，辅导人员是党政管理干部与学生之间沟通交流的桥梁。由于日常行政事务的限制，党政管理干部和学生直接沟通的机会较少，他们工作的计划与内容等信息，多数是由辅导人员传递给学生，而学生提出的问题或要求也由辅导人员转达给党政管理干部。

(五)高校辅导人员与心理咨询员、职业咨询师的关系

高校辅导人员开展的工作时，往往是主动出击，即通过谈心等方式主动与学生进行情感和心灵上的沟通交流，而心理咨询员大多是通过被动咨询的方式与学生展开交流。与高校辅导人员相比，心理咨询员、职业咨询师最大的优势在于他的专业性。在实际工作中，不少高校辅导人员会遇到一些技术性难题。对此，高校辅导人员应努力提升自身的专业性，学习运用心理学原理和心理规律，以便能更快了解学生在气质、性格、兴趣、能力等方面存在的个体差异和人格特征。例如，针对不同气质类型的学生，高校辅导人员应做到因材施教、因势利导，不盲目说教、不搞“一刀切”，要将思想政治教育与心理健康教育有机融合。再如，在帮助学生解决人际关系紧张、学习困难、就业压力大等问题时，不能采取单纯的说教，而应从实际情境出发对当事人的心理、个性特征等方面进行理性分析，通过倾听、心理疏导、团体心理辅导等方式，适时地充当“心理医生”、心理卫生保健者的角色。又如，在对学生进行职业生涯指导、接受发展性咨询以及选拔学生干部时，可以运用心理辅导技术，发掘学生的潜能，做到人尽其才。此外，高校辅导人员与心理咨询员、职业咨询师应开展一种合作关系，在不触动双赢的基础上，实现资源共享，沟通协作，共同为大学生提供高质量的心理辅导。

第二节　高校辅导人员的职业特性

一、高校辅导人员的必备素质

高校辅导人员是大学生日常思想政治教育和学习管理工作的组织者、实施者和领导者，是大学生进入大学生活的第一位人生导师和知心朋友，社会的发展趋势和国家对辅导人员的多重定位决定了其具备的理论和实践素质应是多维度的、广泛的。

(一)高校辅导人员的理论素质

高校辅导人员的教育对象一般都是20岁左右的年轻人，他们都是祖国的希望。在这一时期，他们正处于世界观、人生观、价值观形成和发展的重要时期，因此，高校辅导人员须具备一定的理论素质，才能教育和管理好他们。

1. 政治素质

政治素质是高校辅导人员应具备的最基本、最核心的素质。大学生的思想问题虽多种多样，但说到底都同理想信念有关。抓住了理想信念教育的本质，就抓住了大学生思想政治工作的核心内容。高校辅导人员是党在高校的政治工作者，是大学生“思想上、政治上的引路人”，高校辅导人员的政治素质会直接影响青年学生的政治素质。因此，高校辅导人员必须拥有正确的政治方向，坚定的政治信仰，鲜明的政治立场，准确的政治鉴别能力，才能自觉贯彻党的教育方针政策，并将正确的政治理念传递给学生，帮助其树立正确的世界观、人生观、价值观。

2. 道德素质

高校辅导人员作为教师队伍和管理队伍的重要组成部分，承担着“传道、授业、解惑”的重要职责，他们传的是文明之道，授的是立身之业，解的是人生之惑。因此，高校辅导人员应具有很高的人文素养和人格魅力。德高为师，身正为范。高校辅导人员既是学生政治上的向导，也是其思想上的益友，道德上的楷模。在道德行为上，高校辅导人员应成为道德楷模，给学生树立一个榜样。高校辅导人员的表率是为学生提供思想言行规范性要求的物化模式，它不仅影响着学生的内心世界，对学生思想品德的形成又起着潜移默化的作用，还能增强学生抵制外界干扰的能力，帮助学生控制和调整自己的行为。

3. 业务素质

思想政治教育工作是一门综合性的科学，是一项涉及思想政治教育、时事政策、管理学、教育学、社会学、心理学，以及就业指导、学生事务管理等多个领域的工作，也是一项不断面临新形势、新挑战、新问题的工作。因此，多元的知识结构和良好的知识储备是高校辅导人员做好大学生思想政治教育工作的基石。要想增强思想政治工作的有效性和针对性，就要努力丰富理论知识，加强理论素养，这能帮助高校辅导人员提高解决问题的实际能力，增强对学生的吸引力和感召力。最重要的是，高校辅导人员在实际工作时，要注意知识运用的方法和技巧，具体情况具体分析，对症下药、量体裁衣。

4. 心理素质

高校辅导人员工作具有复杂性、繁琐性的特点，在工作中还会不时遇到一些突发情况和危机事件，这要求高校辅导人员必须具备良好的心理素质。高校辅导人员工作的特性要求其必须具有乐观开朗的性格、诚实稳重的个性和坚韧不拔的品质。性格开朗、处事积极的高校辅导人员能够更好地和学生相处，与学生成为知心好友，更好地掌握学生的心理状况，从而更有针对性地开展学生工作；诚实的高校辅导人员能够得到学生的认同；稳重的高校辅导人员能够获得学生的信任；坚韧的高校辅导人员能够赢得学生的尊重。总之，高校辅导人员在言行中体现出来的良好的心理素质，对学生而言是一种直接而有力的教育。

5. 人格素质

人格是教师素质的综合体现，是真、善、美诸因素的多重凝聚。它不仅能反映教师的精神风貌和完美形象，对学生的进步和成长也有着不可估量的作用。由于高校辅导人员是学生思想教育工作的主力军，奋斗在学生生活的第一线，与学生接触的时间长，内容广泛。因此，他们的人格素质越高，人格的力量也就越强，在学生管理和思想教育工作中的影响力、号召力以及感染力就越大。

（二）高校辅导人员的实践素质

理论素质是基础，实践素质是升华。高校辅导人员作为大学生人生的“导航员”，涉及学生的党团建设、班级建设、职业生涯规划、就业指导、心理咨询等诸多细微的工作，因此，在简单的理论背后，还应付诸“看、听、谈、说、评、写、造”7 种实践素质。

1. 看的素质——敏锐的观察力

随着时代的发展，在复杂的工作环境、工作对象和工作内容面前，高校辅导人员须拥有敏锐的观察力和较强的判断力。要善于接触、观察和了解学生，通过各种渠道和方式及时、准确地发现学生思想活动的动向和特点，把握学生的整体思想动态，有的放矢地开展德育工作，增强思想政治教育工作的针对性和实效性。要透过现象看本质，分清主次，准确判断形势，做到见微知著，把工作做到学生的心坎上。

2. 听的素质——专注的倾听力

高校扩招带来的诸多矛盾使大学生在不同程度上存在人际交往困惑、情感挫折以及心理不健康等问题。这时，倾听就成为了高校辅导人员发现与解决学生问题的有效途径之一。高校辅导人员要善于通过倾听，了解学生的需要，发现学生的问题所在，打开学生的心扉。首先，要转变传统的倾听模式，改变学生在倾听中的从属地位，化被动为主动，让学生大胆倾诉、积极倾诉。同时，坚持友好、平等、尊重和保密的倾听原则，让学生对高校辅导人员产生信任与信赖，令其敢倾诉、愿意倾诉、安心倾诉。另外，要不断提高倾听艺术，善于根据学生的特点与问题，选择倾听场所、时间以及交流方式。

3. 谈的素质——有效谈心的能力

俗话说：好言一句三冬暖，恶语伤人六月寒。良好的谈心能力应把握以下 3 点：

一是用心用情与学生谈心。注意把握谈心的节奏，尽量采用温和式的语调、平等式的语言，形成良好的交流氛围。二是要有的放矢地谈。针对不同阶段的学生、不同特点的学生，应对症下药。三是严肃与幽默相结合地谈。在面对重大事件或严肃问题时，要用严肃严谨的语言来谈心，让学生明白其事态的重要性；面对一般性的问题，则要有声有色、生动形象、诙谐幽默地谈，避免枯燥、平淡，应着力营造一个轻松愉快的交谈氛围，使学生在欢乐的气氛中获得启发。

4. 说的素质——准确的表达能力

高校辅导人员的工作特点之一就是能通过与学生的言语交流，把自身正确的思想传达给学生，使学生接受并内化为具体行动。因此，高校辅导人员要善于运用精简的语言表达自己的工作思路，做到向上反映问题，向下进行宣传发动，还要能做到在公开场合从容准确地表达自己的观点，学会演讲和宣传。

5. 评的素质——准确评价学生和活动的能力

高校的大部分评定都涉及辅导人员对学生的评价，辅导人员的每一个评价都会影响到学生思想和价值观。要提高辅导人员对学生的评价能力，首先，辅导人员要明确评价的意义，即明白评价学生是一项原则性很强、关系重大的工作。其次，要遵循公正、客观的评价原则，在实际工作中，不因学生与自己关系密切而有意褒奖；不因学生某些行为失范而肆意贬低。再次，要掌握共性与个性统一的标准，即在评价学生时，既要掌握“千人一尺”的共性标准，又要掌握“千人千尺”的个性标准，防止出现“千篇一律”或“怪异陆离”等极端现象。

6. 写的素质——良好的科研写作能力

高校特殊的学术环境，决定了高校辅导人员在做好学生管理工作的同时，必须履行一定的教学义务，开展一定的科学研究，提高自身的学术水平，这也是高校辅导人员走向“专业化、专职化、专家化”的必经之路。高校辅导人员应以理论为基础，以学生思想政治教育工作的实际情况为突破口，理论结合实践，探究思想政治教育中出现的新问题、新情况。这就要求高校辅导人员要擅于用问卷调查、学生个案分析、专题报告等形式去撰写论文，不断总结，勤于修改，反复论证，努力将写作科研水平提高到一个新的层次。

7. 造的素质——独特的创新能力

高校辅导人员创新能力的培养，具体体现在以下三个方面：一是工作思路的创新。在日常的教育工作中，高校辅导人员必须经常学习和接触新鲜事物，扩展自身的知识领域，要善于突破惯常思维模式，努力适应时代变化的高速节奏。二是交流手段的创新。在新形势下，高校辅导人员应加强网络电子技术的学习，在QQ、博客、论坛等网络新媒介的优势平台之中，灵活选择与学生的沟通方式，提高学生的接受程度。三是工作方式的创新。应改变单纯命令式的压迫性教育，通过开展活动、组织比赛等大学生喜闻乐见的方式满足学生的需求，以个性化、人性化的教育提高学生的综合素质。

二、高校辅导人员的职业特点

职业特点，是指职业及其主体在产生发展过程中形成的区别于其他职业的特有的性质。分析高校辅导人员的职业特点，必须从以下几个结合入手：

（一）全体性和个体性相结合

高校辅导人员的工作面向的是班级或年级的全体同学，要想达到教育目标、教育要求的一致，就要做到公平公正地对待每一位学生，坚持高标准、严要求。当个体发生偏离或脱离时，高校辅导人员需按照党组织的相关政策，及时端正其政治信仰，有效地将个体拉回组织内部、群体中央。然而，每个学生的家庭环境、教育环境的不同，会导致个体发展的不平衡。无论是身心发展、智力发展的不平衡，还是品德发展的不平衡，作为辅导人员，都应竭尽全力帮助每一名同学成长。因此，在工作中，高校辅导人员既要注意面向全体同学，又应重视个体发展；既要同等要求、共同进步，又要因材施教、对症下药；根据不同主体、不同学生的智力、心理、思维、品行、行为差异，有的放矢地做好学生工作。

（二）独立性和联动性相结合

高校辅导人员不仅要有较强的独立工作的能力，还要善于联合各方面的关系。学校犹如一个小社会，在这个“社会”中，高校辅导人员扮演着“人生导师”和“知心朋友”两种角色。因此，无论学生遇到何种问题，高校辅导人员都必须冷静、独立且果断地帮助学生分析危机、度过危机，这样才能赢得学生的信任和尊重。然而，同样是在这样一个小“社会”中，高校辅导人员的工作会涉及学生生活、学习的方方面面，诸如学生和学校各职能部门的联系、和家长的联系、和外界社会的联系等，都需要高校辅导人员及时加以协调、整合。高校辅导人员工作的独立性和联动性决定了高校辅导人员工作的全面性，二者的有机结合，使高校辅导人员融于学校教育的大环境中，是对整个学校教育有益地补充和配合。

（三）基层性和复杂性相结合

“上面千条线，下面一根针”原本是用来形容高校辅导人员工作内容的繁杂，在这里可以用其形象地描绘出高校辅导人员在学校教育分工中所处的位置：学校处于上层，院系处于中层，高校辅导人员则处于底层。在高校中，辅导人员是奋斗在第一线的教育管理人员，按照校党委和院系相关领导的指示，开展思想政治教育工作，实施对大学生相关事务的管理，为大学生提供服务。虽处于最底层，但高校辅导人员的工作却是最前沿的。在这个市场竞争加速、社会不平等现象蓬生、个体生长差异化明显的时代，高校辅导人员必须是个多面手，既要善于处理学生事务管理中所遇到的各种问题，同时更要注意在日常和学生的沟通交流的过程中，细心了解和观察学生的思想状况，防患于未然。因此，我们可以发现，高校辅导人员做的是最小的事，但却最难、最棘手、最关键的事，高校辅导人员的工作特性直接关系到学生的发展。高校辅导人员只有将工作的基层性和复杂性相结合，才能高效、有序地提高大学生的素质。

(四)责任性和榜样性相结合

高校辅导人员是与学生接触最多、“课程量”最大的教师。学生思想品德的形成、处事方法，很大程度上取决于高校辅导人员对学生的引导。因此，在教育工作中高校辅导人员责任重大，容不得半点马虎。在思想政治教育和德育教育过程中，高校辅导人员不仅要对学生、对家长负责，还要对学校、对社会负责。这种高度的责任感会驱使高校辅导人员自觉发挥自身的榜样作用，用自己的德行、人格、意志和世界观、人生观、价值观感染学生。因此，品正为德，身正为师。高校辅导人员在和学生的交往中，一言一行都在学生的观察之中，并成为了学生模仿的对象。因此，高校辅导人员的榜样示范是最现实、最鲜明、最有力的教育手段。

第三节　高校辅导人员的职业发展

一、高校辅导人员的职业技能现状

高校辅导工作是一项挑战性很强的职业，其工作对象是一群思想活跃、个性鲜明、可塑性强的青年学生，这本身就对高校辅导人员提出了很高的要求。随着高等教育的发展，对高校辅导人员的需求也越来越高。高校虽大量扩充辅导人员，缓解了师资不足的矛盾，但与此同时，高校辅导人员也出现了工作积极性不高、职业目标模糊等问题，其在思想素质、业务水平等方面还有待大幅提高。总的来说，高校辅导人员的职业技能现状主要体现在以下几个方面：

1. 缺乏稳定性

现如今，高校辅导人员年轻化是一个趋势，年轻的辅导人员与学生之间代沟较小，沟通起来比较流畅，也能较为轻松地掌握学生的思想状态。但对工作者来说，年轻也意味着缺乏经验、心态浮躁，易受社会外界的负面影响，从而导致不能安心工作。此外，高校辅导人员位于学校管理的最底层，待遇相对较差，晋升空间小，这些都或多或少地影响高校辅导人员的心态。再者，高校辅导人员是学生安全事故的第一责任人，安全无小事，只要发生了需要承担责任的事故，高校辅导人员都可能会面临学校的处分。以上种种现实状况，都给高校辅导人员的生理和心理造成极大的压力。与此同时，许多年轻高校辅导人员也都面临着恋爱、结婚、买房、生子等诸多私人事务，工作内外的矛盾都会造成高校辅导人员思想状况的不稳定，从而导致“职业倦怠”现象的发生，这终将会影响高校人才培养的质量。

2. 结构性失调

高校辅导人员长期工作在学生管理的第一线，各方面的工作需要高校辅导人员拥有与之相符的能力结构。高校辅导人员的工作虽涉及面广、专业性强，但归根结底可以概括为管理、教育、服务三个方面。然而，在日常工作中，高校辅导人员并不能时时刻刻做到通观全局、八面玲珑，在学校的压力下，有些高校辅导人员可能会只重管理而忽视了服务，或是只重服务而忽视了教育，这些片面性的结构失调会导致高校辅导人员工作效率低下、效果不佳。就目前大部分高校辅导人员的职业技能情况来看，无论是低年级还是高年级的高校辅导人员，都是更加注重管理，其次才是教育和服务。长此以往，定会造成辅导人员在管理、教育和服务这三方面的结构性失调，学生的全面发展也必将受到制约。

3. 专业化不足

高校辅导人员的职业技能不仅涉及思政教育、心理健康教育、就业指导、职业规划等宏观方面，还包含班级管理、活动组织等微观方面。同时，不同专业的高校辅导人员，要求掌握的专业知识也有差异；不同年龄阶段的学生，工作的侧重点也不同。因此，理论上讲，高校辅导人员既要有合理的专业知识，也要能运用这些专业知识解决具体问题，二者是紧密联系、相辅相成。然而，现实情况却是从早课到晚自习，从开学到放假，凡是与学生有关的问题高校辅导人员都要花费心力。日常琐碎、复杂、基本的学生工作占据了高校辅导人员的绝大部分时间，使之无法完成教育学、心理学、管理学、社会学等相关知识的学习，专业能力难以提高，长时间知识得不到更新，势必影响其工作质量。

4. 考核力欠佳

目前大多数学校没有对辅导人员开展系统的绩效考核，多采用传统的人事管理办法，即通过个人工作总结、述职报告及学生、同事对其工作的印象等作为奖惩的依据，然后便再无其他定性的考核标准。其实，考核的实质不仅仅是对高校辅导人员的工作定等级，还是通过考核发现高校辅导人员工作的不足之处，促其改进，并对考核优秀者给予奖励，调动其内在潜力。因此，考核制度的不完善，会直接影响高校辅导人员的工作质量。我国大部分高校辅导人员的晋升渠道都是不明确的，发展前景也不明朗，从而使得整个高校辅导人员队伍缺乏稳定性与归属感。

5. 系统性失衡

高校辅导人员的职业技能本身就是一个平衡发展的系统，其间缺少哪一部分，都是不完整的。高校在不断的发展过程中，对高校辅导人员的要求也在逐年提高，这就要求高校辅导人员在进行职业技能培养时，必须全面、协调地进行学习，不能只看重其一而忽视其他。从近几年大多数高校招聘辅导人员的总体情况看，高校辅导人员的专业背景各不相同。这导致了他们能在自己的专业领域发挥自身特长，但是在别的领域则显得力不从心。此外，许多高校辅导人员的本科甚至研究生阶段知识结构单一，能力发展片面，对教育学、心理学、社会学、管理学等学科的知识涉及较少，待入职后才开始补充相关知识，边工作边学习，时间精力跟不上，学习效率也大打折扣，长此以往，便形成高校辅导人员的职业技能系统性失衡的局面。

6. 责任心尚弱

高校辅导人员的责任心尚弱，这是由于高校辅导人员工作涉及面广、职责交叉导致的。现阶段，我国大部分高校辅导人员的配置情况都是一名辅导人员要负责的学生多达200～300人。因此，辅导人员长期处扮演着“办事员”“救火员”的角色，远远没有发挥出其应有的价值。辅导人员最重要、最关键的职责工作是思想政治教育，由于被其他事务性工作分散了精力，这一本职工作基本上做不到位，而社会主义教育、时事政治教育、党团工作、奖助学金评定等关系学生利益的工作也流于形式，甚至有被忽视的倾向。长此以往，辅导人员的工作热情和整体素质都会受到打击，对学生的日常教育也是得过且过、敷衍了事，这不但不利于辅导人员自身的职业发展，也阻碍了思想政治教育的进程。

二、高校辅导人员的心理辅导工作现状

长期以来，高校辅导人员作为思想政治教育的一线指挥员，只是片面强调学生的政治素质、思想素质和道德素质的培育，大多忽视了对学生进行最基本的心理健康教育和辅导。然而，高校心理咨询作为新形势下思想政治教育的一个重要途径，必然导致高校辅导人员的心理辅导能力面临巨大考验。

(一)心理辅导工作相对于思想政治教育工作的特殊性

无论是从国家相关文件还是从高校队伍的设置结构来看，心理健康教育都是高校思想政治教育工作的重要组成部分，其对象是在校大学生，目标是促使大学生更好地成长成才。换句话说，心理健康教育是思想政治教育实施的基础，它以思想政治教育为前提。二者在实践工作中常常融会贯通，但在理论基础上却有着较大的差异。

1. 切入点不同

高校辅导人员在开展思想政治教育工作时，是从学生个体的思想问题、政治问题、道德问题入手，全面培养学生的综合素质；而心理辅导工作则是从学生个体的心理问题入手，分析学生产生心理疾病的原因，探究解决途径。二者在操作内容上截然不同。

2. 目标偏向不同

高校辅导人员在进行思想政治教育的过程中，应遵循党组织的领导，引导学生走向共同的政治信仰，目标偏向群体性、组织性；而在心理辅导工作中，高校辅导人员更注重学生心理发展的个性，以学生个体的需要为主，没有固定性和规律性。

3. 主体关系不同

在开展思想政治教育工作时，高校辅导人员是主动的提出要求，学生是被动地接受；而在心理辅导工作中，辅导人员扮演咨询师的角色，学生则扮演心理疾病患者，二者产生关系的前提是来访者主动、自愿来访，双方是平等自由的关系。

4. 处理方式不同

高校辅导人员在开展思想政治教育工作时，主要是以述说和教育为主。教育结束后，高校辅导人员还要依照程序，将教育结果、学生的反映等情况如实向上级党组织汇报，并等待上级的进一步指示。而心理辅导工作则相反，心理咨询的基本原则是保密，高校辅导人员在辅导过程中以倾听为主，经过适当分析后帮助学生自己做出决定。

(二)高校辅导人员在开展心理辅导工作中存在的问题

心理辅导能力是高校辅导人员胜任力的重要内容，它是心理辅导工作顺利进行的基本条件，制约着心理辅导工作的成效。诸多的研究表明，大学生常见的心理问题分为适应问题、学习问题、人际问题、恋爱问题、人格障碍问题、就业问题六个方面，高校辅导人员在解决此类问题的过程中，常常会发现自身的不足。

1. 难以把握和平衡自身角色

高校辅导人员的主要职责是开展思想政治教育工作，因而在从事心理辅导时，不少高校辅导人员经常习惯性地以教条式的、经验式的说教“满堂灌”似的教导学生，而忽视学生思维的自主性和独立性。更有甚者，在工作中常常会出现两种认识偏向：心理问题政治化、政治问题心理化，即单纯地将思想政治教育工作中遇到的心理问题当成政治问题处理，或是夸大心理辅导在教育工作中的作用，将心理咨询过程中遇到的政治问题当成心理问题来处理。

然而，思想政治教育工作和心理辅导工作虽不能等同，但也不能将二者完全割裂。个别高校辅导人员在思想政治教育工作过程中，绝对化地抛弃某些心理辅导案例中有价值的方法和思维逻辑，也难以达到借鉴和融汇的效果。

2. 对自身的心理辅导能力认识不足

当某个大学生出现一定程度的心理健康问题时，高校辅导人员首先应对其进行一定的心理辅导。若学生心理问题较为严重，则转由心理辅导中心对其进行专业的、有针对性的心理咨询。一旦心理问题上升成为心理疾病时，则只能由相关医疗机构对学生进行心理疾病方面的治疗。然而，部分高校辅导人员却没有认识到自己不是专业的心理咨询师，盲目地认为学生的事都是小事，依靠自身经验可以解决，无需寻求心理咨询中心的帮助。

此外，在对学生进行适度的心理辅导过程中，许多高校辅导人员往往习惯于讲而忽视了听，或喜欢对人和事作出自己的评断和评价，这样不但不能解决学生的心理困惑，反而使学生没有被尊重、信任的感觉，影响学生的自主判断和自我修复。

3. 咨询技术不专业

以学生为本不仅是高校工作的根本，更是做好心理辅导工作的根本。遵循这一原则，高校辅导人员应尽全力深入了解学生，争做每一名学生的“知心朋友”。但也正是由于高校辅导人员对学生过多的了解和熟悉，从而可能会产生先入为主的错误印象，容易加入主观的评判和经验式的劝说，因此缺乏专业严格地分析论证，也严重影响了学生的心理咨询质量。

与此同时，大部分高校辅导人员在进行心理辅导的过程中，会采用纯会谈的方法，希望通过谈心解决学生的心理问题。然而这样一来，如果学生的心理问题难以启齿或是其不愿透露身份时，高校辅导人员的心理辅导工作也就陷入了僵局。

4. 辅导机制缺乏长效性和灵活性

心理辅导的长效性是指按照心理辅导工作的客观规律，循序渐进地开展教育、咨询、辅导活动的过程。一些高校辅导人员在开展心理辅导过程中缺乏长效性，主要表现在两个方面：一是缺乏计划，高校辅导人员在进行辅导工作时很随意，往往是在学生来访提问时临时解答，没有经过事先的观察和考虑，在没有了解学生的成长经历和生活环境的情况下，就盲目地解决问题。二是缺乏制度，高校辅导人员由于日常事务缠身，对学生的心理辅导工作主动性不强，心理辅导也没有形成制度规范，常常在人声嘈杂的办公室或者操场就直接进行心理辅导，以致于学生的信任度和接受度都不高。

另外，部分高校辅导人员由于不是科班出生，单向的思维模式和单一工作方法以及长期固守的理论基础，使得其在进行心理辅导时常常“一把钥匙开百把锁”。一些高校辅导人员在做心理辅导工作时仍在使用过去的解决方法，没有做到具体问题具体分析，缺乏创新，把问题停留在比较低的层面上，对学生的辅导方法也比较呆板，往往只强调学习典型、运动解压等泛泛的方法，内容枯燥、形式单调，教育效果往往也事倍功半。

趣味延伸：

一、电影《心灵捕手》对高校心理辅导人员的启示

《心灵捕手》是一部典型的探讨青年人成长问题的电影。讲述一位由于童年的创伤经历形成自卑又自负、狂傲又怯懦的复杂性格但又非常有才华的青年在心理医生帮助下，成功走出心理阴影，自信面对人生的心灵成长过程。在这个过程中，心理医生桑恩所展示的真诚的品质、共情的特质、敏锐的洞察力和尊重当事人的理念，希望为同样肩负着帮助和教育青年学生健康成长的高校心理辅导工作提供生动的范例，对高校心理辅导人员自身素质的提高和成长带来有价值的启发。

——王光荣.《青年捕手》对高校心理辅导员成长的启示[J]. 山东省青年管理干部学院学报，2008(01)：69－71.

二、国外高校辅导人员制度

国外高校辅导人员是从不同边缘性、辅助性、补充性工作而发展成为一种专业性、综合性很强的职业。以美国高校学生管理为例，其管理制度强调“以学生为本，以服务促发展”，在具体操作上，管理高度专业化、分工精致明确。美国辅导人员协会将辅导人员的角色确定为心理辅导师、职业辅导师和社会化辅导师，将辅导人员的工作具体划分为日常事务管理专业化和学生服务专业化。辅导人员也多具有教育学、教育管理学等相关的硕士、博士学位，都是具有专业资格证书的从业人员。相比于国外的辅导人员制度，我国的辅导人员具有明显的政治化特征。

——孔潭．思想教育研究．借鉴国外经验加强我国高校辅导员制度建设[J]. 2009(S2)：163－165.

第二章 高校辅导人员的心理辅导能力

想试着回答一下吗

- 心理辅导的模式有哪些？
- 学校心理辅导的目标是什么？
- 大学生的心理问题有哪些？
- 辅导人员为什么是大学生心理辅导的第一人选？
- 辅导人员怎样才能胜任心理辅导这一工作？

……

第一节 心理辅导能力概述

一、心理辅导的界定

心理辅导，是指心理辅导者与受辅导者之间建立一种具有咨询功能的融洽关系，以帮助来访者正确认识自己，接纳自己，进而欣赏自己，并克服成长中的障碍，改变自己的不良意识和倾向，充分发挥个人潜能，趋向自我实现的过程。

(一)心理辅导的本质

关于心理辅导(或曰“辅导”)的本质，专家学者尽管对其表述不同，但大多数学者强调在辅导的本质中都包含的下述几点要义：

(1)辅导是一种合作式的、民主式的协助过程。辅导者只是协助学生解决问题，而不是代替学生解决问题。这与传统意义上“教育”的含义有所不同。

(2)辅导是专业知识技能的运用。辅导应是由专门的高校辅导人员，运用专业知识和各种特殊的技巧与方法来开展的活动。学校辅导涉及心理学、教育学、哲学、生物学、社会学多种学科知识，其中心理学占有重要的地位。

(3)辅导有自己独特的目标。辅导的总目标虽与教育目标一致，但辅导目标的着眼点还有其独特之处。主要是：帮助学生认识自己，认识环境；作出正确抉择，确立合适目标；改变不适应行为，增强社会适应能力；发挥个人潜能，过有意义的、健康愉快的生活。这些目标是个人与社会兼顾的。

(4)辅导更强调协助正常人的教育与发展，不同于重视矫治和预防的、单纯意义上的心理治疗。

(5)辅导是一种信念，一种情操。想要做好辅导工作，辅导者要有两种坚定的信念：相信每个人都有其潜能，相信每个学生都有其善性。还要有一种崇高的情操，能够默默耕耘，不计报酬，牺牲享受。

(二)心理辅导、心理咨询、心理教育与心理治疗的区分

心理辅导从某种意义上已成为现代学校的一个重要标志。谈到心理辅导我们常看到这样几个相近的词：心理辅导、心理咨询、心理教育、心理治疗。心理辅导的英文是 psychological counseling。counseling 这个词，我国大陆译为咨询，台湾译为咨商，香港译为辅导。内地的许多学者认为咨询和辅导还是有差别的，如刘华山引用我国台湾学者吴武典关于助人活动的关系，对教育、辅导、咨询和治疗进行了区分。

从图 2-1 中可以看出，就服务对象来说，教育、辅导以正常学生为主，咨询以有轻、中度个人问题的正常人为主，治疗则主要是面对有心理疾患的人。从功能上讲，教育与辅导重在发展和预防，而心理治疗重在矫治和重建。从内容上讲，教育是以认知活动为主，辅导、咨询则更重视情感活动、人格发展。在活动方式上，教育重视团体活动，治疗一般是个体活动，辅导也很重视个别化的教育。虽然团体心理辅导也是心理辅导的常见的形式，但人的个别化教育才是辅导的精髓。在方法上，教育方法有更多结构化、预先设定的成分，而心理治疗的方法则是富有弹性的。从时间上看，教育是终身的，辅导伴随着整个教育过程，治疗则总是有一个或长或短的时限的。上述各项区分都是相对的，事实上教育、辅导、咨询与治疗在连续体的分布上存在着部分重叠与交叉。因此，它们以一个连续体的不同区段作为各自工作的重心。

心理教育是一种思想，一种精神，一种原则，其教育内容仍以学科的知识为基础，或以德育为中心；而心理辅导则以学生的问题为中心，以心理学的理论、方法和技术为手段。两者比较，后者比前者需要更多的心理学专业训练。对心理辅导而言，除了引进心理学专业人员之外，在现有的学校各类人员中，只有高校辅导人员最有条件承担这一任务。

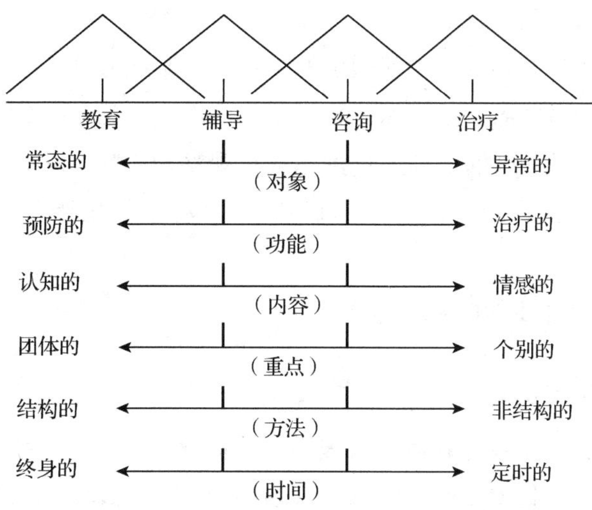

图 2-1　辅导与教育、咨询、治疗的关系

二、心理辅导的模式

心理辅导模式是体现某种心理辅导思想、目标定向、促进其心理辅导功能发挥的操作思路。心理辅导基本模式的确立是我国学校心理辅导发展过程中的一个重要理论问题。心理辅导模式的分类会因为不同学派的理论、技术和服务对象而有所不同。

(1)按心理辅导中采取的技术和理论可以分为：个人中心辅导模式、心理分析治疗模式、认知行为治疗模式和交互分析治疗模式等。

(2)按学科划分有：医学(生理)模式、教育学模式和心理学模式。

(3)按服务对象和目标的不同可以分为：障碍性心理辅导模式、适应性心理辅导模式和发展性心理辅导模式。一是障碍性心理辅导模式是针对有心理障碍、患某种心理疾病，并已影响其正常生活和学习的辅导对象，其目的是通过系统的心理辅导来克服障碍、缓解症状、恢复心理平衡，因而障碍性心理辅导模式具有矫治功能；二是适应性心理辅导模式是包括正常个体在内的心理服务，其目的是通过心理辅导，排解心理困扰，减轻心理压力，改善适应能力。因而适应性心理辅导模式具有预防功能；三是发展性心理辅导模式是针对所有发展中的个体，根据个体身心发展的一般规律和特点，帮助不同年龄阶段的个体尽可能圆满地完成各自的心理发展课题，妥善解决心理矛盾，更好地认识自己、社会，开发潜能，促进个性的发展和人格完善。

(4)就现实的心理辅导活动来看，不同的心理辅导需要不同的心理辅导活动，如心理障碍辅导、性心理辅导等；根据心理辅导的形式又可以分为团体心理辅导和个体心理辅导，根据辅导者被辅导者之间的关系又可以分为朋辈辅导和专业辅导。

不论哪种辅导形式，都是在不同的沟通情景下对某些心理困惑、心理问题进行解决的过程，心理辅导者都需要通过深浅程度不一的沟通，建立适合问题解决的人际关系，对被辅导者面临的心理问题和心理困惑进行观察和诊断，从而确立问题的成因和形成机制，并对问题的解决提出一些有效的指导、矫正、催化措施。

三、学校心理辅导的概述

（一）学校心理辅导的定义

学校心理辅导，是指教育者运用心理学、教育学、社会学、行为科学乃至精神医学等多种学科的理论与技术，通过集体心理辅导、个别心理辅导、教育教学中的心理辅导以及家庭心理辅导等多种形式，帮助学生认识自我，接纳自我，调节自我，从而充分开发自身潜能，促进其心理与人格和谐发展的一种教育活动。学校心理辅导的内容包括学习辅导、生活辅导、人生修养辅导、性格修养辅导、择业辅导等方面。其目标和主要任务就是通过高校辅导人员运用心理学及其他相关学科的知识及技巧，帮助当事人减轻他们由于内心出现的矛盾冲突所带来的情绪和行为的困扰，促进他们自我完善、自我成长。

学校心理辅导是在20世纪教育改革运动中出现的新兴教育方案，是现代心理学、教育学、神经医学、生理学、社会学、管理学等多学科理论与学校教育实践相结合的产物。许多国家和地区非常重视心理辅导在学校教育中的作用。有些国家甚至将学校心理辅导与教学工作并列，二者被喻为现代学校的两个“轮子”。

（二）学校心理辅导的类型

1. 心理健康问题性心理辅导

各种心理问题和心理障碍等都属于心理健康问题范畴，当个体出现心理健康问题时，要通过心理咨询模式的心理辅导，帮助其消除各种心理不健康的症状，使个体从相对不健康状态走向相对健康状态。从事这类心理辅导工作的人员主要是具有心理咨询和治疗专业技术资格的人员，辅导者和被辅导者之间的关系是医患关系和咨询关系，在心理辅导过程上遵循着各种心理咨询和心理治疗的基本过程。

2. 发展性心理辅导

以全体学生为辅导对象，注重学生心理潜能的开发和人格的完善（刘宣文，2004）。正如早期的发展性心理辅导代表人物布洛克尔（D. Blocker）指出的：“发展性心理辅导关心的是，正常个体在不同发展阶段的任务和应对策略，尤其重视智力、潜能的开发和各种经验的运用，以及各种心理冲突和危机的早期预防和干预，以便帮助个体顺利完成不同发展阶段的任务”(郑日昌，陈永胜，1991)。

发展性心理辅导模式中，辅导的核心是成长问题而不是健康问题，它把青年学生在学习、生活及人际关系中出现的种种问题看作个人成长道路上的问题，而不是个人心理上的变态与疾病。心理发展理论、积极心理学、反对常模主义的文化多元主义、人的自组织理论是其重要的理论基础(郑日昌，2000)，促进个体成长、学习和发展是发展性心理辅导的三个重要目标。辅导者通过扮演引导、示范者、催化、矫正与疏导等角色活动在个体和团体沟通中解决发展中的困惑，促进学生发展(赵冰洁等，2003)。

(三)学校心理辅导的内容

学校心理辅导包含的内容，可以归纳为以下几个方面：

1. 学习辅导

学习辅导有广义与狭义之分。广义的学习辅导是对学习者学习过程中发生的各种问题(如认知技能、知识障碍、动机、情绪等)进行辅导；狭义的学习辅导是对学生经历学习挫折和困难时产生的心理困扰和行为障碍进行辅导。从培养学生良好的心理素质的意义上讲，广义学习辅导更具有积极意义，它符合学校心理辅导以发展性目标为主的精神。值得注意的是，这里的学习辅导与现在家长请“家教”帮助孩子“补缺”或“加压”是完全不同的两个概念，也和教师课后对学生进行辅导有区别，但后者是学习辅导的一小部分。学习辅导主要是对学生的学习技能、学习动机、学习情绪与学习习惯进行训练与辅导。

2. 人格辅导

这里的人格是指个人对己、对人、对事方面的个性心理品质。它着重对学生的自我意识、情绪的自我调适、意志品质、人际交往与沟通，以及群体协作技能进行辅导，以培养学生良好的个性心理与社会适应能力。

3. 生活辅导

它主要是通过休闲辅导、消费辅导和日常生活技能辅导等，培养学生健康的生活情趣、乐观的生活态度和良好的生活技能。这对于学生将来获得幸福而充实的生活具有潜在的影响，同时对他们发展个性、增长才干、提高学习效率也具有有力的迁移作用。

4. 职业辅导

升学与择业是人生发展的必然过程，是事关个人前途的重要事件。职业辅导是为学生未来的生活作准备的教育活动，旨在帮助学生在了解自己的能力、特长、兴趣和社会就职条件的基础上，确立自己的职业志向，进行职业的选择和准备，为今后顺利地踏上社会打下良好的基础。

（四）学校心理辅导的目标

学校心理辅导的目标可以归纳为两个方面：一是学会调适，包括调节和适应。学会调节就是学会正确对待自己、接纳自己，化解冲突情绪，确立合适的志向水平，保持个人精神生活的内部和谐。学会适应就是要矫治错误的行为，养成正确的适应行为，使行为符合社会规范，消除人际交往障碍，提高人际交往的质量。二是寻求发展，就是引导学生认清自己的潜力与特长，确立有价值的生活目标，负起生活责任，过积极而有效的生活。

四、心理辅导能力的结构

能力（ability）是一种心理特征，原本是心理学范畴的概念，《中国大百科全书》解释为："它是作为掌握和运用知识技能的条件并决定活动的效率的一种个性心理特征"。而"活动的效率是指活动的速度、水平以及成果的质量"。但由于能力的使用频率越来越高、使用范围越来越广，如今它的外延已经扩大，包容性极广。它既可以针对个体而言，也可以针对某一群体甚至一个国家而言。从内容上来看，它不仅包括人的实际能力，也包括人的心理潜能，是顺利实现某种活动的心理条件。

能力结构是指能力系统中各因素之间的耦合关系。从功能上看，它是各种符合某方面专业需要的能力的组合。能力结构是一个有机联系的能力系统，能力只有在合理的结构中才能发挥其潜在的创造功能。能力分为一般能力和特殊能力。所谓一般能力，是指在各种各样的活动中都必须具备的基本能力，如观察力、记忆力、思维力、想象力、注意力等。特殊能力是在某种专业活动中表现出来的能力。一般能力和特殊能力是密切相关的，人要顺利完成某一活动，既需要一般能力，又需要特殊能力。一般能力越强，就越能为特殊能力的发展提供有利条件，而各种专业活动中特殊能力的提高，又会促进一般能力的提高。

心理辅导能力就其在人类的能力结构中的位置而言，是一种特殊能力，但是就其作为对各种心理辅导活动所必需的基本能力（如沟通能力、敏锐的洞察力等）而言又具有一般能力的特征。因此，我们认为各种心理辅导能力中存在着从事各种具体的心理辅导所必需的基本辅导能力，但也存在着适合于特殊的心理辅导活动的特殊心理辅导能力。

可见，心理辅导能力的结构既包容心理辅导基本过程的能力要素，同时也包容基于不同辅导需要基础上的具体心理辅导活动能力。此外，还包含从事心理辅导所必需的基本知识、基本技能和解决特殊辅导问题所需要的特殊知识和特殊的辅导技能。

第二节　高校辅导人员心理辅导能力解析

一、高校心理辅导的现状

我国高等学校心理辅导始于20世纪80年代初，针对学生的心理健康问题开展的心理咨询是最初的形式，从事心理咨询工作的人员大多是一些心理学工作者和德育工作者，当时开展工作的形式大多是设立面询的或者电话咨询的心理咨询中心，主要是以宣传和解决一些常见的心理问题为主要任务。当时，学校心理辅导仅仅局限于班主任、课任教师或德育老师来解决学生面临的思想道德问题，并没有从辅导心理学的角度看待学生遇到思想和行为问题，教师们也没有学校心理辅导的相关知识，更谈不上辅导技能。学校心理辅导基本上等同于教师给学生谈心或做思想政治工作。随着国外大量资料和信息的引进，人们对学校心理辅导的认识也越来越深刻。为了指导广大教师科学地开展学校心理辅导工作，有关学校心理辅导的书籍陆续出版，许多省市成立心理辅导专业委员会。1994年4月和1995年7月召开了两次全国性的心理辅导会议。此后，学校心理辅导不论在理论研究还是在学校教育实践中都有了长足的进展，初步向专业化方向迈进。

经过20年的发展，我国部分有条件的高校在内部建立了预防系统、发展与适应心理咨询系统、障碍治疗系统三级心理辅导模式，开展了以班级、系别、学校等为单位的心理辅导网络，出现了大学生群体之间的朋辈心理辅导和学院或院系内的心理辅导、心理咨询中心的心理辅导，出现了心理健康知识宣传、个别心理辅导、团体心理辅导、心理健康咨询以及心理健康活动课等目标不一、对象不一的心理辅导活动形式。但是在部分高校的心理辅导体系还相对薄弱，一些心理咨询中心只是开展了一些宣传工作，或者由于学生的心理求助意识较弱、工作行政隶属问题，一些心理咨询中心的工作处于停顿状态(胡悟，2002)。

清华大学樊富珉教授认为：心理辅导是一项专业性很强是工作，它属于行为科学范畴，以教育学、心理学、社会学、心理卫生、医学等学科为基础，从事心理辅导工作的人员必须经过专业培训才能胜任。不具备一定的能力和条件，就不能承担心理辅导工作，否则会对受助者造成伤害，也妨碍了学校心理辅导专业的健康发展。台湾师范大学的吴武典教授认为：学校心理辅导是一门将得之于行为科学的原理原则实际应用在学校情境中的专业，从事该专业的人员称为学校心理学家。学校心理辅导教师的职业道德主要涉及心理辅导人员的专业能力和专业责任。要求专业教师除了精通专业心理技能外，还要具备学校组织、目标和方法方面的知识，强调心理辅导教师应该运用职业专长促进学生生活质量的提高。

但就现实来看，高校心理辅导队伍专业化程度低已成为制约学校心理辅导发展的瓶颈。形成这一问题的原因很多：其一，由于历史原因，心理学在我国的发展几经曲折，于20世纪80年代方得以兴起，在国内高校各学科中还很年轻，心理学工作者队伍比较薄弱。其二，学校心理辅导是心理学中的应用学科与专业，国内高校还很少有相应的专业。少数大学心理学设立心理咨询、临床心理学硕士、博士学位也是近几年的事，而且人数很少，无法满足社会的巨大需求。其三，虽然高校各专门机构为基层学校教师举办了各类短期培训和专题培训但总体来说，大多数高校辅导人员专业背景欠缺，没有掌握系统的心理辅导理念、方法和技术。其四，即使是培训高校辅导人员的专家，很多也不是心理辅导专业出身，不少是从事心理学研究教授，而非临床心理学专家，缺少临床经验。

二、高校辅导人员参与心理辅导的可行性分析

(一)从当前社会形势来看

随着我国政治、经济、社会的快速发展和文化的多元化发展，大学生心理问题呈现时代性、普遍性、差异性、复杂性、不稳定性等特征，而且大学生的心理问题多是在成长过程中出现的发展性问题。同时，随着我国高校心理教育的发展，其教育模式已从补救式模式逐步演变成发展性模式。心理教育模式的转变给从事心理辅导和心理健康教育提供了现实的理论保障和可能性。虽然教育界和社会有识之士已经关注大学生的心理健康问题，但资源投入相对较少，致使专职的心理健康教育老师和心理辅导老师严重不足。高校辅导人员的工作职责、工作性质决定其有参与心理健康教育和心理辅导工作的优势，如果高校辅导人员能够充分发挥其职业优势，经过系统学习和专业培训，充实到高校心理健康教育和心理辅导的队伍中，不仅可以缓解专职心理辅导人员不足的矛盾，而且可以促使高校心理健康教育和心理辅导工作上一个新台阶。

(二)从大学生心理发展特点来看

当代大学生是一个被时代塑造、随着社会的前进发展逐渐成长的特殊群体。由于这一特殊的时代背景和特殊的角色扮演，大学生们有着这一阶层独特的心理特点和心

理问题。虽然当代大学生人生经历单一，缺乏社会实践经验，但却有着相当广的知识面，以致于其成为了一个充满矛盾的群体，心理发展过程也存在着两面性。大学生们内心的主要矛盾有：封闭性所产生的孤独感与强烈需要交往之间的矛盾；情感物质依赖与渴望独立之间的矛盾；现实的不满状况与美好理想之间的矛盾；分辨能力弱与强烈需求实践的矛盾；感性情感与理性约束之间的矛盾；正确处理两性之间关系与性冲突之间的矛盾等方面。大学生们将注意力从书本转移到了社会，他们思想开放，渴求独立，却因当代社会的价值观多元化，负面心态普遍化，给予了大学生太多压力及诱惑，所以心理矛盾的多重化交织重叠，突出体现以下五个方面的特点：

1. 关注自我发展，善于自我评价，但具有片面性

大学生在大学期间开始独立生活，从生活状态到心理状态都趋向独立，更多地开始关注自我发展和身心状况。他们会认真地进行自我分析和自我评价，剖析理想状态与现实状态的区别，但是经常会产生孤独感，渴望与人交流。大学生们的自我意识虽然趋于稳定，但并未完全成熟，因其缺乏实际的社会生活实践，很多意识都停留在想象阶段，这就是矛盾的冲突。另外，大学生的自我评价往往是建立在自我的基础上，是通过与周围的人、社会上的人进行比较，来认识自己，这都说明了大学生对于自我认识掌握了主动性。但是大学生们对自我的认识很容易受到情绪的影响而发生变化，一旦在学习、工作、生活中遇到挫折，便会产生一些自卑的负面情绪，甚至否定自己。

2. 情绪丰富多彩，有着强烈的冲动和不稳定性

大学生的情绪发展在大学期间处于一个快速成长时期，逐渐由不成熟向成熟发展，但是情绪的成熟要比之前所说到的认知成熟晚一些。因为大学生的心理处于从不成熟向成熟发展的过渡期，情绪上的表现既有少年时期的天真幼稚，又有成年期的深思熟虑，并且伴有两性情感的出现，使得大学生情感表现呈现丰富多样化。大学生对于自己情绪上的控制能力增强，但是仍有明显的波动性，会因为各方面的比较，产生不同程度的不稳定。大学生们有着强烈的情绪体验，容易冲动，但他们又有较好的文化修养，从而有较好地控制情绪变化的能力，多数可以理智地思考问题。

3. 注重情感交流，独立性较强，过于理想化

大学生与社会上的其他成员比，是较单纯的年轻人，对人际关系抱有较高的期望，赋予理想化，看重精神上和思想上的真诚交流，一旦发现某些不好的地方，便会深感失望，挫败感陡增，所以容易出现渴望交流但又自我封闭的矛盾状态。因为大学生之间的个性差异，他们的交往大多是积极主动的，表现出特殊性同时又互为主体。

4. 性生理已经成熟，性心理逐渐成熟，但仍存在性心理问题困扰

基本上大部分大学生已经有正确的性观念，也可以从很多渠道了解到自身生理特

点和知识，也摆脱了很多传统的性别角色区分，都呈现出一种成熟的现代性别角色生活方式的心理。伴随着与异性的相处，会发生性行为、意淫等困扰，这些可能都会导致心理的焦虑和羞愧，乃至恐惧。有部分大学生还会采取压抑的方式，不去直面性心理问题，更加影响正常的大学校园生活。

5. 学生的恋爱呈现多元化，并伴有自主性和宽容性

对大学生恋爱心理的调查发现，他们的恋爱动机呈现多元化：有打发时间的，有跟风的，有满足生理需要的，有调剂生活的，也有奔着寻找结婚伴侣的。并且随着社会的发展，大学生们持着较宽容的婚恋道德价值取向。对于其中比较敏感的婚前性行为、性解放的价值取向问题，很多大学生对其容许度相当高，这样的心态势必会导致越来越多的大学生出现婚前性行为，由此就会引起一系列学生心理和社会及学校管理方面的问题，值得充分注意。

(三)从大学生心理问题来看

在整个人生的发展过程中，青年时期生理和心理的变化是最为剧烈的，常常处于不稳定的状态，加之大学生还要承受特殊社会角色的压力，不可避免地会心理失衡，出现心理问题。这些心理问题按照其程度的不同，可分为一般性心理问题、障碍性心理问题和疾病性心理问题。在大学生心理发展过程中，出现障碍性心理问题和疾病性心理问题的不多，多的是一般性的心理问题，即发展性心理问题，但一般性的心理问题如果得不到及时的解决，便会发展成障碍性心理问题，甚至是疾病性心理问题。因此，我们应尤其注意大学生心理发展过程中一般性心理问题的预防和调适。诸多研究表明，大学生常见的心理问题归纳起来，主要表现在以下五个方面：

1. 环境适应方面的心理问题

环境适应问题多表现在大学新生中。进入大学后，面临的是陌生的环境、生疏的人际关系，绝大多数同学是首次远离家门，离开了长期依赖的父母和老师以及熟悉的生活环境，许多新生都没有做好适应新环境、独自处理各种问题、独立生活的心理准备，以致在进校后会不同程度地出现适应困难、焦虑不安、孤独感等状况，若超过了一定的限度就会产生失眠、食欲不振、烦躁和注意力不集中等症状，甚至还会出现比较严重的神经衰弱。

2. 学习方面的心理问题

学习动力不足是当今大学生普遍存在的一个问题，其原因可能各有不同，如有的同学对录取的专业不满意，有的同学则有“船到桥头人到岸”的思想，还有的同学因承受了十几年的高考压力对学习产生了厌倦，等等。加上大学的管理方式、授课方法、学习进度等都与以前不同，在大学里学习不再总是处于优势地位等，社团各种比赛与

活动应接不暇，这导致大学生的学习态度发生了转变，在学习和生活中出现了种种问题。具体表现为对学习无兴趣、无期待、无目标；学习不得法，考试焦虑；不会安排学习时间与计划等，出现情绪烦躁、思维钝化、头痛、失眠、学习效率低落、学习成绩下降等现象，同时也有由于专业学习的难度和同学之间的竞争压力而引发的学习障碍。

3. 人际关系方面的心理问题

我国著名的心理卫生专家丁瓒先生曾指出："人类的心理适应主要是对人际关系的适应。大学生的很多心理问题，主要是由人际关系的失调引发的。在社会化过程中，每一个大学生都会意识到人际交往的重要，也试图提高这方面的能力，但由于缺乏经验与技巧，在交往过程中容易出现沟通不良、社交恐怖、关系失调、人际冲突、孤独无助等情况。"如与人交往中，有的同学因自负而不屑交往，有的因恐惧而不能交往，从而陷入孤独、封闭的境地；也有的同学虽然是主动去交往，但在人的交往关系上存在着偏见、误解或过分的苛求，或是对他人情感上缺乏同情、理解和尊重，对他人的行为挑剔、被动或矜持，以致人际关系不协调，难以被他人接受等。

4. 恋爱与性方面的心理问题

由于大学性机能的成熟，性意识的觉醒，性心理的发展，以及大学生活创造了男女生很多交往的机会，所以向往爱情同学常常会进入恋爱的实践中。但由于缺乏经验的指导，有些同学出现了单相思、被动卷入恋爱、多角恋爱、失恋性冲动、性自慰等苦恼，有的甚至为此而心理异常。如有的女生面对男生的约会不知如何应对而苦恼，有的同学因看到别人有恋人而自惭形秽，有的因失恋而轻生，有的因性需要不能满足而烦恼，有的因自以为的性器官缺陷而对生活失去希望，等等。

5. 求职择业方面的心理问题

如何选择能够发挥自身的潜能、满足个人兴趣、适合个人发展的工作，是每位大学生最忧心的问题。随着高校毕业分配制度的改革，原有的计划体制下的毕业分配已被市场经济体制下的自由择业所替代。有些同学由于对自己不了解，对职业不熟悉，对走上社会缺乏心理准备，对择业渠道不通畅等问题，产生恐慌、忧虑、恐惧等心理冲突和心理问题。如有的同学面对五花八门的招聘单位与条件不知所措，有的不知如何恰当地自我推荐，有的对社会各种现实不能正确地分析产生逃避、退缩心理。

此外，还有人生态度方面、家庭关系、经济条件等方面的问题，都是大学生容易产生心理问题的地方。

大学生需要心理辅导，这是高校心理辅导工作存在的根本理由。心理辅导需要是人在活动中，遇到自身无法解决的心理问题时，渴求专业帮助的一种个性倾向性行为。

这些问题就是大学生在完成其社会角色和发展任务时所遇到的带有共性的、群体特征的困难，并且这些困难能够通过心理辅导的手段来圆满解决。与此相对应，了解大学生的心理辅导需要，是有效开展高校心理辅导工作的前提和基础。当然，心理健康状况良好的大学生占大多数，有些只是存在部分的冲突和矛盾，这就需要我们结合特定的时代背景，给予大学生心理辅导，使其心理发展状况得到完善。

(四)从高校辅导人员工作角色冲突来看

随着社会的快速发展，尤其是伴随着高校连续扩招、后勤社会化、教育教学改革和人事制度改革的不断深化，“辅导人员工作中普遍存在着‘三多三低’的问题，即双重领导和分管部门多、面对的学生多、要管的事情多，但在学校的地位低、学历或职称低、待遇低”。同时，高校辅导人员受到自身能力限制和岗位职责要求高的矛盾，政治、经济地位低等现状，多角色期待与角色转换的矛盾等现实问题。这些在一定程度上影响了高校辅导人员在思想政治教育工作、心理辅导、职业生涯规划工作的顺利开展，降低了日常事务管理的效率，挫伤其工作积极性和创造力。高校辅导人员的心理健康问题主要有以下四个方面：

1. 工作角色适应慢

大学生的全面发展有赖于高校辅导人员开展有效的思想政治教育工作、班务管理、人生职业生涯规划指导、心理健康教育和心理辅导等工作。这不仅要求高校辅导人员掌握社会学、教育学、管理学、心理学等学科的知识，而且要求高校辅导人员在短时间内适应工作。然而就目前高校辅导人员的选聘制度、培养制度、晋升制度来看，大部分高校辅导人员不是没有经过系统学习思想政治教育和心理学等方面的知识，就是没有系统受过心理咨询技术、人生职业生涯规划方面的培训，只能在工作中自我探索或者借鉴别人的工作经验。实施结构的缺陷和沉重的工作压力使得高校辅导人员很难达到新时期学生工作的新要求、新标准，以致于部分高校辅导人员很长时间内不能适应学生工作。

2. 失落感和自卑心理

高校辅导人员的工作涉及大学生的思想政治教育、团建、党建、安全维稳、班务管理、大学生人生职业生涯规划、求职就业、心理健康教育与心理辅导，等等。有调查显示，目前高校辅导人员配置严重不足，一般高校300~400名学生才配置1名辅导人员，有的高校甚至超过500名大学生才配置1名高校辅导人员，再加上繁重的学生事务管理，高校辅导人员除了睡觉时间，其余全部是学生的时间。高校辅导人员期望学校、院系给予他们相应的社会地位和经济待遇，学生给予其理解和支持，社会给予相应的尊重和地位，如果这些方面得不到满足，将会使他们产生失落感甚至自卑心理。

3. 工作挫败感

高校辅导人员接受学校和院系的双重领导，处于高校管理的一个“节点”位置，学校、院系、教师、大学生、后勤部门等对高校辅导人员产生了不同的角色期待。因此，与高校行政管理人员和教学工作者相比，高校辅导人员在工作中具备多重角色的特点，即形成了一个“角色簇”。各种角色同时聚焦在高校辅导人员身上，这势必会给高校辅导人员带来工作上的冲突、思想上的困惑，从而产生工作挫败感。

4. 心理烦躁和焦虑

我国高校辅导人员的选聘制度决定了高校辅导人员在学生时代大多是品学兼优、思想活跃、踏实能干的学生干部。因此，高校辅导人员对自己的发展前景都有一个非常高的期望值，需要学校、院系领导的关怀和重视，需要一个比较宽松的工作环境。目前，很多高校都在探索高校辅导人员队伍管理的模式和方法，采取了很多措施提高高校辅导人员的政治待遇，多渠道提高高校辅导人员的经济收入，但制度设计的缺陷使得高校辅导人员队伍现状不容乐观。很多高校辅导人员感到个人发展受到了很大的限制、前途渺茫，只要有机会就选择转岗或者谋求学业的发展。

高校辅导人员工作的职责和特殊性使高校辅导人员面临着巨大的社会压力、经济压力、个人职业发展等方面压力，导致其思想易波动、心理存在困惑，严重的可能威胁其心理健康。高校辅导人员在参与大学生心理健康和心理辅导工作时，要对大学生进行深入的了解，把握大学生思想波动和心理状态，其必然承受着大量的负面信息，如不能及时消除这些负面信息的消极影响，高校辅导人员也极易出现沮丧、痛苦、轻度焦虑等负面情绪。高校辅导人员参与心理辅导不仅有利于高校辅导人员帮助解决大学生的一般心理问题，更有利于自身的心理健康。

三、高校辅导人员心理辅导能力的结构

（一）心理学的知识和理论

作为与大学生接触最紧密、最频繁的高校辅导人员，心理辅导工作对其个人素养有很高的要求。其中，心理学知识是心理辅导工作者的知识结构核心。高校辅导人员不必像心理教育专业教师那样，精通心理学所有的专业知识，但也应该深入地学习普通心理学、发展心理学、教育心理学、个性心理学、心理辅导和咨询等学科的基本知识，了解心理测量学、心理治疗、变态心理学、医学心理学等学科的基本知识，熟悉心理学的基本研究方法，如观察法、实验法、问卷调查法和个案法等，并学会将这些研究方法运用到实践中。此外，需要重点掌握心理学的一些知识点，例如，首因效应、近因效应、晕轮效应等，还需掌握印象管理的一些技巧，将其运用到平时的工作中；

重点把握大学生在思维、智力、情绪情感、自我意识、个体倾向性、兴趣、能力等方面的个体差异性；重点了解大学生的学习心理、人际交际和相处心理、群体心理、人生观、价值观、世界观等心理特征。

在掌握心理学的基本知识和理论后，高校辅导人员就能将大学生的心理问题做基本的分类，并有一个基本的认识，即这些问题是大学生发展过程中常见的心理问题，只要以正确的方式加以引导，大学生就有能力解决自身的心理问题。

(二)心理辅导的技能

大学生心理辅导是咨询心理学的一个分支，其研究对象是正常的大学生，对大学生常见的人际关系问题、情绪情感问题、自我统一性问题、学习问题、专业发展问题、职业选择等方面进行调适和矫正，这些问题都是发展性的心理问题，通过心理和行为疗法使大学生在认知、情绪、情感、意志、动机、行为等有所改变和发展，以使大学生更好地适应生活和环境，促进其身心健康。简单地说，就是通过建立咨询关系，运用心理学的技巧和方法，协助大学生解决其自身问题。心理辅导的技能包括很多方面，如观察、倾听、共情、引导、暗示、反馈、具体化、解释、自我开放等，下面主要介绍高校辅导人员难以掌握的倾听、共情、自我开放3种技能。

狭义的倾听是指借助听觉器官接受言语信息，进而通过思维活动达到认知、理解的全过程。作为心理辅导技能的倾听，要求教师认真、有兴趣、设身处地地听，不要带任何偏见，不做出价值评判，并适当地表示理解。通过倾听，教师要能理解学生通过言语、表情、动作所表达出来的东西，听出学生在交谈中省略的和没有表达出来的内容或隐含的意思，听出学生自己都不知道的潜意识东西。

共情又称“神入”“同感”“同理心”“感情移入”等。按照人本主义心理治疗理论创始人罗杰斯(Carl Ransom Rogers)的观点，共情指的是感受对方的私人世界，就好像那是你自己的世界一样，但又未失去“好像”这一品质。共情需要教师从学生内心的参照体系出发，设身处地地体验学生的精神世界，需要教师把自己对学生内心体验的理解准确地传达给对方。

自我开放，也称自我暴露，是指将自己的思想、情感、经验等有关信息告诉对方。教师适度的自我开放，能使学生产生共情、温暖和被信任的感觉，增加学生对教师的认同感以及对谈话的兴趣，有助于彼此建立相互信任和开诚布公的人际关系。同时，学生在老师自我开放的示范作用下，也会有进一步的自我开放，最终有利于问题的解决。

在掌握基本的心理辅导技能后，高校辅导人员应该明白自己不是专业的心理咨询师。因此，在做心理辅导时，首先，要明白心理辅导的职责是有一定范围的，高校辅导人员帮助大学生解决的是心理问题或由心理问题引发的行为问题。其次，高校辅导人员应坚信当事人有能力解决自身心理问题，高校辅导人员只是从旁协助。再次，高校辅导人员应有自知之明，认识到自身能力有限，不能解决所有问题，对于超出自己能力范围或自己不能确认的问题，应及时将当事人转介到校心理咨询中心或其他心理咨询与治疗的专业机构。

（三）心理辅导的角色意识

心理辅导意识是提高心理辅导能力的前提和基石，如果没有这种意识，那么能力的提高就无从谈起。高校辅导人员要领悟心理健康教育的精髓，体会其和传统说教方式相比之下的优越之处，进而激发在工作中运用这种方式的意识与热情。

高校辅导人员应首先给心理辅导一个明确的定位，心理辅导不同于心理治疗，也不同于说服教育和心理安慰。心理辅导不是以恢复大学生心理状态原貌为目的，而是为了促进大学生更好地生活、更好地适应环境，最终达到维护大学生的心理健康的目标。它是通过良好咨询关系的建立，以尊重信任为基础，借助于心理咨询操作技术，协助大学生认识自我、悦纳自我，减少心理上的沮丧、痛苦、焦虑等负面情绪，发展其个人潜能。其次，高校辅导人员应该明确把握自己的心理辅导角色定位。高校辅导人员的角色不同于心理咨询师的角色，高校辅导人员在心理辅导过程中，虽具有区分正常心理和非正常心理、健康心理和非健康心理的能力，但因其没有扎实的专业基础，只能初步独立的开展心理辅导活动。再者，高校辅导人员应明晰心理辅导和思想政治教育的关系，明确心理辅导属于心理思想政治教育的范畴。高校辅导人员应学会把心理辅导的技术和方法运用到日常的思想政治教育当中，形成和谐的辅导关系，同时通过日常的思想政治教育帮助大学生树立正确的世界观、人生观、价值观，减少因认识问题导致的心理问题。最后，大学生心理问题的时代性、复杂性、差异性等特点决定高校辅导人员必须具有较强的心理辅导意识。大学生有较强的自尊，不愿意与别人探讨自身存在的心理困惑，以致心理困惑演变成心理问题。大学生这一特性就要求高校辅导人员时刻关注大学生心理细微的变化，做到防微杜渐。

（四）沟通能力

沟通包括言语沟通和非言语沟通两种形式，指沟通双方进行积极有效的信息交换，达成问题解决方案形成的能力。只有恰如其分的沟通，才能在功能上达到预期目标或明确问题的症结所在。因此，高校辅导人员应具备良好的沟通策略和方法，取得大学生的尊重和信任，辅导才能取得积极的效果。在思想政治教育工作中，高校辅导人员需善于激励大学生，调动大学生生活学习方面的积极性，增强其社会归属感。在学习中，高校辅导人员应帮助大学生及时转变学习方式，明确学习目标，认清职业发展方向，强化职业发展意识。在生活中，高校辅导人员应以身作则，以高校辅导人员的人格魅力影响和引导学生，树立积极向上的生活态度。这些都需要高校辅导人员具备较强的沟通能力。在沟通中，倾听尤为重要。时刻牢记少说多听，多去听听学生的心声。要有耐心，在没有全面了解学生之前不要急于下判断，不要有先入为主的偏见和结论，不要急于打断学生的话语；要学会利用非言语信息来丰富自己的表达，比如面部表情、目光接触、身体姿势等，有时一个无声的手势和眼神就会使学生茅塞顿开、情绪好转。学习适度的自我开放（亦称自我暴露、自我表露，指咨询师提出自己的情感、思想、经验与求助者共同分享，或开放对求助者的态度、评价等，或开放与自己有关的经历、体验、情感等），可以把自己对学生的体验与感受传递出来，包括正面信息和负面信息。例如，“你能这么做我很高兴”“你没有那样做，我有些失望和意外，但我想也许你有什么原因”。还可以暴露与学生所谈内容有关的个人经历和体验。例如，“我能想象得出你的感受，因为我以前也有过类似的体验……”，等等。

（五）敏锐的洞察力

洞察力是深入事物或问题的能力，其中掺杂了分析和判断的能力，是一种综合能力。在与学生接触的过程中，要从学生的言语、表情、行动入手，从细微之处发现一般人不易发现或容易忽略的东西。学生的有些问题表现得比较明显，高校辅导人员易于发现，例如逃课、沉迷于网络等；而对于一些表现不明显的，如孤僻、离群、家庭变故的影响等，高校辅导人员也要多观察、多关注这样的学生，甚至可以提前进行支持与干预，以防患于未然。在观察的基础上，要做好诊断，判断学生的这些表现是否属于心理问题，属于哪类心理问题。因此，高校辅导人员只有具备了敏锐的洞察力，才能及时地发现并甄别大学生存在的心理困惑或心理问题。

（六）甄别问题的能力

高校辅导人员首先要判断大学生的问题是否属于心理咨询工作范畴。判断正常心理和非正常心理的标准有：

（1）常识性区分（离奇怪异的言谈、思想和行为，过度的情绪体验和表现，自身社会功能不完整影响他人的正常生活）。

（2）非标准化区分（统计学角度，文化人类学角度，社会学角度，精神医学角度，认知心理学角度）。

（3）标准化区分（医学标准，统计学标准，内省经验标准，社会适应标准）。

（4）心理学标准（主观世界和客观世界相统一原则，心理活动的内在协调性原则，人格相对稳定性原则）。

其中常用的是心理学标准。如果高校辅导人员根据心理学标准不能确定大学生的心理问题是否属于不正常，应及时送往心理咨询中心做进一步诊断。在未确诊前，高校辅导人员不宜告诉当事人其是否存在问题及问题的严重程度；在心理咨询师确诊大学生确实存在不正常的心理问题后，高校辅导人员应及时告知其家人，并帮助当事人办理相关手续。

在发现大学生心理问题并排除不正常心理之后，高校辅导人员应根据一般心理问题和严重心理问题的区分标准，判断大学生心理问题的严重程度。如果是一般心理问题，高校辅导人员要帮助大学生正视心理问题，并以积极的心态调适。如果是严重心理问题，高校辅导人员应及时把当事人转介到校心理咨询中心，或其他正规的心理咨询机构。同时，高校辅导人员应掌握一般心理问题和严重心理问题的区分标准，一般心理问题是由现实生活、工作压力、处事失误等因素引起的内心冲突，而严重心理问题是由较强烈的、对个体威胁较大的现实刺激引起；一般心理问题引起的不良情绪不间断持续一个月，而严重心理问题引起的痛苦情绪持续两个月以上；一般心理问题引起的不良情绪仍在理智控制下，能够维持正常的工作、学习、生活，而严重心理问题会造成生活、工作、学习等正常的社会功能受损；引起一般心理问题的刺激因素没有泛化，而心理问题严重时，引起痛苦情绪反应的刺激物已经泛化。

(七)辅导关系建立的能力

辅导关系，是指辅导者或教育者与当事人(大学生)之间结成的一种互动、理解、尊重、接纳、真诚的人际关系。良好的辅导关系是心理辅导的基础。需要明确的是，辅导关系是决定辅导成败的首要因素，辅导关系为本，具体技术为末，不能本末倒置，更不能舍本求末(刘华山，2001)。如果高校辅导人员和大学生之间能够建立良好互信的辅导关系，大学生对高校辅导人员的戒备心理就会明显降低，从而有利于其情绪宣泄。从这个意义上讲，高校辅导人员一定要提高建立良好心理辅导关系的能力。

良好辅导关系的建立，有赖于高校辅导人员热情、尊重、真诚、共情和积极关注等正确的辅导态度。热情是高校辅导人员内在的稳定而深厚的情感，对大学生的事情深感关切，认真倾听。尊重是高校辅导人员把每一个学生作为独特的个体来看待，而不是用同一个标准去衡量所有学生。真诚是高校辅导人员不掩饰自己，以真实的自我置身于辅导关系。共情就是高校辅导人员站在当事人的角度思考问题，设身处地的体验当事人真实的内心世界。积极关注是一种共情的态度，是高校辅导人员利用学生自身的积极因素来促进他们发生积极的变化，在高校辅导人员的眼里不应该有“差生”的标签。

(八)解决问题方案的制订和实施的能力

1. 制订解决问题方案的能力

高校辅导人员根据当事人(大学生)心理问题的性质和严重程度，通过与当事人的共同协商，尊重当事人的意愿，确立双方可以接受的有效的辅导目标。首先，需要全面掌握当事人心理问题的相关资料，并列出全部心理问题。在接触当事人时，高校辅导人员要了解当事人需要解决哪些问题，并进一步了解问题的来龙去脉，根据当事人的言行反应，澄清当事人的真实想法。然后，高校辅导人员应和当事人深入探讨其心理问题的深层原因。其次，高校辅导人员应根据心理学标准，判断当事人心理问题的类型和严重程度。再次，高校辅导人员和当事人共同确定优先需要解决的心理问题，这些问题应该包括这样几个特征：具体的、可行的、积极的、双方都接受、属于心理学性质、可评估、多层次目标统一。最后，高校辅导人员应把不同的辅导目标视为从特殊、近期到一般、长期的一个连续过程。

在平等、互相尊重的氛围下，高校辅导人员应和当事人共同商定诊断、辅导、预后等阶段的进程，以及一些注意事项。以大学生的失恋为例，高校辅导人员需要了解：当事人曾经和谁谈恋爱，在什么时候、什么地点、发生了什么事情、为什么发生这种事情，失恋的事情是怎么发展的，都和哪些人有关，等等；通过观察当事人的言行反应，高校辅导人员帮助当事人澄清其对失恋这件事情的真实想法；分析并总结出失恋造成心理问题的深层原因。在了解当事人的翔实资料后，高校辅导人员应根据心理学标准判断当事人心理问题的性质和严重程度，并根据自身的能力状况，决定是否把当事人转介到心理咨询中心或心理诊所。如不转介，高校辅导人员应和当事人一起商讨哪些是急需解决的问题(恋爱的动机、消解负性情绪等)，并进一步制定辅导的近期目标和长期目标(走出失恋阴影)。

2. 解决问题方案的实施能力

不同的心理咨询和辅导的理论学派有不同的实施方案和操作技术。高校辅导人员不可能掌握所有理论学派的心理咨询和辅导技能，因此，高校辅导人员通过自学或培训掌握其中一种心理咨询和辅导技能，并熟练掌握参与性技术、影响性技术，识别和处理阻抗、识别和处理移情，然后学会终结咨询和辅导关系、及时转介等。在实施辅导方案时，高校辅导人员应始终明确一点，相信当事人有能力解决自身心理问题，高校辅导人员只是帮助当事人，争取做到“助人自助”的目的，不能越组代庖。

(九)辅导效果的评估和巩固能力

1. 辅导效果评估的能力

心理辅导效果不是一定得到辅导结束时才“做评估”，而是在心理辅导过程中不断地总结，并对心理辅导过程进行调整。然而，辅导结束前的评估是对整个辅导过程最终成效的评估，这个评估更加重要，更加全面。高校辅导人员可以从四个方面进行评估：

(1)当事人对辅导效果的自我评价。例如，当事人认为自己从失恋的痛苦中走出来，现在能够正视曾经的恋情。

(2)当事人正常的社会功能得以恢复。例如，当事人厌学的情绪得以缓解，能够进入教室听课，不再有对学习恐惧的心理。

(3)周围知情人的评定。例如，当事人室友反映当事人轻微失眠的现象得以缓解。

(4)高校辅导人员的评定。例如，根据高校辅导人员的观察，当事人对就业的形势和自身的能力有了一个比较合理的认识，焦虑情绪有所缓解，自我评价比较积极，敢于面对严峻的就业形势。

2. 辅导效果巩固的能力

心理辅导是一个连续的反复的过程，很难一次解决当事人所有的心理问题，即便是一般的心理问题。因此，每次辅导即将结束时，高校辅导人员和当事人均可做此次辅导的总结，双方共同交流此次辅导的感受、解决了哪些问题、取得的经验及下次辅导应汲取的教训等，并商讨下一次辅导要解决的主要问题。另外，高校辅导人员还应该给当事人留一定的“家庭作业”，可以是家庭日记，也可以是对往事的回忆、梳理，把布置作业作为效果巩固的重要手段。此外，高校辅导人员应正视辅导过程中，当事人心理问题反复的情况，认真分析造成心理问题反复的具体原因。

(十)心理承受和自我调适能力

高校辅导人员必须对生活充满热爱，在工作和生活中是乐观、奋进和充满生机的。这样，他们积极乐观的心态就能够感染学生，一方面能使心灰意冷的学生重新唤起生活的勇气，另一方面又不会耗尽自己的能量，不会把烦琐的工作看作一种负担。

良好的心理弹性，能使高校辅导人员能够承受住各种各样的压力，承受人性中所有破坏性的力量，包括愤怒、歧视、嫉妒、敌意，甚至攻击。高校辅导人员在工作中经常会遇到一些情绪消极的学生，成为学生宣泄不良情绪的出气筒。高校辅导人员应该有充分的心理准备，磨炼好自己的耐性和受挫力，要沉着冷静，心甘情愿地去接受一些学生的不良情绪，并寻找有利时机，理智地化解所遇到的困扰。高校辅导人员要有开阔的心胸，做到刚柔并济，能屈能伸，懂得何时应该表达和倾诉，何时应该保持沉默与忍耐。

高校辅导人员必须具有良好的自我认知、自我评价、自我平衡的能力。高校辅导人员要对个人的需求、优缺点、内心冲突、常用的心理防御机制、脆弱的人格特质、情绪状态等各个方面保持清醒的自觉，还必须具备自我反思意识，能够时时审视自我，并通过学习不断完善自我，建立清晰的自我统一性，这样可以避免自己的薄弱之处对工作和学生产生不良影响。

另外，高校辅导人员参与心理辅导工作时，不可避免会接受大量的垃圾信息。如果高校辅导人员没有较强的心理承受能力和良好的自我调节能力，也很容易产生困惑、沮丧、痛苦、抑郁、焦虑甚至是严重的心理问题。为此，高校辅导人员要通过各种渠道努力提高自己的心理承受能力和熟练掌握适合自己的心理调节技巧，及时疏导自己内心的郁结。

第三节　高校辅导人员心理辅导能力评估

一、高校辅导人员心理辅导能力的评价原理

（一）大学生心理健康标准

1946 年，第三届国际心理卫生协会（WMHA）曾为心理健康下的定义：“所谓心理健康是指在身体、智能以及情感上，在于他人的心理健康不相矛盾的范围内，将个人心境发展成最佳状态。”并指出了心理健康的标志：

（1）身体、智力、情绪十分和谐。

（2）适应环境，人际关系中能彼此谦让。

（3）有幸福感。

（4）在工作、职业中能充分发挥自己的能力，过有效率的生活。

自此，心理学各流派和国内外很多心理学工作者对心理健康下过的定义或制定的心理健康评定标准，很多概念定义内容和评价标准都大同小异。所谓心理健康，是指不仅没有心理疾病或变态，而且个人在身体上、心理上和社会行为上均能保持最佳的状态。心理健康包含有生理、心理和社会行为三方面的意义。首先，从生理上看，心理健康的人，其身体状况特别是中枢神经系统应当是没有疾病的，功能应该在正常的范围之内。脑是心理的器官，心理是脑的机能。健康的身体特别是健全的大脑乃是健康心理的基础。只有具备健康的身体，个人的情感、意识、认知和行为才能正常运行。身体不健康会影响心理健康。其次，从心理上看，心理健康的个人对自我必然持肯定的态度。能自我认知，明确自己的潜能、优点和缺点，并发现自我。其认知系统和环境适应系统能保持正常、有效的运作，在发展自我的同时，人际关系也得到发展。现

实中的自我既能顾及生理需求又能顾及社会道德的要求，能面对现实问题，积极调适，有良好的心理适应能力。第三，从社会行为上看，心理健康的个人能有效地适应社会环境，与周围的环境保持协调，包括适应自然环境和社会环境两个方面。能妥善地处理人际关系，其行为符合生活环境中文化的常规，所扮演的角色符合社会要求，与社会保持良好的接触，并能为社会做出贡献。

本书认同许又新教授1988年提出的“用体验标准、操作标准、发展标准三个维度来衡量心理健康”。体验标准是指个人的主观体验和内心世界的状况；操作标准是指通过观察、实验和测量的方法考察心理活动的心理过程和效应，其核心是效率，主要包括个人心理活动的效率和个人的社会功能；发展标准是着重对人的个体心理发展状况进行纵向考察和分析。

近年来，大学生的暴力事件、退学、自杀等现象引起了社会各界对大学生心理问题的关注和重视，对大学生心理健康问题的研究也日益增多，虽然部分研究夸大了大学生心理健康问题的严重性。这些研究普遍存在一个问题，就是关于心理健康与心理不健康、心理正常与心理不正常的概念界定不明确，由此产生了很多问题。

心理学上区分心理正常不正常与否的标准为：①主观世界和客观世界的统一性原则；②心理活动的内在协调性原则；③人格的相对稳定性原则。心理不正常不属于心理咨询（辅导）的工作范畴。同时，心理健康与心理亚健康属于心理正常的范畴，因此，区分心理健康与亚健康对心理咨询起着至关重要的作用。为了明确区分心理问题，这里采用临床心理学的观点，把心理亚健康分为：一般心理问题、严重心理问题、含部分疑似神经症。

二、高校辅导人员心理辅导能力的胜任特征

高校辅导人员心理辅导工作是一个比较新课题，研究者们从教育学、心理学、社会学和管理学等多角度讨论了当前大学生心理辅导工作的重要性、必要性和迫切性；提出了引入、改善和加强高校辅导人员的心理辅导职能来促进大学生思想政治教育；探讨了高校辅导人员承担大学生心理辅导职能的必要性、可能性和可行性；并且在近几年的研究中着重探讨了如何改善高校辅导人员心理辅导工作的条件、途径和方法，提升心理辅导的知识、技能和能力。

但是现有的研究大都是从外部条件和要求来讨论高校辅导人员的心理辅导问题，实际上，心理辅导工作不同于其他工作，并非掌握了心理咨询的理论和技能就能顺利开展工作，随着心理咨询和辅导职业的发展，人们越来越认识到，能让当事人发生积

极改变的共同因素是心理辅导者本人具备的特质和素养。所以笔者认为，要改善和加强高校辅导人员心理辅导职能，首先要对高校辅导人员承担心理辅导职能所需要的能力和素质进行系统地考察和研究，这实际上就是高校辅导人员心理辅导的胜任特征问题。

根据 McClelland(1973 年)对胜任力的定义，即胜任力指在特定工作岗位、组织环境和文化氛围中有优异成绩者所具备的任何可以客观衡量的个人特质，包括：①知识；②技能；③社会角色；④自我概念；⑤人格特质；⑥动机需要。另外一些有代表性的定义，如一个人所拥有的导致在一个工作岗位上取得出色业绩的潜在的特征(它可能是动机、特质、技能、自我形象或社会角色或其他所使用的知识实体，等等)(Boyatzis，1982)；与有效的或出色的工作绩效相关的个人潜在的特征，包括：知识、技能、自我概念、特质和动机(Lyle M. Spencer，1993)。结合高校心理辅导的目标、内容和辅导人员的职责、职能，我们初步认为高校辅导人员心理辅导胜任特征的操作性定义为：高校辅导人员在高校中能够胜任做大学生的心理辅导工作所应具备的知识技能、能力、自我概念、人格特质和动机等。

三、高校辅导人员心理辅导能力的测评

从高校辅导人员队伍职业化发展步伐来看，加强这支队伍的心理辅导能力培训体系建设具有战略意义。学校心理辅导可以帮助大学生减轻心理压力和情绪困扰，帮助他们正确认识自我、接纳自我，促进自身人格塑造和完善，预防和干预心理问题和疾患，促进自我成长。从已有的研究来看，随着高校心理辅导活动专业化程度和普及程度的不断提升，心理辅导作为高等教育的重要组成部分已成事实，从某种意义上它也成为现代学校的一个重要标志。高校辅导人员工作的成效在一定程度上受其心理辅导能力的制约。

当前，我国高校辅导人员在推进心理健康教育的发展做出了一定的贡献，也摸索出了一些有效的工作方法：第一，深入学生宿舍，从第一线关心了解学生，给学生关爱、帮助，为其进行心理辅导提供了前提；第二，重视特殊群体，建立特殊群体心理档案，辅导人员们尤其重视贫困生、问题生等特殊群体的心理健康，不少辅导人员建立了特殊群体的心理档案，对其进行干预，取得了良好的效果；第三，在第二课堂积极开展有关心理健康讲座，充分发动学生会等社团的力量。在第二课堂积极开展有关心理健康讲座、咨询活动，发挥辐射作用，并赢得学生的喜爱。但应该看到，不少辅导人员的工作理念以及对应的工作方法整体上落后于大学生的心理发展，严重影响了

心理辅导的实效性。具体表现在以下四个方面：

(1)心理辅导定位不准、概念不清、思路不明。辅导人员有不同的学科背景，一方面是优势，可以避免狭隘思维，但另一方面又造成了心理学专业知识的缺乏。在我国目前高校中，由于专业知识的缺乏，不少辅导人员在解决问题时，常常把心理辅导和思想政治教育的工作方法混为一谈，甚至对心理辅导的一般方法都不甚了解，重则耽误了心理辅导的有效时机，造成严重后果，轻则使心理辅导的有效性大打折扣。

(2)防御性的被动工作模式，缺乏系统性。辅导人员每天常是“两眼一睁，忙到熄灯”，却唯独没有认认真真地研究大学生的心理特点及其在不同时期的需要，这样辅导人员就会在心理上同学生处于游离状态，结果是形成了一种防御性、任务性的被动工作模式。以致于辅导人员对于整个心理辅导的过程、影响大学生心理健康的因素则缺乏系统地把握，难以发挥其积极性和创造性。

(3)信息网络狭小，缺乏合作与交流。目前大多数辅导人员缺乏对心理学学科的了解，对心理辅导和治疗机构也不清不楚，更谈不上合作和交流。信息网络的狭小，会对心理辅导的科学性和有效性产生重大影响，如果辅导人员碰到某些患有身心疾病或行为障碍的大学生，并且已经超越了心理辅导可以解决的范围，还不寻求外界帮助，就会耽误宝贵的治疗时机。

(4)缺乏对社会的感悟能力，以经验为主导。部分辅导人员未能掌握有效的心理辅导的正确方法，把心理辅导完全等同于聊天、谈心，将心理咨询看做一种简单的同情和宽慰，或者是泛泛的说教，即使是责任心较强的辅导人员大多依靠的也是自我感悟和经验。而许多辅导人员都是从学校到学校，对社会上的许多问题也缺乏深层次的感悟，心理辅导往往是隔靴搔痒，无法走进对方的精神世界，解决实质问题。

现阶段，提高辅导人员心理辅导能力需要多方面的努力和投入，研究者对此提出了一些对策和建议。具体做法可以分步骤进行：第一，规范学校心理辅导培训机构，利用各级师范院校和学术团体对辅导人员进行心理辅导的培训，根据各级师范院校及各种学术团体的条件、优势，规定其培训范围和内容。第二，对辅导人员的培训可以采用在职提高和脱产培养相结合的办法进行；可以创造条件，开设学校心理辅导专业，开办正式全日制的教学；也可以通过经常召开研讨会来提高辅导人员心理辅导水平。第三，心理辅导培训的重点在于通过辅导人员掌握正确和丰富的教育学、心理学知识，学会运用心理辅导技巧，从而提高心理辅导的各方面能力。第四，建立由学生或学生组织组成的辅导人员心理辅导督导机构，加强对辅导人员的督导。

四、高校辅导人员心理辅导能力的培养体系建设

（一）培养体系建设的思想原则

心理辅导能力的开发与培养是一项系统工程，需要考虑培养对象的特点、培养规律等因素，制定培养目标与方案，分步骤、分层次、分阶段地实施，建立科学合理的培训体系。对此，学校在实际工作中积极探索，全面贯彻落实《中共中央国务院关于进一步加强和改进大学生思想政治教育的意见》和教育部《关于加强高等学校辅导人员班主任队伍建设的意见》精神，明确提出了心理健康教育全过程、全方位、全覆盖的工作目标，稳步实施了教育—指导—咨询—预防—干预“五位一体”有机结合的工作模式。同时，进一步加强组织机构建设，完善工作体制和创新方法手段。

辅导人员心理辅导能力培训坚持以人为本，按照理论与实践相结合、校内与校外相结合、自学与辅导相结合的“三结合”原则，通过夯实基础、系统强化、技能认证、技能操作等手段，做到环环相扣，形成一套递进式培训体系，全面培养和提升辅导人员心理辅导能力。

（二）培养体系的系统构建

1. 加强制度建设，规范过程管理

学校充分利用已经构建起的班级—学院—学校“三级心理保健网”和测评—筛查—干预“心理危机预警机制”，制定了一系列相关文件，在二级学院组建“大学生心理健康教育工作站”，选配心理健康教育专项辅导人员，在学生班级设立学生心理健康信息员；实施各学院学生工作年度目标管理考核制度，通过绩效评估权重系数体现辅导人员参与心理健康教育工作的重要性，进一步调动全体辅导人员参与心理健康教育的积极性，为开展辅导人员心理辅导能力培训工作奠定了基础。例如，学校在二级学院设立了心理健康教育专项辅导人员，其工作职责如下：

（1）在学校和学院党委领导下，做好心理健康教育宣传、普及工作。根据学院的具体情况每学期初制定本学院心理健康教育工作计划，策划本学院学生心理健康教育活动，并报校级大学生心理健康教育机构备案。

（2）依托本院心理健康教育工作站，在全校学生班级中设立学生心理健康信息员，建立一支心理健康教育工作队伍，组织开展形式多样、内容丰富的心理健康知识的宣传普及活动。

（3）建立院大学生心理健康教育工作站值班制度。心理健康教育专项辅导人员每周至少值班一次，每次至少半天，接待学生来访及处理心理健康教育工作其他事务。《××

学院大学生心理健康教育工作站值班安排表》每学期初报校大学生心理健康教育指导中心备案，并公布给本院学生。

(4)建立学院学生心理健康状况定期汇报制度。为及时了解、准确识别、有效应对学生心理危机，每月月末定期汇总各班学生心理健康信息员所反映的各种心理问题。及时向学院分管领导及校大学生心理健康教育指导中心报送《特殊群体(心理障碍疑似)学生档案表》和《特殊群体(心理障碍疑似)学生汇总表》，并协助学校做好对有严重心理问题学生的心理危机干预工作。

(5)组织学院学生积极参加学校开展的各项心理健康教育活动，特别是每年度的大学生心理健康节系列活动。

(6)协助做好每年新生的心理健康测评和建档工作。依据测验筛选结果，联系负责本学院的心理咨询老师设计方案，对有心理问题的学生进行有针对性的辅导。

(7)积极参加学校组织的心理健康教育专业培训和研讨，不断提高工作能力。

(8)分析大学生的心理特点，积极开展大学生心理健康教育的研究工作。

学校每学年对心理健康教育专项辅导人员工作的完成情况进行考核，对考核优秀的给予表彰奖励，并择优推荐参加国家心理咨询师认证培训。

2. 制订培训计划，实施递进式培训

一方面，将辅导人员心理辅导能力的培训计划纳入学校师资培训计划，使他们不断提高理论水平，丰富专业知识，积累教育经验。另一方面，通过相关培训，发挥辅导人员对学生心理问题的鉴别能力以及开展朋辈心理辅导的积极作用，指导特殊群体学生、心理协会、自强社等学生团体开展有益身心健康的社会实践活动。具体培训方案如下：

(1)一阶——夯实基础。建立岗前培训制度，除组织每位新上岗的专职辅导人员参加省高校师资培训中心组织的业务培训与考试(包括《高等教育学》《教育心理学》《教育法》《教师职业道德》等专业课程)外，还要通过专家讲座、经验交流会、主题例会等途径就大学生心理发展的基本规律和学生日常教育与管理等内容进行培训，使他们接触心理健康知识，了解和掌握心理学的基础理论知识，做到活学活用，为日后开展学生工作打下良好的基础。同时，学校还应鼓励辅导人员从事学生思想政治教育工作的教学科研，划拨专门经费，成立思想政治教育研究基金，鼓励辅导人员结合工作实践开展专题研究。

(2)二阶——系统强化。利用每学年开展“大学生心理健康节”活动的契机，开办辅导人员心理健康教育培训班。就心理学原理与技术在学生工作中的应用、大学生常见心理问题的识别及应对、大学生心理危机状况的识别及三级心理危机干预体系以及高校辅导人员的心理健康与成长等主题进行讲解。通过专题培训，进一步提高辅导人员对大学生心理健康教育工作的认识，初步掌握大学生心理问题的识别、应对及辅导策略，增强在日常学生工作中运用心理健康教育理论、方法的自觉性。

(3)三阶——技能认证。岗前培训和专题培训虽然能使辅导人员尽快进入角色，初步掌握心理辅导的基本方法，但绝大部分辅导人员由于专业背景局限，从理论知识到实践技能的转化出现“瓶颈”效应。对此，学校应组织辅导人员参加教育部、省教育厅关于心理健康教育方面的专业培训以及心理咨询师培训，通过系统学习心理学的基础理论和基本知识，初步掌握心理测量的方法和技巧，初步了解心理咨询和辅导的基本理论与方法，组织参加国家心理咨询师职业资格考试，进一步提高辅导人员的心理辅导能力，为学生健康成长保驾护航。

(4)四阶——技能操作。辅导人员心理辅导能力的培养是一个长期、渐进的过程，也是一个艰巨的系统工程。鉴于此，可以加强理论与实践的结合，培养和锻炼他们的实际操作能力。例如，举办辅导人员论坛、团体心理辅导等活动，通过分组讨论、情景剧表演(或观摩)等形式，对日常学生工作中所遇到的问题进行角色扮演、情感体验、经验交流，增强辅导人员的自主研究意识，促进辅导人员开展学生工作规律性的探索与研究，亦促进其自身的成长和心理辅导技能的提高。

3. 建立长效机制，巩固培训效果

实践证明，经过多轮专业培训，辅导人员在实际工作中运用心理学知识的能力得到了显著提升，其综合素质和人格魅力也得到了彰显。

一方面，专业培训有助于提高学生工作的科学性、艺术性和实效性。辅导人员可以运用心理学原理和心理规律，了解学生在气质、性格、兴趣、能力等方面存在的个体差异和人格特征。例如，针对不同气质类型的学生，做到因材施教、因势利导，不盲目说教、不搞“一刀切”，使思想政治教育与心理健康教育有机融合。另一方面，辅导人员在工作中获得的成就感和满足感，有助于提升他们对本职工作的认同感，做好自身职业规划，增强自身人格魅力，为创建学习型、研究型学生工作团队提供人才保障。

高校在今后的工作中，需要总结经验，开拓创新，通过分层次、分类别、多渠道、多形式的系统培训，提高辅导人员的心理辅导能力，提升辅导人员的理论素养和专业水平，进一步推动辅导人员队伍的职业化、专业化建设。

趣味延伸：

一、团体沙盘游戏与心理辅导对大学生人际交往能力的干预效果比较

目的：比较团体沙盘游戏与团体心理辅导对大学生人际交往能力的干预效果，为

大学生人际交往障碍的干预提供新的思路。

方法：使用大学生移情问卷与人际交往能力问卷筛选某高校大学生，选择人际交往能力与移情能力得分均处于40%低分段的44名大学生，随机分为团体心理辅导组与团体沙盘游戏组，进行为期6周的心理干预，分别于干预1周后、干预2个月后，采用大学生移情问卷、人际交往能力问卷、SCL－90的人际关系敏感因子评估心理干预效果。

结果：认知移情、行为移情、适当拒绝与自我表达的得分在团体沙盘游戏干预后以及2个月后的得分均高于干预前($P<0.05$)，人际关系敏感在团体沙盘游戏干预后低于干预前($t=2.671$，$P<0.05$)；情感移情、适当拒绝得分在团体心理辅导干预后高于干预前($P<0.05$)，主动交往得分在团体心理辅导干预结束2个月后高于干预前($t=3.233$，$P<0.05$)；对照组的自我表达得分高于干预前($t=3.095$，$P<0.05$)，但干预结束2个月后与干预前差异无统计学意义($t=1.900$，$P>0.05$)。

结论：团体心理辅导与团体沙盘对大学生人际交往能力的干预效果具有互补性，将两者结合起来可以使干预效果更好。

——朱海妍，刘丽琼，钟宇，等．团体沙盘游戏与心理辅导对大学生人际交往能力的干预效果比较[J]．中国学校卫生，2015，36(07)：1041－1044＋1048.

二、朋辈心理辅导：高校心理健康教育的新模式

中国青少年研究中心的调查报告显示，当大学生有了心理问题的时候，首先选择的是向朋友倾诉(79.8%)，其次是向母亲(45.5%)、同学(38.6%)、恋人(30.9%)、父亲(22.5%)、同龄亲属(15.8%)倾诉，选择向心理咨询师倾诉的仅占3.2%。而学生获得心理健康知识的途径，列第一位的是心理健康书籍，其次是电视台和电台的聊天节目(38.8%)，校内心理咨询机构(11.4%)仅列第八位。

朋辈心理辅导是指由经过辅导知识与技巧培训的非专业人员(朋辈心理辅导员)对周围需要心理帮助的同学和朋友提供具有心理咨询功能的帮助，在日常学习和生活中，自觉开展心理知识普及、心理问题探讨、心理情感沟通、心理矛盾化解、心理危机干预活动，帮助同学和朋友解决日常遇到的心理困扰，推动学生群体的互助、关怀、支持，实现学生“自助”的成长模式。它可以理解为非专业心理工作者作为帮助者在从事一种类似于心理咨询的帮助活动，是一种特殊的心理咨询形式，又被称为“准心理咨询”或“非专业心理咨询”。这种形式的辅导工作不同于一般性质的聊天，又不及心理咨询师的专业性，但是却能产生专业心理咨询所不及的效果。

——刘富良，朱逢九．朋辈心理辅导：高校心理健康教育的新模式[J]．衡水学院学报，2007，(04)：108－111.

三、正向感知在思政教育工作中的应用技巧

无论在西方或者东方，感恩都是正向感知的重要精神元素。感恩是一种你对所获得的事物心存感激的欣赏，无论所获得的事物是有形抑或是无形的。感恩是承认并感知到善意。所谓“承认”是承认生命中的美好，无论顺境还是逆境，都要对人生抱着正面积极的态度，相信生命与生活的美好；所谓“感知”是感知到善意来自外界，感恩的对象并非自己，要感知到他人的善意、他人的付出。大量有关感恩的研究表明，感恩认知和行为的好处有以下几点：发掘生活的正面事件，有助于正面情绪的扩充及建立；有效摆脱负面情绪，因为关注自己所得的恩惠及正面事件，会自然减少自己的缺乏感；反思别人对自己的好处时，提升了欣赏的能力，欣赏正面的感觉有效降低了抑郁情绪；向别人表达感谢会增加人际关系的正向接触，有助于与人建立正面及亲密的关系；有助于增加抗逆力(心理弹性或心理韧性)，学习对困难事件进行正面的诠释，有助于摆脱逆境。

1. 历数恩典

目前，历数恩典是感恩干预领域使用最多的方式，即让参与者按期记录多件感恩事件。(埃蒙斯和麦卡洛在2003年在美国分别以大学生和病人为研究对象，进行了大量的对比性研究，来证明了此举对于提升大学生幸福感和减少抑郁的有效性)。辅导人员在日常中带领学生来做以下练习：要求同学们在脑中抛开纷繁复杂的日常事务，静心思考，默数近日生活中遇到的值得感恩的事情，然后把其中感触最深的三件写下来。

2. 人生中三件美妙的事情

这种方法与历数恩典类似，但是范围更广，不一定是感恩事件，可以是任何正向的生活事件。

大多数同学都会花费相当多的时间去思考：对于已经做错了的事情，如果能有机会改正该多好。而不是回忆那些曾经做对的事情给自己带来的温馨和快乐。根据进化论的观点，相对来说，我们更容易记住失败的事件而不是成功的时刻，我们分析负面的经历比分析正面的经历更彻底而深入，反过来做则令我们感到十分困难。这种先置性的因素将同学们的生活满意度降到最低，而使学生的焦虑与抑郁情绪最大化。随时注意和分析生活中顺利进行的事件将有助于学生培养正面时间的能力，而不是认为它们只是理所当然的。同时它也有助于学生建立感恩的心态。分析事件进行顺利的原因鼓励了大家提升对幸福的感知能力，塑造了一种模式，使人们对未来持有乐观的解释。这项活动的重点要放在学生探讨“为什么这件美妙的事情发生了”上。让大学生们思考在过去一周中三件顺利进行的事情，这些事情可以是平凡而琐碎的。

第三章 个体心理辅导

想试着回答一下吗

- 在心理评估的过程中，通常分为哪些步骤？
- 心理辅导人员对个体进行心理辅导时，有哪些注意事项？
- 心理评估之前需要做哪些准备？之后呢？
- 有哪些问题不是心理咨询范围内的？
- 判断精神正常与异常的分界线是什么？
- 心理辅导对患者的资料有哪些要求？有哪些方式可以获得患者的资料？
- 怎样制订较好的心理咨询方案？实施方案时有哪些注意要点？
- 什么是人格测验？有哪些经典的人格测验量表？
- SSRS 社会支持评定量表是什么？怎么使用？

……

第一节 后现代主义思潮下的学生工作理念转变

一、高校师生关系现状

师生关系由古代的等级关系、传统的主客体关系和现代的主体互动关系等历时性关系组成。在高校师生关系现状中，等级关系几乎消失，传统的主客体关系仍占很大比重，“教师讲、学生听，教师写、学生抄，教师问、学生答”的教育教学模式和“以教师为中心”的观点，以及思想政治教育的知识化倾向，都是传统教育的表现。我们应该大力倡导的主体互动关系没有很好地得到构建和发展。以下是一些值得我们重视的高校师生关系的现状。

(一)师生角色泾渭分明影响师生交流

教师是教育者，而学生是教育的对象；教师是蜡烛，照亮别人，而学生自然是被照亮的对象，如此泾渭分明的角色分工，使师生都封锁在各自的世界里。这种僵硬的师生关系，教师展现的只是片面的“半个人”，学生呈现给老师的也是“半个人”而已。这大大影响了教师和学生平等、真诚的交流和交往。教师方面，钻研不够，上课“来也匆匆，去也匆匆”，大大降低了教学效果，不利于师生良好关系的构建；学生方面，部分学生把高校教育当做交易市场，学生是“消费者”，教师是“服务者”，再加上就业形势严峻，相当一部分学生对高等教育产生质疑，很多学生在价值判断和问题处理时表现出了功利色彩，因而导致部分学生对师生关系的错误认识(如“老师就应该顺着学生，满足他们的要求”)使得师生关系趋于紧张。

(二)高校扩招导致师生关系渐趋淡化

随着近些年高校的扩招，教师面对的学生越来越多，很难和多数同学进行深入有效地沟通和交往。同时，伴随着大班授课的发展，教师到学期末都很难叫出学生的名字。另外，高校辅导人员数量太少，有的高校辅导人员和学生的比例达到1∶500，甚至更低。对辅导人员来说，要想摸清每个学生的思想动态并进行有效地引导和沟通是十分困难的，这必然会导致师生关系的淡化。

(三)师生主客体关系导致德育效果差

如今，高校主张以直接的道德教育为中心进行德育，必然会过分注重和强调教师的主体地位和单方面的主体性，忽视学生在自身品德发展中的主体性。这种道德教育的基本途径和方式内在地规定了教育者是教学的主体，是知识的掌握者和拥有者，受教育者则被作为接受教育的客体和知识的“容器”，从而使得“学生对教师必须保持一种被动的状态”，承受着学习压力，活动空间和思维受到钳制，个人主体性难以伸张，这大大束缚了学生自主学习的动力，降低了学生对道德教育的认同度，从而影响德育效果。同时，辅导人员等高校管理者对大学生以及学生干部的态度，还存在着家长式管理的影响，不能打破主客体关系而平等有效地交流，这也会对德育产生不良影响。

(四)单纯知识传授影响学生全面发展

目前，高校的教育普遍偏向对学生进行系统书本知识的传授、训练和考核，过分注重学生知识结构的培养。然而，此种方式的教育只改变了学生的认知结构，而没有改变其整体精神的构建，没有深入触及学生的精神世界，只是知识化和智育化的教育，不利于学生主体精神的培养。尤其是在道德教育方面，过于注重理性的系统知识不利于学生自由全面的发展。

（五）功利化的师生关系导致师生关系异化

由于我国市场经济体制的发展尚不健全，社会上功利化趋势在一定程度上愈演愈烈，同样，这种功利化趋势也影响到高校师生的世界观、人生观和价值观。部分教师为了评职称而写文章、报课题，把科研当做主业，大大忽视了作为教师教书育人的本职。一些教师甚至把讲课仅仅当做一种谋生手段，敬业精神不足。对一些学生而言，由于缺乏有效的“三观”教育和引导，他们易陷入对自我、他人与社会的认知偏差，诱发各种心理问题，从而导致无法正常完成学业，无法与他人正常沟通与交往，甚至无法适应社会。由此可见，高校师生关系的异化问题已开始凸显，亟待探究有效的解决路径。

二、高校师生关系现状对人才培养效果的影响

（一）师生间有效交流的缺乏导致学生的心理问题难以解决

保持并促进大学生心理健康是高校德育的重要任务，尤其是近年来大学生心理问题始终影响他们的健康发展。由于高校扩招、大班授课以及教师主体地位的偏重势必会阻碍师生间的有效交流。真诚而有效的交流是德育的关键环节，此环节做不到位势必会影响大学生心理问题的发现、疏导和沟通，特别是当他们遇到学习、交往、恋爱、工作、经济等问题时尤其需要教师的及时交流和帮助。否则，因情绪压抑导致心理扭曲而出现自杀、跳楼等重大悲剧会再次发生。即使此类重大悲剧没有发生，大学生的心理问题长期得不到解决，也会影响他们的健康生活和学习。

（二）师生主客体关系影响了学生对教师所传达的价值观的认同

后现代思潮背景下，大学生对平等性和趣味性的要求增加，而传统的师生关系中，教师在教育、教学过程中具有支配力与权威性，是教育的唯一主体，学生只能消极依赖与服从，只能围绕着教师的指挥棒转，被当做教育的“客体”。这大大影响了学生学习的主动性和积极性，并且会对教师所传达的主流核心价值观进行反对、解构和消解，势必会影响大学生对社会主义核心价值体系的认同感。

（三）不利于德育濡化功能的发挥

显性的德育，如思政课、形势政策课、主题团日活动等，德育的任务和目标明显，指向性较强，但是效果不理想，容易陷入形式主义而使大学生产生抵触心理。隐性德育是近些年的新提法，主张将德育的内容、目标和任务融入受教育者的日常生活和交往，即生活化的德育方式，强调生活化德育环境的营造，自然化的风格，与时俱进的品质，目的在于发挥德育的文化功能也即濡化功能，提高德育的效果。它的方法包

括：师生间的平等交流交往、学生日常问题的解惑、对教师人格魅力和学识的潜移默化的感受，等等。然而，如今师生间的主客体关系（课堂内教学的主客体关系和课堂外教师与学生的主客体关系）强化了显性的德育而弱化了隐性德育，影响了德育效果的发挥。

三、后现代主义的传播与影响

在我国，“后现代”这一术语最早是由学者董鼎山在介绍西方后现代小说时提出的。20 世纪 80 年代末，随着改革开放的深入发展，中西文化交流的增多，后现代思潮开始在知识界升温，在校大学生主要是通过阅读国外原著和译著来了解这一理论。后现代思潮在 20 世纪 90 年代以后伴随港、澳、台的电影、电视剧、流行歌曲等大规模传入中国内地而开始发挥其影响力。随着我国市场经济体制的确立，后现代思潮借助这一土壤得以迅速传播并生根，进入 21 世纪以来，伴随着改革开放的不断深入发展和经济社会多元化格局的呈现，后现代思潮借助各种载体充斥着人们的视听空间，同网络文化、大众文化、青年亚文化等相互交融，形成了独特的文化景观。

总体来说，后现代思潮主要通过 3 种方式在我国进行传播和重构：①先锋派的文学作品；②解构的影视作品；③网络新媒体的恶搞。各种无厘头式的恶搞、解构、穿越的影视剧一度红遍大江南北。他们解构传统和权威，颠覆了千百年来在人们脑海中形成的经典文学形象。后现代思潮的理念借助网络得到更广泛的传播。我们每天都可以看到类似的帖子、短片、剪切视频、行为艺术等。这些作品往往具有很强的娱乐性和颠覆性，其背后往往是后现代思潮的反传统、反中心，解构一切、娱乐至死的理念。极具刺激性和娱乐性的后现代思潮，借助网络平台的传播，与一些大学生的激进思想迅速地融合在一起。他们不仅是这些恶搞文化的观看者，还是传播者、评论者和制造者。

后现代思潮对大学生的积极影响主要表现在以下方面，有利于大学生批判意识的发展，有利于大学生多元思维和创新能力的培养，有利于大学生主体意识的发展，使大学生增强对弱势群体和大自然的关注。然而，后现代思潮就像一把双刃剑，在积极影响的同时还存在着消极影响，如政治观念多元化，使大学生政治观念模糊，缺乏信仰，道德相对主义导致部分大学生道德滑坡，怀疑主义、虚无主义的主张引起大学生精神上的“流浪意识”。

四、构建高校新型师生关系

后现代思潮给高校思想政治教育工作创造了一种有别于传统的新环境，既给高校的思想政治教育工作提出了挑战，也创造了机遇。高校思想政治教育工作者要借此机会改革不适应时代潮流的工作方法和内容，借鉴后现代思潮的积极因素，与时俱进，提高思想政治教育的实际效果。在后现代思潮背景下，我们要构建基于主体间性[①]的高校师生新型关系来应对后现代思潮的影响，更好地开展大学生思想政治教育，实现学生综合素质全面发展。

教育原则和教育理念是贯穿教育活动始终、为全部教育活动提供所应遵循的基本准则，因此，欲构建高校师生新型关系必须先从理念上进行创新、改造和发展。马克思认为，人类的实践活动是具有交往性的，其中包括主客体间的直接相互作用和主体间的相互关系。德育也是如此，受传统思维影响，我国高校在很大程度上存在着工具式德育方法，即把教育者和受教育者当做活动的主体和客体，把德育当做对学生施加外部影响的活动，而非作为德育活动参与者的主体，更不是主体间性的，师生关系脱离学生的实际情况和时代发展，从而导致了当前德育效果的低下。

伴随着人类社会发展和进步，人的主体性意识也在不断觉醒，“主体—客体”的传统思维模式已不足以解释并解决现代人与人之间的关系。现代语言哲学指出：他人不等于客体，相反，他人同样是具有主体性的平等主体。因此，人与人的关系不应该仅仅是主客体的关系，还应该具有“主体—主体”的关系，强调主体与主体交往中形成的主体间关系。哈贝马斯鲜明地指出：“只有主体间的关系才算得上是相互关系。因为主体间的关系是互动的、双向的；而主体和客体的关系有分主动的和被动的，是单向的，因此不能称为相互关系”。

主体间性强调平等主体在理解基础上的交往、对话、和谐共处，它改善了传统的教育理念，有利于增强大学生主体性、独立性和成人意识的觉醒，能够促进其社会化的进程，大大提高教育效果，出色完成德育任务。实践证明，道德的发展实际上是教师和学生双方相互作用的交往活动过程，是主体双方依靠自己的努力和智慧不断探索、构建，并在此基础上逐渐实现自主和自觉的过程。德育过程中，只有在师生保持彼此主体性的基础上才能实现平等互动、共同前进和彼此发展，只有这样，方可实现教师的“价值引导”同学生的“自主构建”有机结合，实现德育目标。

① 主体间性即人对他人意图的推测与判定。主体间性有不同的级别，一级主体间性即人对另一个人意图的判断与推测。二级主体间性即人对另一人关于其他人意图的判断与推测的认知的认识。

高校新型师生关系构建的关键在于教师和学生在课堂内外通过直接交往所建立起来的交互主体性(主体间性)关系。在德育活动中，每个人都是主体，都是相互关系的创造者。真正的主体性存在于主体间的交往，存在于主体间相互承认和尊重对方的主体身份的基础上。大学生思想政治教育工作者应该把主体间性这一原则渗透到高校德育过程中，改革传统的师生主客二分的思维模式和教学方法，将教师和学生都视为教育的主体，通过师生主体间的交往，构建新型师生关系，于和谐共存中促进彼此的发展，特别是学生的发展。①

第二节　识别学生的心理问题

一、什么是心理健康?

心理健康是指各类心理活动正常、关系协调、内容与现实一致和人格处在相对稳定的状态。许又新教授提出可以综合以下三个方面来考察和衡量心理是否健康：第一，主要看个体是否有良好的心情和恰当的自我评价等。第二，主要看个体的学习或工作效率，人际关系是否和谐等。第三，主要看个体的心理与行为表现是否与其所在年龄阶段大致相符。

二、如何区分心理正常和异常

通常高校辅导人员与学生联系较多，应对学生的日常生活进行观察，这是心理正常与心理异常的常识性的区分方法。

1. 离奇怪异的言谈、思想和行为

假如，学生讲，“我身体里植入了一种芯片，配合美国军事部门开展精密的工作。现在这项工作完成了，我要飞纽约，去领取诺贝尔奖。”又如，老师看到学生蓬头垢面，整天行尸走肉一般，跟他说话，总感觉前言不搭后语。这时，即便老师没有接受过专业的培训，通过经验，也可以判断，他们的言行是异常的。

2. 过度的情绪体验和表现

例如，一个同学看到秋冬叶子飘落，不禁感慨泪流满面。又如，春天万物复苏，

① 贾元昌. 后现代思潮背景下大学生思想政治教育工作的对策和创新[D]. 天津：天津商业大学，2013.

大地又铺满新绿，人们纷纷出游踏春，而学生却对一切失去兴趣，对生活悲观失望，觉得现实世界似乎笼罩在灰蒙蒙的雾中。又或者，一个同学，今天觉得自己无所不能，兴高采烈，口若悬河，明天又觉得自己没有任何价值，郁郁寡欢。从我们的生活经验可以判断，他们的行为已经偏离了正常。

3. 无法适应正常生活

例如，一个同学，怕与他人的眼光相对，为此而不敢见人；又如，一个同学因为聚餐时举杯手发抖或者筷子发抖，越是控制自己但越是抖得厉害，以致于他不敢参加任何聚会。这样的同学的行为也偏离了正常轨道。

4. 影响他人的正常生活

例如，一个同学对其他同学总是攻击或者侵犯，对于学校的规定置若罔闻，老师讲的话听不进去；又如，几个女同学频繁向老师反映，有晾晒在外面的内衣被盗。这样的现象，我们也可以推断有学生出现行为异常。

我国医学心理学和神经心理学的奠基人之一李心天曾提出，我们还可以通过以下标准来判断心理异常：如心理现象偏离了统计常模；对某一文化习俗的偏离；对社会准则的破坏；存在古怪无效的观念或行为；个体主观上有不良或不适体验。

三、如何对待心理异常学生？

《中华人民共和国精神卫生法》第十六条规定："各级各类学校应当对学生进行精神卫生知识教育；配备或者聘请心理健康教育教师、辅导人员，并设立心理健康辅导室，对学生进行心理健康教育。学前教育机构应当对幼儿开展符合其特点的心理健康教育。"当前各高校都配有心理中心，并且配备一定的专兼职心理咨询师队伍。然而，心理咨询工作范围是有限的。《中华人民共和国精神卫生法》第二十三条规定："心理咨询人员应当提高业务素质，遵守执业规范，为社会公众提供专业化的心理咨询服务。心理咨询人员不得从事心理治疗或者精神障碍的诊断、治疗。心理咨询人员发现接受咨询的人员可能患有精神障碍的，应当建议其到符合本法规定的医疗机构就诊。心理咨询人员应当尊重接受咨询人员的隐私，并为其保守秘密。"因此，我们可以看到，心理咨询与心理治疗的工作对象是有区别的。从理论上讲，心理健康咨询的主要对象是一般心理问题、严重心理问题和部分神经症性问题，而除此以外的诸如精神分裂症、心境障碍，包括抑郁症、躁狂症、双相障碍等属于心理治疗的工作范畴，必须在医疗机构中完成的。当然，如若高校辅导人员接受过相关专业培训，能够较好地评估学生的问题，并能进一步采取针对性的措施那自然是极好的，但若高校辅导人员只能基于上文所述对学生心理正常与异常进行鉴别，而不明确学生到底属于哪一类的心理问题，从工作程序上来讲，可先请心理中心的专业老师进行评估，由他们评估是否属于心理中心可工作的范畴，从而进一步采取相应的措施。

第三节　异常学生的心理评估

一、心理评估的步骤一：来访者接待

来访者接待是心理咨询师与来访者的首次会面，因此，在心理咨询中起着非常重要的作用。来访者接待不但是为了收集整理材料以进行咨询，同时也是建立良好咨询关系的开始。能否建立良好的咨访关系是保证心理咨询能否成功的必要条件。

来访者接待中，心理咨询师的主要工作不在于解决求助者的困扰，而在于提供一个让求助者可以释放压抑的空间，让求助者在心理咨询室中放心地谈论任何欲望与冲突，帮助求助者有机会深层地觉察自己，陪伴求助者一起去探索求助者的问题或困扰。

通过来访者接待，心理咨询师可以初步了解和评估来访者的问题，为初步诊断打下基础。

(一)来访者接待的工作程序

1. 做好准备工作

(1)合理配置心理咨询场所。良好的心理咨询场所应该有助于心理咨询的实施。在咨询过程中，影响来访者的不仅是心理咨询师，咨询师的工作场所也在影响着求助者。这是容易疏忽但着实需要加以注意之处。一般来说，良好的心理咨询室应具备以下条件：

第一，具有保密功能。心理咨询师能否满足求助者对隐私性和保密性的要求，会影响到求助者对心理咨询师的信任与开放程度。影响保密性的因素包括隔音效果是否良好，心理咨询室与接待室的门是否隔开，等候室是否与其他求助者共享，以及心理咨询室是否位于安静地区等。

第二，显示专业特点。一般而言，心理咨询室的设置应该彰显安静、淡雅之风格，不必设置不必要的干扰之物。咨访双方座椅的布置应该呈45°角，中间摆放简单的桌子以放置抽纸，也可放置简单的花瓶装饰。

第三，提供安静宽敞的空间。心理咨询需要一个十分安静的空间，不仅需要室内

有足够的空间，最重要的是求助者从外面走进咨询室时就会逐渐放松。一般来说，个体咨询室的面积在 $10m^2$ 左右为宜。

第四，座椅舒适。心理咨询室应至少配备 2～3 张舒适、有靠背和扶手的座椅，有条件的咨询室可以配置催眠椅以备需要。舒适的座椅可以使来访者较快地放松。

第五，配置必需的设备。心理咨询室的设置配备应遵循以下原则：一切配备都应该服从于咨询的需要，不能起干扰作用。

(2)心理咨询师应注意自己的仪态。要做到服装整齐、坐姿端正、表情平和，保持恰当的言行举止，热情大方。

(3)会谈时保持正常社交距离，科学设置咨询师与来访者之间的位置距离。一般来说，咨访双方座位呈 45°～60°角，距离在 1～1.5m 左右。

(4)注意语言和非语言交流技巧的使用。

2. 接待

(1)注意文明礼貌。接待求助者时，心理咨询师的态度应平和、诚恳。接待时，要彬彬有礼，要经常使用"请进""请坐""非常欢迎您前来咨询，谢谢您的信任。""如果您愿意的话，请您填写这张基本信息登记表(或简单问卷)"等礼貌用语。

(2)注意问询方式。间接询问求助者希望得到哪些方面的帮助时，不可直接逼问。应选择比较恰当的间接询问方式，如"您希望在哪些方面得到我们的帮助?"切不可使用"您找我们什么事，说吧!"或"怎么啦? 有什么问题，说吧!"这类粗暴的言语。

(3)询问结束后表明态度。询问结束后，咨询师应向求助者说明是否能向求助者提供帮助。

(4)遵守保密原则。遵循保密原则是十分重要的，因为其既尊重了求助者的自主性，也体现了咨询师的诚信，还能最大化避免对求助者造成伤害，使求助者获得安全感，帮助双方建立良好的咨询关系。

心理咨询师应该在接待来访者及其他必要的时候，向求助者说明保密范围以及保密例外。保密原则既是职业道德的要求，也是心理咨询本身的性质所决定的。

需要心理咨询师保密的内容包括：心理咨询过程中求助者暴露的内容，咨询过程中与求助者的接触过程。在没有征得求助者同意的情况下，心理咨询师不得随意透露求助者个人信息，另外心理咨询师也不得随意打探求助者与咨询无关的个人隐私。

但是，保密也有例外情况：求助者同意将保密信息透露给他人；司法机关要求心理咨询师提供保密信息；出现针对心理咨询师的伦理或法律诉讼；心理咨询中出现法律规定的保密问题限制，如报告虐待儿童、老人等；求助者可能对自身或者他人造成即刻伤害或死亡威胁的；求助者患有危及性命的传染病。当遇到这些保密例外情况时，心理咨询师应将泄密程度控制在最小范围内。

(5)说明心理咨询的性质。心理咨询师在向求助者表明可以提供心理帮助后，还应该简要地说明心理咨询的性质。以确保求助者了解以下内容：心理咨询的内涵，主要解决的问题范围，进行心理咨询的方式或过程，心理咨询主要解决以及不能解决什么样的问题，等等。

(6)说明来访者权利及义务。求助者有权选择心理咨询师以及确认他的执业资格，有权知道收费标准，有权终止咨询。求助者有义务如实向心理咨询师说明情况，提供与自己心理问题有关的真实信息，要按照共同商定的时间进行工作。如有更改要事先通知，要按时完成作业，不试图与心理咨询师建立除咨询以外的任何关系，按规定缴费。

(二)注意事项

1. 避免紧张情绪

才开始从事心理咨询的工作人员，由于缺乏临床经验，加之求助者所咨询问题的复杂多样，在接待来访者时难免会产生紧张情绪。在接待来访者前，为将紧张情绪降至最低点，可按来访者接待的操作步骤进行练习，直到熟练自知为止。

2. 语言表达

接待及咨询过程中，语速要适中，吐字要清晰，避免使用影响交流的方言。必要时，可以将提问的问题或所做的解释性语句重复一遍，以确保求助者准确接收信息并完全理解。

3. 反复说明心理咨询中的保密原则

心理咨询师有义务反复向求助者说明保密原则，一旦心理咨询师泄密，求助者有诉诸法律的权利。

4. 说明心理测量功能的有限性

心理咨询师在使用测量工具时，不可为了获取求助者的信任或其他目的，而夸大所采用测量工具的功能，也不能在咨询范围以外向求助者提供帮助和任何承诺。

5. 心理咨询时，注意仪态问题

不应做一些多余的“下意识”动作，如玩弄铅笔、抖动身体、轻敲桌面、频繁看手表等，不应吸烟。接待求助者之前不可饮酒或服用兴奋、镇静药物。在交谈过程中应认真倾听或发问，保持高度集中的注意力。

6. 进行动机引导

在接待来访者时，对来访者进行适时的动机引导是十分重要的。在诊断的时候，如果来访者的动机过高，会给咨询师造成过大的压力，对诊断产生不好的影响；动机过低又会产生的消极的情绪，不利于咨询过程中的积极行为。所以，将来访者的动机调整在适当的水平，端正其求诊的动机，是十分重要的。

7. 尽量了解清楚共同信息

初诊是一个特殊的过程，是心理诊断的开始环节。在这个过程中，咨询师要以较快的速度，在较短的时间内，了解一些共同信息，有助于咨询活动的开展。

二、心理评估的步骤二：摄入性会谈

在首次咨询过程中，重要的任务是通过摄入性会谈收集求助者的基本信息及问题状况，然后进行初步整理和评估。摄入性会谈主要是收集来访者有关的资料信息的谈话，通过拟定的会谈，从多个角度，各个方面来了解来访者的情况，为诊断收集较为详细，全面的资料。

（一）摄入性会谈的工作程序

1. 确定谈话内容和范围

确定谈话内容和范围所依据的参照点有以下四个方面：

（1）求助者主动提出的问题或求助内容。例如，“我对学习没兴趣，学习成绩不好”“跟女朋友之间感情有了裂痕，不知怎么办”等。求助者提出上述问题，咨询员可以就事论事地将其确定为摄入性谈话的目标。与求助者交谈中，可以围绕这些问题收集有关资料。

（2）心理咨询师在来访者接待中观察到的疑点。例如，观察到来访者情绪低落，情绪焦虑不安，求助者在来访者接待中对某个问题欲言又止，等等。假如，求助者初诊时情绪低落并对心理咨询员说：“其实，我找到你们，要谈的问题也没什么了不起，只是有时觉得生活没意思。”这些话很重要，虽然他并没有谈出任何实质内容，但依据求助者的情绪状态和含混的表达，求助者可能有自己未意识到的深层心理问题，此时应从了解求助者一般生活状况入手，进行摄入性谈话，把探索深层心理问题作为工作的目标。

（3）心理咨询师可以依据心理测评结果的初步分析发现问题，如 MMPI 的测评结果中抑郁分很高，这时就要把摸清引发抑郁情绪的原因定为谈话目标，了解与此相关的各类问题。

（4）上级心理咨询师为进一步诊断而下达的谈话目标。某些咨询过程中求助者出现的问题不止一个，而求助者本人也可能没有意识到他们之间的关系，这就需要咨询师将其条理清晰化，明确不同的问题，并分别予以处理。例如，某求助者说“我的孩子学习上不去，他父亲不管，为这事我经常和他吵，可是不管用，不知道怎么办。”这时，在确定会谈目标时，最少要考虑两个目标：一是孩子的学习状况到底如何；二是夫妻间的关系如何。应将这两个问题区分开，进而搞清两者之间的逻辑关系，是由于孩子学习不好引发的父母在教育态度上的不一致，还是由于夫妻关系不好，家庭不和谐导致的孩子学习上的心理压力，进而影响了学习。弄清其中的关系后，将问题分清前后主次，再一次提问，进行摄入性会谈。

2. 根据谈话目的和收集的资料内容来确定提问方式

一般情况下，应使用开放式提问，较少用封闭式提问，特殊情况下也可使用半开放式提问(限制性开放式提问)。如：“除了在时间管理方面，学习中其他方面还有什么问题?”提问的具体方式，是依据谈话目标、收集资料的性质和内容来确定的。

3. 倾听

在确定提问方式并提出问题后，心理咨询师要耐心倾听求助者的叙述。倾听过程中需要集中注意力、全神贯注地、倾心地听，不是不动脑筋地随便听听。要注意的是，倾听不能随便打断求助者谈话，不能随便插入自己对谈话内容的评价(摄入性谈话规定不能在交谈中加入咨询员评论)。倾听的过程中还要注意思考，要及时而迅速地判断求助者的谈话是否合乎常理和逻辑。另外，在听的过程中要及时地把握求助者叙述问题的“关键点”。

4. 控制谈话的内容及方向

会谈必须是在心理咨询师的控制下进行的，即会谈的方向、所涉及的问题及会谈时间，都必须有计划、有目的。另外，控制会谈的内容，对保证心理咨询的效果十分重要，假如把会谈变得漫无边际，患者很快就会因为无所收获而厌烦。

控制会谈和转换话题的技巧很多，而且可以随机应变。最常用的方法是“释义”，就是征得患者同意后，把患者的话重复并适当的理解。另一个方法就是中断，指在谈话中暂时休止一下。为控制谈话的方向，也可以使用情感的反射作用，即心理咨询师有意识地激一下患者，使他把谈话转向某类问题。比较常用的方法是引导，即由当前的话题引向另一个话题。引导不是生硬地由咨询师直接建议转换话题，而是婉转地由原来的话题引申出新话题。

5. 摄入性谈话对谈话内容归类

具体操作是：在咨询交谈中，一般情况下，不能做笔录，更不能录音和录像，除非得到求助者同意。在交谈中，可以按以下项目做极简单的笔录：①个人成长、发展中的问题；②现实生活状况；③婚姻状况；④人际关系中的问题；⑤身体方面的主观感觉(主观症状)；⑥情绪体验、生活态度。

6. 结束谈话

如果谈话还要继续，应征求求助者的意见。如果已做出诊断，而且没有时间讨论矫治方案，应以如下话语表达结束咨询：“今天我们的讨论，已经有了初步结论，对这个结论您是否能同意，希望您回去后，再认真想想，是否还有需要补充说明的。我也再想想，是否还有什么不妥之处，如果没有那下次我们就按今天的诊断共同研究一下矫治方案，您觉得如何?”如果经摄入性谈话后，发现求助者有其他疾病，应向求助者说明，若发现有可能是精神疾病，可建议精神科会诊。

(二)背景资料采集

需要整理的资料包括三个基本方面：一般资料、成长史资料以及目前状态资料。此外，收集的临床资料还包括心理测验结果及病史资料(身体疾病诊疗史和心理疾病诊疗史)。

1. 一般资料(可列表填写)

(1)求助者的人口学资料。姓名、性别、年龄、教育水平、文化背景、家庭住址、联系方式。

(2)求助者生活状况。居住条件、活动场所、日常活动内容、近几个月来生活发生变动的种类和次数，最近的变化。

(3)家庭状况。包括对家庭的看法，对父母、兄弟姐妹等主要家庭成员的看法，对自己在家庭中所起的作用的描述。此外，还有家庭中发生的重要事件及其原因，家庭的现状与过去的比较。

(4)工作记录。对工作的态度怎样，所从事的职业，是否改变过职业，改变理由何在。

(5)社会交往。交际网和社交的兴趣所在，与自己交谈次数最多的人，能给以各种帮助的人，互相影响的程度，对他们的责任感以及参加集体活动的兴趣所在。

(6)教育培训及娱乐活动。包括感兴趣和使自己感到愉快的事，特别感兴趣的科目以及所获得的成绩，感到困难的科目，其他教育上的问题。

(7)自我描述及个人内在世界的重要特点。自我意识，对自己的认识、自我描述是否准确，包括长处与优点、短处与弱点、想象力、创造性、价值观、理想等方面。

(8)在上述提纲内容之外，求助者谈及的或调查了解到的其他资料，如求助的原因和对咨询服务的期望。

2. 个人成长资料

按社会心理学分期，给出婴幼儿期、童年期、少年期、青年期生活情况，婚恋史、疾病史，既往重大事件及现在评价。根据求助者的具体情况，一直到求助时的现状，通过了解求助者的既往史，寻找有价值的资料。

(1)童年期生活。重大事件：出生和成长，包括会走路和说话的时间。与其他儿童相比，曾出现过什么问题。严重疾病：身体健康状况，是否患有过严重疾病。父母情感：家庭生活传统状况、父母情感是否和谐。家庭教养：父母教养模式如何，权威还是民主或者溺爱型？学校教育：学校教育情况及成绩如何。

(2)少年期生活。严重疾病：有没有发生过严重身心疾病。学校教育：教育有无挫折，成绩如何。懵懂体验：对异性的看法。成人关系：有没有仇视、忌恨事或人。兴趣游戏：兴趣爱好或游戏活动如何。

(3)青年期生活。求学史：升学过程中有无遇到过挫折。就业史：是否有就业史，就业过程中状况如何。婚恋史：婚恋状况，有没有遇到严重挫折。交往史：有没有要好朋友，关系如何。

(4)生活中重大转变及现在对它的评价。生活中曾经有什么变化和自己做出的最重要的决定如何，对它们的回忆(以一件事为例)和评价。

3. 目前状态资料(可列表填写)

(1)心理功能状态——精神状态。按认识、情感、意志行为模式、人格特征方面依次采集记录。

(2)生理功能状态——身体状态。通过主诉或参考体检报告了解几种情况：睡眠状况(是否失眠、睡眠之类下降)；饮食状况(是否食欲下降、厌食/暴食)；是否头痛、性功能失调等；是否有躯体疾病、是否异常感觉。

(3)社会功能状态——社会工作与社会交往状态。社会工作学习效率：活动效率是否下降，是否因病无法正常工作、学习。社会交往状况：社交能力是否受损，同事、同学关系是否和谐。

4. 疾病诊治资料

包括：①身体疾病诊疗史，躯体检查结果，哪家医疗机构诊断，服药情况。②心理疾病诊疗史，心理测量结果，哪家咨询机构诊断，治疗情况。

(三)注意事项

(1)心理咨询师的态度必须保持中性。接待、提问、倾听过程中，心理咨询师的面部表情、提问的语调、动作，均不可表达出对某一类内容感兴趣，不然会有暗示和诱导因素带入会谈中，从而使求助者的报告产生偏离，丢失客观信息。

(2)提问中避免失误。

(3)心理咨询师在摄入性会谈中，除提问和引导性语言外，不能讲任何不相干的题外话。

(4)不能用指责、批判性的语言阻止或扭转求助者的会谈内容。

(5)在摄入性会谈中后，不应给求助者下绝对性的结论。

(6)结束语要诚恳、礼貌，不能用生硬的话，以免引起求助者的误解。

三、心理评估的步骤三：心理测验

在初步诊断过程中，尤其在不确定诊断依据时，有时需要借助于正规的心理测验说明问题，心理测验是心理诊断评价的重要依据。同时，心理测验的使用也要遵循一定的原则和程序。

(一)工作程序

(1)心理测验在使用前必须向求助者说明使用量表对确诊的意义并征得求助者的同意。求助者有权知道进行心理测验的理由和选择该测验的原因。心理咨询师必须尊重他们的权利，只有在求助者表示同意并愿配合咨询师时，才可以实施测评。

(2)使用时必须依据求助者的心理问题性质，有针对性地选择恰当的心理测验题目。来访者接待中，心理咨询师一般先通过摄入性会谈，对求助者的心理问题进行初步理解和判断。例如，在会谈中初步确定求助者的问题属于人格特征方面的问题，之后，为提高理解和判断的准确性及可靠性，在选择相应的问卷或量表进一步量化分析。

(3)测量结果如果与观察或会谈的结论不一致时，不可以轻易相信任何一方。必须进行重新会谈，然后再进行测评。

(二)注意事项

在使用测验时，应明确以下问题：

(1)选择测评量表必须具有针对性，不可使用“地毯式轰炸”方式实施心理测验。所谓“地毯式轰炸”含两点情况：一是在不了解心理测验本身独有的功能，对临床表现尚未形成初始印象的前提下，便将各种测验工具一并实施测验，从中寻找可能的线索。这是一种依靠心理测验为依据，抛弃摄入性会谈、观察调查法的不可取方式。二是单纯为了经济效益，大量地使用心理测验，没有明确目的，这也是职业道德所不允许的。

(2)为寻找心理问题的原因而使用量表。比如，使用 SRRS(社会在适应量表)的目的是为了查找近两年来是否发生过重大生活事件，是否有多重重大事件打击影响，即应激的叠加效应发生情况；为了研究求助者行为的倾向性，可以使用 16PF、EPQ 等人格量表。

(3)为评估临床症状的严重程度而使用量表。常用的评估严重程度的临床量表有 SCL－90、SAS、SDS、MMPI 等。

四、心理评估的程序与原则

(一)确定造成求助者心理与行为问题的关键点

1. 工作程序

收集到的基础资料整理后还需要进一步分析，以达到两个目的：一是通过各种方式获得的临床资料相互对照印证，确定资料是否真实可靠；二是将各种资料进行纵向和横向的比较，以抽象概括出引发心理问题的关键点。所谓引发心理问题的关键点，有两层含义：一是该因素是多数临床表现的原因，或者与多数临床表现有内在关系；二是该因素在个体发展中持久地存在着，并随着生活的变化改变自身的形式。

2. 注意事项

(1)必须认真对待资料来源的可靠性及资料内容的真实性，没有经过验证的资料不能作为分析问题的依据。

(2)对收集到的资料的分析不能有主观随意性，要符合客观逻辑。

(二)对求助者形成初步印象，对一般心理健康水平进行分析

心理咨询师对求助者的临床资料进行整理分析之后，必须对求助者的心理和行为问题就严重程度和归类诊断形成大致判断，称为初步印象。在基本确定求助者心理活动的薄弱环节后，再评估求助者心理问题的严重程度及当前的一般心理健康水平。

1. 工作程序

(1)根据“心理健康水平评估的十项指标”，对求助者的健康水平进行衡量。

(2)选择有效的测评工具，对求助者的问题进行量化的系统评估。

(3)对某些含糊不清的临床表现进行鉴别诊断，初步区分出一般心理问题、严重心理问题和神经症性心理问题。

2. 相关知识及注意事项

(1)心理诊断是指通过观察法、会谈法、实验法、测验法和量表法等方式，获取临床资料，并通过对资料的分析，来评定人的心理和行为状态的过程。

(2)诊断是治疗之前的决策过程，它不仅仅是一个结果，而应该是心理治疗之前的决策过程，并且随着求助者心理状态的变化而变化。心理诊断贯穿在心理咨询的全过程中。

(3)心理诊断中，避免“贴标签”，应以现实的临床表现为依据。

(4)对难以确定诊断的案例，力争通过会诊解决问题。

(三)确定求助者的问题是否属于健康心理咨询的工作范围

并非所有的来访者所遇到的问题都属于心理咨询的范畴，咨询师需要判断求助者

的问题是否属于心理咨询工作的范围。

1. 工作程序

(1)掌握判断正常与异常心理活动的三原则。第一，主观世界与客观世界相统一的原则。心理是客观现实的反应，任何正常的心理活动和行为都必须在形式和内容上与客观环境保持一致。这称之为一致性标准，人的精神或行为要与外界环境保持一致，否则必然不能被人所理解。临床上，精神病学常把“自知力”作为是否有精神病的指标。所谓“无自知力”或“自知力不完整”，是一种求助者对自身状态的错误反应，或成为自我认知统一性原则的丧失。第二，精神活动的内在协调一致性原则。人类的精神活动虽然可以被分解为知、情、意几个部分，但其自身却是一个完整的统一体，各种心理活动之间具有协调统一的关系，这种协调一致性保证人在反映客观世界过程中的高度准确性和有效性。例如，一个人遇到一件令人愉快的事情，却表现地非常悲伤，或是对痛苦的事情做出快乐的反应，我们就可以说他的心理过程失去了协调一致性。第三，个性的相对稳定性原则。每个人在自己长期的生活道路上都会形成自己独特的个性心理特征，且已经形成并具有相对稳定性，由此，个性的相对稳定性可以作为区分精神活动正常与异常的标准之一。例如，一个待人接物都非常热情的人突然变得很冷淡，一个十分细心仔细的人突然变得马虎大条，如果我们在他的生活环境中找不到足以说明他发生如此改变的原因时，我们就可以判断他的精神活动已经偏离了正常轨道。

(2)对求助者具有典型意义的某些特征行为表现进行定性。有些异常行为很典型，因而具有诊断和辨别意义。如周期性发作的抑郁或抑郁与躁狂交替发作，有助于“躁郁症”的鉴别。幻游神经症的求助者常常表现为强烈的求治愿望而主动求医，而出现精神病性问题的人对自己的症状没有“自知力”。

(3)确定工作范围。第一，明确自己的胜任力。明确自己的胜任力，并取得相应资质，既是对求助者负责，也是对自己的保护。第二，理论上，心理咨询的主要对象是一般心理问题、严重心理问题和部分神经症性问题。第三，对待精神病性的问题，心理咨询师只能进行有条件的辅助性工作。出现精神病性问题的人虽很少主动求助，但是他们也会经常来到心理咨询室。常见情况如下：其一，大多数由家属陪同而来；其二，有些是精神分裂症早期，症状不典型，诊断意见不一，希望参考心理咨询师的意见；其三，有些家属不愿相信是“精神分裂症”，或虽然承认，但认为药物对身体副作用大，希望不需要服用抗精神病药物，通过咨询就改变病人荒诞的妄想；其四，有些家属考虑到升学、就业、婚姻等现实社会因素，认为寻求心理医生可以缩小对病人的负面社会影响，“心理问题”总比“精神病”要容易接受些。第四，慎重对待出现精神症问题的求助者和能够确诊为神经症的求助者。第五，综合分析和鉴别精神病性问题和神经症性问题。当心理咨询师倾向于把求助者的症状归属于神经症时，要再进一步按精神病性的症状学再进行核实。

2. 注意事项

(1)不属于心理咨询范围问题的处理。心理咨询师必须明确自己的工作范围，有些问题即使和心理有关，也不是心理咨询所能解决的，要有自知之明，不可包揽一切。如夫妻离婚，子女的抚养权问题，心理咨询师仅可以提供参考意见，比如孩子交给谁抚养对其成长来说更好；股民炒股选择买哪种股票应该寻求股评家的帮助，但因炒股失利带来的焦虑情绪可以寻求心理咨询师的辅导帮助。对于儿童智障问题、老年痴呆症及其他一些器质性的病变等问题都应该及时地转到有关的科室处理。

(2)心理咨询师只有获得相关治疗资质后才能对确诊为神经症的求助者进行心理治疗。

(3)发展心理咨询也是心理咨询的一个重要领域，在遇到此类问题前来咨询的求助者时，应该尽力而为，必要时寻求相关专家会诊或转诊。

3. 案例分析

(1)判断正常与异常心理活动“三原则”示例。

【案例一】

一位内向而又追求完美、好胜心很强的大学生，因刚刚失恋导致近期心情不好，并因此影响睡眠和学习效率，自认为这样下去是“没出息”的表现，请求心理咨询师帮助自己早日摆脱不良情绪的困扰。

【分析】这是在客观存在的“事件”刺激下而导致的主观上的情绪紊乱。因为情绪是一切心理活动的背景，所以表现的工作效率下降是可以理解的，表现了心理活动的内在协调一致性。其表现也是符合内向、追求完美、好胜心强的个性特点。求助者本人对症状产生的因果关系有很好的自知和理解，并主动求治。该求助者的情绪变化是主导性症状，按照“三原则”判断，应属于正常人的心理活动变化，排除神经症。

【案例二】

求助者男性，20 岁。自述从小性格内向、孤僻、拘谨，但学习刻苦认真，是个“循规蹈矩”的人。两年来不敢与人对视，回家要拉上窗帘，尽量不外出。曾被某医院诊断为“精神病”，服药无效后求助心理咨询。

自称读大专时在学校食堂打饭，隐约感到身后女同学的胸部碰了一下自己，后便有人笑。晚上反思，认为笑声是认为自己是“流氓”。此后，心中“有鬼”，不但见到那位女同学感到脸红不自在，而后见到其他男同学也紧张不安，总认为别人能从自己的眼神中看出一些不正经的想法。他自认为作风正派，并无不良想法，但对那女同学确实也有好感，由于以上种种想法影响自己学习、生活，并出现失眠、头痛、心慌等症状。去医院检查，诊断为“神经衰弱”，服用过安定剂，曾一度好转，但仍不能根除。后又去某医院精神科，因有白天拉窗帘和不敢外出的异常行为，被按照“精神分裂”治疗，但也治疗无效。

【分析】该求助者虽然认为别人笑话自己“流氓”，但由于有前因在先，有一定的事实依据，因此不是妄想。按照“三原则”判断，其主观认识和客观现实之间，心理活动的各方面是统一的。该求助者的问题不是精神病性的。

该求助者在青年时期有追求异性的要求，但性格内向，不擅言语表达，又怕引起外人评议，因此形成内部冲突，并感到痛苦。求助者心理冲突最初是由显示刺激引发，有道德色彩。但由于持续时间长，出现了泛化(见到男同学也紧张)，内心冲突发生了变形，并影响到正常的生活和社交功能受损。

(2)典型症状的诊断价值。

【案例三】

求助者，男，21 岁。

自小受循规蹈矩和“很传统”的父亲的教育，要求自己当一个好孩子。上课时遵照老师的要求将双手放在课桌上，并克制自己尽量不要变换姿势；见到姐姐穿的衣服露肚脐时，批评她不文明，会“污染环境”；控制自己“不要看女孩子的胳膊”，怕学成“坏孩子”。自去年开始每次洗手都要反复数十次，晚上入睡前还要反复检查门阀是否关好。虽然明知没有必要，但就是控制不住的要反复做，因此感到痛苦。去医院检查没有发现躯体疾病，转来咨询。

【分析】该求助者同时存在自我强迫和自我反强迫的心理冲突，具备强迫症的症状，还需要进一步评估病程、痛苦程度、社会功能受损程度，并进行必要的鉴别诊断。

(3)辨识求医行为。

【案例四】

求助者，男性，21 岁，在校理科二年级大学生。

其父母由于不敢保证儿子是否能来咨询。在儿子放假前就先来向心理咨询介绍情况。儿子在本学期的英语考试中作弊被发现，怕受处分，向老师下跪求饶。在高中时就开始暗恋一位高年级的女同学，得知女方上大学后已有男朋友．为此曾痛苦得有“自残行为”(割腕后又自行包扎)。入大学以后和一位男同学非常要好，对方病时，可以背他去医院，但又对其有暴力行为。去年暑假带这位男同学到自己家中小住，一天中午母亲发现他们“在一张床上”，父亲认为这些都很不正常。自称从小就不“欣赏”这个孩子，认为儿子远不如自己当年那么优秀，经常训斥，甚至打骂。有一次英语老师让儿子在黑板上写出三句话时，他用英语写“我什么也没有学会”“最难忘的是爸爸打我”“最亲的家人是毛毛狗”。母亲插话说，儿子对父亲的训斥不满又不敢反抗，常咬自己的胳膊来发泄。父亲认识到自己教育方式的不对，但认为儿子现在可能有精神病，母亲则怀疑其同性恋。

暑假中求助者去北京补习英语回家后，次日由父母陪同来咨询。第一次见面时，求助者的嘴里嚼着口香糖，脚穿拖鞋，表现出傲慢和不屑一顾的神态。父母以介绍他到朋友这儿来“谈谈英语学习问题”为由，带其前来。

交谈是从“逆向英语”学习法切入的，求助者逐渐发生兴趣。心理咨询师不失时机地说明心理咨询师的身份，并表示虽然是心理学工作者，但很喜欢英语，求助者说实际上早就应该跟他父亲说明自己意愿上外地的大学，是想离家远点，摆脱对父母的依赖。在大学他是校学生会的公关部长，被评为优秀干部，此外还是“戏剧社”的组创者和社长，自己现在仍在追求一位女生，并因为对方态度不明朗而大为苦恼。

在谈到他所施“暴力”行为的男同学时，称对方出身于知识分子家庭，有修养，性格比较内向，依赖性强，除了英语，其他科目都不如自己学得好。心理咨询师指出，求助者是看该同学软弱而“欺负”他，而这种“欺负”就是自己从小受到自己父亲“欺负”的一种投射。对此分析，心理咨询师请他先不要表示同意与否，回家进一步思考。

次日家长打电话来说，求助者认为所见到的心理专家很有水平，很佩服，并主动要求在返校前再交谈一次。

第二次会谈是求助者自己来的，衣着整齐，彬彬有礼，表示同意上次对欺负那位同学的分析。并说自己早就有这种预感，但未加控制，因为对方总是逆来顺受的样子。然后又讨论了恋爱、选择第二门外语、如何处理学习与社会工作的矛盾等方面的问题，表示很有收获。

【分析】该求助者虽然开始时也有拒绝咨询的“不求医行为”，但通过分析可以看出，开始的不主动求医是因为不信服心理咨询能解决问题所导致。不想家长所担心的“精神病”或“同性恋”那么严重，他们所发现的儿子的心理行为障碍属于一般心理问题，其根本原因在于家长的教育不当。

(4)甄别求助者对症状是否“自知”。

【案例五】

一位男同学新年发给一位女同学一张贺卡，被女同学收下，男同学误认为女同学对自己有意，并找出该女同学18条优点，整天魂不守舍，朝思暮想，失眠，不想吃饭，神志恍惚，自言自语地呼唤那位女同学跟他说情话(幻听)。他买了许多胸花和发卡摆到自己床上欣赏，对学习毫无兴趣，经专科医院诊断为青春型精神分裂。

【分析】上述案例中的男同学由于完全失去对自己症状的“自知力”，任何解释和劝说都不能消除和动摇他的这些想法和行为，是精神病的表现，应尽快去精神病专科医院去诊治。

(四)一般心理问题的诊断

一般心理问题是指在近期发生的，内容尚未泛化，反应强度不太强烈的情绪问题，常能找到相应的原因，思维合乎逻辑，人格也无明显异常。这类心理问题是心理咨询的主要工作对象，心理咨询有较好的效果。一般心理问题都有主导症状，所谓主导症状是指那些使求助者感到痛苦而迫切需要解决的问题(即异常的心理行为表现)，有些主导症状可能具有诊断或鉴别诊断意义。

1. 工作程序

(1)分析求助者问题是否有器质性病变。

(2)根据区分正常与异常的心理学原则和精神病性症状，与精神病性问题相鉴别。

(3)分析求助者情绪是否泛化，与严重心理问题相鉴别。

(4)分析求助者心理问题持续时间、心理、生理及社会功能影响程度。

(5)形成初步诊断。

2. 注意事项

咨询师临床上还会遇到诸如为子女教育、求职、人才培养、选择、婚恋指导等问题前来咨询的求助者。这属于发展性咨询，对此，咨询师也要在力所能及的范围内给予咨询指导，如感到不能胜任就应实事求是地介绍给有关部门或专家解决。

3. 案例分析

【案例六】

某男，22岁，由父母陪同前来，系独生子。

父母以儿子上网、不读书、有时与家长顶嘴、脾气暴躁求助。

该青年仪容及衣装服饰均正常，入座后说自己主要是情绪不好，后悔以往学习不努力。现在只是个专科生。回忆小学及初中学习都很优秀，升入高中后，不适应寄宿生活，也未及时调整学习方法，学习成绩不理想，高中毕业考入一所大专。由于不是自己的理想大学，学习无动力，三年的时间忙于社会活动和谈恋爱。毕业后发现没有学到什么东西，女友也因分配异地而分手。一月前，经人介绍一位正在读研究生的女友，对方愿意和自己建立恋爱关系，但考虑到自己只是个专科学历，有自卑感，十分犹豫不敢继续发展。后悔当初不努力，造成现在的被动。着急，又不知从何处下手，心烦意乱，只好上网打发日子。近半月来，上床迟迟不能入睡。父母虽然自小宠爱自己，但并不知道自己的内心感受，说不到自己心里去，因此向他们发脾气。自己开始是因为自卑不愿来，不好意思。见到心理咨询师后，觉得也很愿意请咨询师帮助走出困境。

心理测验：

EPQ：E 45；P 55；N 70；L 40；

SCL－90：焦虑因子分2.5，其余各因子分均小于1；

SAS：57(标准分)；

SDS：47(标准分)。

【分析】根据本例的症状结合测验结果诊断为焦虑情绪，有明显的原因，为近期发生，其反应强度是可以理解的，有很好的自知力，也有求治愿望，当属一般心理问题。问题产生的原因显然与恋爱当中的趋避冲突有关。

【案例七】

女，32岁，已婚，大学教师。

看到新来的年轻教师都是研究生，自己怕落伍，经过一番努力，考取了在本校脱产学习的硕士研究生。当时觉得脱产学习可以专心学习，但自己有一个8岁的女儿。在家不能不管，还要做家务，学习效率并不高。现在要撰写论文，匆忙之中选了一个课题，导师和自己都不满意。但又选不出更好的题目，只得硬着头皮做下去，结果是越做越困难。后悔当时读“在职研究生”就好了，想想还有一年就要毕业了，感到压力很大，最近一个月来焦虑不安、睡眠不好。

【分析】上述案例显然属于一般心理问题，求助者出现心理问题是由现实的原因所引起的心理冲突所致。症状没有泛化，强度也不大。自己对问题产生的原因很明确，自己对解决问题的各种方法，也能很有逻辑地分析其利弊。通过咨询，自己选择一种较好的解决办法使自己摆脱困境，可能是比较明智的做法。

(五)严重心理问题的诊断

1. 工作程序

(1)分析求助者是否经历过比较强烈的现实性刺激。

(2)分析求助者的内心冲突是否属于道德性质或具有现实意义，是否有求治的愿望。

(3)分析求助者的心理、生理及社会功能各方面是否受到影响，并评估影响程度。

(4)分析求助者问题是否有器质性的病变作基础。

(5)综合以上分析、鉴别排查，与神经衰弱、神经症或其他精神病鉴别。

(6)形成初步诊断。

2. 注意事项

(1)严重心理问题的诊断，要力求与神经症性心理问题相鉴别。

(2)心理冲突的性质，对鉴别诊断有重要意义。

(3)通常情况下，对青年人来说，关系到个人发展前途的事件，大致都属于高强度刺激。

(4)在分析情绪是否泛化时，要注意区分泛化与心境对人的影响的区别。两者的根本区别在于，心境是某种情绪持续，以至于对主体从事其他活动产生影响，比如挨了批评而迁怒他人；而泛化是与最初引起情绪具有类似性质的事物也能诱发同样的情绪。显然，心境的关键在于持续，而泛化的关键在于诱发。还需要注意的是，如果每天大多数时间都处于抑郁情绪中，并持续两周以上，就应该与心境障碍、抑郁发作相鉴别了。

3. 案例分析

【案例八】

男，18 岁，艺术学校三年级学生。

自述：从小喜欢绘画，想报考中央美术学院。认为上文化课纯粹是浪费时间，故从一年级就经常借故逃避上文化课。自认为应该用这些时间来练习自己的绘画技巧，但家长不同意，理由是文化课必须要有一定的分数才能录取。自认为只要稍微看看就能通过，用不着花费那么多时间。为此经常与父母冲突，很是心烦，即使在家作画，也没有好心情。

进入高三后，发现自己绘画的水平没有多大提高，而文化课也不如自己想的那么简单，恐怕自己考中央美院的理想要落空，很是焦急，睡眠不好(主要是入睡困难)。父母更是经常责备自己不听家长的意见，自己心中有些后悔，但表面上还要装出理直气壮的样子，不肯承认。还有几个月就要参加考试了，一家人都着急，自己更感到希望渺茫，对生活中的其他事情，也打不起精神。拿起画笔，经常发呆，觉得画笔很沉重。听课时注意力不集中，记忆力很差。

该生的母亲证实儿子所说的内容属实。有位专家建议，让他看心理咨询师。

【分析】该求助者诊断为严重心理问题，诊断理由如下：

(1)根据区分正常与异常心理活动的三原则，该求助者产生情绪困扰有明显的原因，情绪性质和强度与现实处境相符合，有良好的自知力，也有求治愿望；心理活动协调，人格没有明显变化，心理状态正常，可排除精神病性问题。

(2)自一年级开始的要不要学文化课与绘画之间的冲突，直到高考时的心理冲突，都是具有现实意义的心理冲突。

(3)该求助者的主导症状是焦虑和抑郁情绪，为自己的发展前途和现实考试规定，与家长产生矛盾，长期情绪不好；情绪反应尚在正常范围之内；但持续时间较长，从高三开始一直持续到高考前几个月。

(4)该求助者的不良情绪已泛化到生活的其他方面。

(5)该求助者有睡眠不好的症状，出现睡眠问题，学习受到影响，社会功能受到较大影响。

(6)经多次检查进一步了解，没有器质性病变。

【案例九】

求助者，男性，24岁。

半年前电大国际金融专业应届毕业，为择业而苦恼。父母均为公务员，且有一定权力，社会地位及经济条件均比较优越。姥姥年轻守寡后即与自己的独生女生活在一起，从小把自己带大。一家人与姥姥感情深厚，都非常敬重她。

主诉：自己是“三个一般”，即智力一般，努力程度一般，因此成绩也一般。总认为凭自己的家庭条件，将来衣食无忧应该没有多大问题。家长也认为自己是个善良的孩子，对人讲礼貌，很懂事，不惹祸，只是有些散漫，时间抓得不够紧。

但最近几个月来发现自己有点反常，经常为一点小事发脾气，甚至在别人看来就是没事找事，无理取闹。脾气发过后，自己知道不对，甚至会主动道歉。自己觉得，发脾气那阵子往往想到高中一年级的不愉快经历。

昨天下午，姥姥问我晚饭想吃鱼还是想吃肉，我一听就火了，说：“你们总拿这些破事让我做决定，烦不烦人。”这时又想到高一的事，越发生气，闹得一家人都没吃晚饭。出去转了一圈，心情逐渐平静，感到自己不对，特别听到姥姥说没有功劳也有苦劳时，更觉得羞愧难当，赶忙回来向姥姥道歉，请她原谅。

当心理咨询师问及高一那件事时，求助者表情痛苦，给人不堪回首往事之感。求助者自述：从小身体较胖，刻意锻炼身体。自己喜欢乒乓球，爸爸说他有个战友是位篮球教练，所以就按爸爸的意见学打篮球。高一时参加篮球比赛，扭伤踝骨。中医大夫说用小夹板治疗效果很好，而且不用住院，可以上学。但爸爸的一位战友说伤筋动骨一百天，一定要打石膏，住院治疗。自己没有主见，听从家长安排。出院后发现功课落得太多跟不上，只好休学一年。有位好同学也是同样骨伤，人家就是用的中医治疗，没有耽误功课。自己后悔莫及。这一年在家无聊，成天上网打发日子，白白耽误一年的时间，还学了一些不好的习惯。真恨自己没有主见，什么都听家长的。高考成绩不理想也是意料之中的事。自己当时有两个选择，一个是学计算机，一个是学国际金融。因为自己的英语学得还不错，爸爸说这一年上网打游戏把眼睛都弄坏了，不能再学计算机了，于是就学了国际金融。没想到一毕业就碰上经济危机，真倒霉。想想爸爸当时的专业选择理由也不充分，现在哪个工作不用计算机啊？计算机学好了就业门路会宽一些，想想又是不会选择，真后悔。

毕业后面临的就是应聘上岗。父母通过关系给自己找到两份工作，但说这是大事，为了不落埋怨，让自己拿主意。一个工作是要经常出差，虽可以游山玩水，但学不到什么本事。另一个和财务有关，很忙，工资高一点。我又拿不定主意了。在网上查来查去，经常到深夜，也没有个明确的答案，烦死了。怨恨父母管得太多，没有给自己机会锻炼自己的决策能力。自己经常问的一个问题是：父母给自己创造的这些条件对自己来说是利还是弊？

现在只要一遇到让自己做决定的事就头皮发麻，上无名火，控制不住……想想真对不住姥姥……

求助者父亲的叙述：当年在部队上顾不上家，总觉得亏欠孩子很多，现在条件好了，总想多补偿一些，没想到事与愿违，现在成了这个样子。孩子自己不好意思说，发起脾气来失去理智会砸东西，事后总是后悔，但又悔而不改。什么法子都用了，都不管用。

【分析】该求助者诊断为严重心理问题。诊断理由如下：

(1)根据区分心理活动正常与异常的三原则，该求助者的主观认识与客观环境相统一一致；且对自己的心理状况有明确的自知力；个性相对稳定，不擅决策；引发内心冲突的因素是高一一次篮球比赛摔腿事件造成的成绩落后，属于现实刺激。因此，排除精神病性问题。

(2)求助者的心理问题出现泛化，开始是对小事不擅于做出决策，后来面临其他选择，如选专业或选工作等抉择场合时，内心充满矛盾冲突，都不能做出抉择。

(3)从时间方面来看，求助者面临心理冲突至少一年有余，心理痛苦，生理层面也出现轻微影响——头皮发麻、上无名火；社会功能也受到一定程度的影响，面临抉择没有自己的主见。

(六)提出心理评估报告

1. 工作程序

(1)临床资料的核实。一般使用调查法，如访问求助者的父母、朋友、同事等。

(2)评估求助者的心理、生理及社会功能状态。所谓评估实际上是要求咨询师确定求助者心理、生理及社会功能在哪方面出了问题，其表现程度如何，引发问题的关键点和原因是什么。

当咨询师向求助者试问“您希望在哪些方面得到我们的帮助”时，求助者常会对其心理、生理及社会功能状态做出回答，但其回答的内容可能只是其心理、生理或社会功能的某一方面。例如，求助者可能回答说“我很心烦。”心烦是一种心理状态，但说得比较笼统，咨询师必须就“心烦”这一话题展开询问。例如，它从什么时候开始，是经常的还是断续的；除了心烦以外还有哪些心理感受；此外，还要了解有关的生理及社会功能状态。

(3)导致心理问题的原因的分析。仅仅对求助者心理、生理及社会功能状态做出评估，只是一种现象学的诊断(或如医学上所说的“症状诊断”)，为了解决问题，心理咨询师还必须探明引发心理问题的原因，即要做原因诊断。引发心理问题的原因也可能不只一个，要分别对其在求助者心理问题的发生中所起的作用大小做出评估。

(4)综合以上三项的内容，确定求助者心理问题的性质及产生的原因，写出分析评估报告。

2. 注意事项

在分析求助者心理问题产生原因时，不同学派有不同的观点。例如，精神分析学派强调潜意识中的冲突，童年时期的情结；行为主义学派强调条件反射的形成；认知理论则强调不正当的认知评价方式，等等。我们主张，在融会贯通的基础上，因人而异，灵活运用。

第四节　使用心理咨询技术开展谈心谈话工作

一、高校辅导人员与学生之间的工作联盟

从心理咨询角度来讲，咨询关系是心理咨询师与学生之间的相互关系，建立良好的咨询关系是心理咨询开展的前提。由此可见，咨询关系在咨询中具有举足轻重的作用。同样，在高校辅导人员的学生工作中，如何与学生之间建立良好的关系，也关乎着工作的成效。

(一)尊重

95 后、00 后学生已逐渐成为高校大学生的主体，他们是高等教育的新鲜血液，也为高校的管理教育工作带来了新的课题。95 后、00 后大学生表现出一些共性的性格特征，如乐于接受新鲜事物、创新意识较强，善于表现自身个性、分享独特观点，处处求新求变，追求与众不同的倾向等。此外，他们自我意识明显，在入校前他们往往身

处开放包容的成长环境之中，造就了自信独立的品质，渴望被关注、被认可、被欣赏。[①] 因此，在高校辅导人员的谈心谈话过程中，表达尊重是第一位的。尊重意味着完整地接纳一个人，包括优点和缺点。尊重意味着一视同仁。尊重意味着价值观中立。尊重意味着对学生的思想、情感、行为不作任何评价，不批判。然而，这似乎与高校辅导人员的思想政治工作理念相违背，但其实不然，尊重是一种姿态，是与学生建立良好工作联盟的前提，没有对学生的尊重，高校辅导人员的思想政治工作也没办法开展。唯有在尊重的基础上开展思想政治工作，才能更好地渗入学生内心，取得较好的效果。

(二)热情

按我国的文化讲，常形容一些人是“热情好客”的，或者用“热情”来形容一个人是乐于助人的。由此可见，热情代表着一种积极、主动的倾向。

认真、耐心、不厌其烦，是热情的最好表达方式。如果学生有事求助高校辅导人员，抑或是高校辅导人员找学生谈话，无论是哪种情况，高校辅导人员从言语与非言语方面均要表现出专注，最重要的一点就是停下手中的工作，不能边工作边谈话，这样的谈话不仅没有效果，而且会让学生有一种受到漠视的感觉。相反，如果我们耐心倾听，与学生保持相应的眼神交流，就能让学生从我们的热情态度中感受到温暖。

热情也是一种信号，当学生在遇到困难的时候，就能够随时想到向高校辅导人员求助，因此从危机干预的角度来讲，高校辅导人员热情的态度也有助于大学心理危机事件的早发现、早干预。

(三)真诚

真诚是指工作者在专业关系中能够以真正的自我出现，也允许自己的感受适当地在工作过程中表现出来。一个真诚的高校辅导人员，不作保护式的伪装，不会将自己隐藏在高校辅导人员角色的权威后面；同时，更不会像一个技师一般的例行公事；相反，他会很开放、很自由地投入到与学生的互动关系中。

高校辅导人员的真诚可以使学生感到无所顾忌，安全自由，感到自己被接纳，被信任，从而没有防备地坦白地表露自己的软弱、失败、过错、隐私等。同时，高校辅导人员的真诚也给学生树立了一个好的榜样，鼓励学生以真诚的态度与老师和同学交往，宣泄情感，表露喜怒哀乐，进一步去发现自我，认识自我，面对自我，改进自我。

然而，真诚不等于说实话，必要的时候应以婉转而不伤害人的方式表达自己的想

---

① 刘东宇.95后大学生群体背景下的高校辅导人员工作方式转变.黑龙江教育学院学报[J].2016，6(6)：34-35.

法和感受；真诚也不是自我发泄。除非我们说的话语有助于学生思考与成长，否则就不必将所有感觉到的思想或者感受与对方分享；真诚应该体现在高校辅导人员的实事求是的办事作风上，而不能不懂装懂；真诚还应该适度，有些学生可能因为高校辅导人员的过度真诚而不适应，甚至产生适得其反的影响，因此，真诚的尺度把握也需因人而异。同样，我们也可以通过目光接触、身体前倾、谦和的姿势等非言语动作来表达真诚。

（四）共情

共情也称“通情达理”“同理心”“同感”。共情是人本主义创始人罗杰斯提出的，是指体验别人内心世界的能力。从心理咨询技能来讲，共情包含三个方面的含义：一是咨询师根据来访者的言行，深入对方内心去体验他的情感、思维；二是咨询师借助于自身知识经验，把握学生的体验与他的经历和人格之间的联系，更好地理解问题的实质；三是咨询师借助自己的经验、技巧，把自己对来访者内心的体验的理解准确地传达给对方，并影响来访者进一步思考自己的感受。

以此类推到高校辅导人员的学生工作中，要做到共情，意味着其要能更准确地理解学生，能准确地判断、感受、体谅学生的内心体验，并反馈给对方，使其感到自己被理解、被接纳，从而产生愉快感满足感，对高校辅导人员与学生之间的工作联盟产生积极的影响。有些学生迫切需要得到理解，需要情感的倾诉，因此，高校辅导人员表现出的共情对他们将有更明显的帮助，有时对于其情绪疏导近乎能起到心理咨询的效果。

共情需要注意以下方面：首先，表达共情应保持准确性。如果准确，学生在言语或非言语方面均会有及时反馈，他们会更愿意诉说，让谈话深入下去；如果不准确，学生也会表现出来，例如：停止述说，沉默，或语言不连贯，情绪改变，或转移话题或者学生直言相告“你没有完全理解我的心思”；其次，高校辅导人员应走出自己的参考框架，走进学生的参考框架，不以自我为中心，进入学生的世界，以学生的处境和视角，去尝试感受学生的喜怒哀乐，越深入越能达到通情达理的高层次；最后，我们同样可以用非言语行为去传达共情。

（五）积极关注

积极关注是要求高校辅导人员对学生的语言和行为的积极面予以关注，从而使学生拥有正向价值观。凡是做学生工作的，首先必须抱有一种信念，即学生都是可塑的。他们身上总会有这样那样的长处与优点，每个人身上都存在潜力，都存在一种积极向上的成长动力，通过自己的努力、外界的帮助，每个人都可以比现在更好。

由此可见，积极关注使得我们的谈话从传统的问题取向转为资源取向。具体而言，当我们在与学生沟通中，并不是去发现学生的问题出在哪里，也不是批评、指责，而是以挖掘学生的优点作为突破口，例如：一个学生就宿舍矛盾问题找高校辅导人员求助，我们可以肯定学生擅长辩证思维，肯定学生善于觉察自己的情绪，肯定学生坚持原则等，以此为着力点进行引导，朝着谈话的目标迈进。

积极关注可以鼓励学生尝试肯定自己平时没发现，不重视的某些优点，如“我觉得你说话思路很清楚，并不像你所说的那样……”“与同学相比，你也有很多优势，比如……”因为是资源取向，我们可以尝试让学生从以往的经验中挖掘自身已有的能力和潜力，比如这样提问，“你以前那么困难都过来了，说明你是很有潜力的”，或者用后现代建构主义影响下产生的焦点解决短期治疗技术的典型问话方式，如“你以前那么困难都过来了，你是怎么做到的?”

当然，要在谈话中表现我们的积极关注，这与前面几点也是密不可分的。首先，态度要真诚，不可胡乱吹捧，不可言不由衷，也不可赞美与谈话目标偏离太多的方面，如你的衣服很好看；其次，对学生的优点、长处的肯定应实事求是，也不能有意夸大，不能盲目赞扬，不能无中生有，异想天开，不能对学生的积极面过于乐观；最后，积极关注应该有针对性，符合学生的心理需要，符合问题解决的目标，不然就会陷入泛泛而谈。应启发学生积极关注自己，并且能够积极关注他人，学会肯定自己的优势，学会发现他人的长处，这样效果更好。

二、灵活运用心理咨询技术开展谈心谈话工作

(一)参与性技术

1. 倾听技术

正确的倾听要求高校辅导人员以机警和共情的态度深入到学生的感受中去，细心地注意学生的言行，注意对方表达方式，如何谈论自己及与他人的关系，以及如何对所遇的问题做出反应。还要注意学生在叙述问题时的犹豫停顿、语调变化以及伴随言语所呈现出的表情、姿势、动作等，从而对言语做出更完整的判断。倾听时容易出现的错误有：打断学生，作道德或正确性判断；急于下结论；轻视学生的问题；干扰、转移学生的话题；不恰当地运用咨询技巧：询问过多、概述过多、不恰当的情感反应。

2. 提问技术

提问技术包括开放式提问技术与封闭式提问技术。所谓开放式提问技术就是辅导人员提出的问题没有预设的答案，学生也不能简单地用几个字或一两句话来回答，从而尽可能多地收集学生的相关资料，如“您受教育的情况是怎样的呢?”“你在改变自己的情绪上做了什么呢?”等。由于以上问题是开放的，学生在说明的时候必然陈述了其

问题、思想和情感，高校辅导人员由此收集学生的资料信息。

封闭式提问是指高校辅导人员提出的问题带有预设答案，学生的回答不需要展开，从而高校辅导人员可以明确某些问题。封闭式提问所提出的问题经常使用"是不是""对不对""有没有"等词语，回答也是"是或否""有或无"式的简单答案。封闭式提问一般不能过多地使用，过多使用可能使学生陷入被动回答中，其自我表达的愿望和积极性会受到压抑，进而可能会产生沉默阻碍咨询。

高校辅导人员在对学生进行谈心谈话过程中，通常把开放式提问和封闭式提问结合起来，效果会更好。

3. 反应技术

(1)内容反应技术。内容反应技术也称"释义""说明"，高校辅导人员将学生陈述的内容经过概括、综合与整理，用自己的话反馈给学生，以达到加强理解、促进沟通的目的；可以使学生有机会再次剖析自己的困扰，重新组合事件和关系，深化会谈的内容。还可以帮助学生更清晰地做出决定。

(2)情感反应技术。高校辅导人员把学生所陈述的情绪、情感的主要内容经过概括、综合和整理，用自己的话反馈给学生，以达到加强对学生情绪、情感的理解，促进沟通的目的。

4. 具体化技术

具体化技术指高校辅导人员协助学生清楚、准确地表达他们的观点、想法，以及他们所体验到的情感，所经历过的事情。借助具体化这一技术，高校辅导人员可以澄清学生所表达的那些模糊不清的观念及问题，把握真实情况。一般来说，具体化技术在以下 3 种情况下得以使用：

一是问题模糊时。有些学生因为文化程度不高、逻辑分析能力不行等原因，可能对自身存在的问题缺乏深入、准确的认识；也有些学生不愿意谈具体问题，只愿意概括，他们常用一些含糊的、笼统的概念陈述自己的问题，例如，"我烦死了""我很伤心""我觉得绝望无助"等，并由此形成自我暗示，陷入恶性循环的困扰之中。

二是过分概括、以偏概全时。比如学生把对个别事件的意见上升为一般性的结论，把对事情的看法发展到对人的看法，这就需要澄清。

三是概念不清时。如学生因文化程度等原因，可能在某一个概念的内涵和外延上与辅导人员的理解不同，因此所使用的某一概念有时与辅导人员的理解相距甚远。

5. 鼓励技术

直接重复学生的话或以某些词语，如"还有吗?"强化内容，并鼓励其进一步表达，探索。还有用明确的鼓励式语言。通过对求助内容的某一点、某一方面作选择性关注，引导学生向着某一方面作进一步深入的探索。例如，一位学生说：“我和我女朋友已经相爱半年了，可我父母有不同意见，我母亲喜欢我朋友，但我父亲反对我上大学时谈恋爱。我为此很烦恼，书看不进去，晚上也经常失眠，不知怎么办才好。”此例中有许多个主题，辅导人员可选择任何一个予以关注，例如，“你父亲不赞成你大学时谈恋爱?”“你失眠了?”“你现在看不进书?”等。鼓励学生表达不同的主题可以引导学生朝着不同的方向探索，达到不同的深度。上例中，选择“你不知怎么办才好”作为重复或许是最好的，因为一方面抓住了学生现状的核心，理解了学生；另一方面鼓励了学生对其困扰的问题进行更进一步地表达和探索。

6. 重复技术

重复技术就是高校辅导人员直接重复学生刚刚所陈述的某句话，引起学生对自己某句话的重视或注意，以明确要表达的内容。使用重复技术时应注意，该技术只是在学生的表达出现了疑问、不合理，与常理不符等情况下使用。若学生表达的是明确清晰无疑问的，则没有必要再使用该技术。

(二)影响性技术

1. 面质技术

面质又称质疑、对质、对峙、对抗、正视现实等，是指高校辅导人员指出学生身上存在的矛盾，促进学生的探索，最终实现统一。

(1)学生常见的矛盾。第一，理想与现实不一致。如“我希望自己成绩名列前茅，这样可以获得高额奖学金，而且以后还能获得保研资格，但是我现在发现学习太吃力了，有一种力不从心的感觉。”该生对自己有着较高的期待，但是现实中似乎又达不到这种期待，从而产生负面的情绪体验。辅导人员：“听上去你对自己的期待很高，获得高额奖学金甚至是获得保研资格，但是当下似乎又发现自己的能力跟这个要求还有一定差距，正是这个差距让你感受到巨大压力。”高校辅导人员通过面质技术指出了学生当前的压力来源，让学生明确了是自己的理想要求与当前现实能力之间的差距造成的，进而在后续学习中尽量去缩小这部分的差距。第二，言行不一致。学生：“我知道吸烟有害身体健康，我真想戒烟。”随即，学生点起了一支烟吸了起来。学生的言语和行为明显不一致。辅导人员：“你说你想戒烟，我看到的是你在吸烟，你所说的和你所做的是存在矛盾的，对此你是怎么想的呢?”学生必然对此进行反思探索，自己去实现统一。第三，前后言语不一致。学生：“我很担心这次考不过，因此五一假期里要抓紧时间好好学习……我已经和同学约好了，五一假期到外地旅游。”学生在同一假期安排上前后矛盾。高校辅导人员“你前面讲要利用假期努力学习，后面又讲要在假期去外地旅游，在时间安排上，好像有冲突，对此，你将怎么处理呢?”第四，学生与辅导人员的意见不一致。某学生认为自己丑，辅导人员认为学生属于漂亮的。高校辅导人员"你告诉我你因为相貌丑陋问题而苦恼，可是我看来你长得相对于大部分人而言还算挺漂亮的，你是如何看待美与丑的呢?"

(2)使用面质技术的目的。一是为了协助学生加深对自己的了解；二是来促使学生放下自己的防卫心理；三是促使学生明白自己自身的潜能；四是帮助学生树立如何进行面质的榜样。

(3)使用面质技术的注意事项包括：第一，以事实为前提；第二，避免个人发泄；第三，避免无情攻击；第四，是建立在良好的关系基础之上的；第五，可尝试使用面质。

2. 解释技术

解释技术指运用心理学相关理论来描述学生的思想、情感和行为的原因、实质等，或对某些抽象复杂的心理现象、过程等进行解释。解释是面谈技巧中最复杂的一种，它与内容反馈的区别在于，内容反馈是从学生的参考框架来说明学生表达的实质性内容，而解释则是在高校辅导人员的参考框架上，运用心理学的理论和人生经验来为学生提供一种认识自身问题以及认识自己和周围关系的新思维、新方法。若要在谈心谈话过程中做好这一点，就要求高校辅导人员具备一定的心理学基础理论知识。运用解释技术时，应注意以下问题：第一，应深入了解情况，准确把握；第二，因人而异，因时而异；第三，要有丰富的理论修养；第四，把握解释的时机，同时不能把解释强加给学生。

3. 指导技术

高校辅导人员直接指示学生做某件事、说某些话或者以某种方式行动。从心理咨询学的角度来看，精神分析学派常用指导技术指导学生进行自由联想以寻找问题的根源。行为主义学派常指导学生进行各种训练，如放松训练、系统脱敏、满灌疗法等。人本主义的完型学派习惯于做角色扮演，使学生体验不同角色下的思想、情感、行为。辅导人员更多是从认知层面和行为层面给学生做一些指导，但不能强迫。

4. 情感表达技术

高校辅导人员将自己的情绪、情感及对学生的情绪、情感等，告之学生，以影响学生，促进学生的探索和改变。情感表达的目的是为学生服务的，而不是为作反应而反应，或是为了自己的表达和宣泄。高校辅导人员的表达可以针对学生，如"当我听你讲述看到父母为了生活奔波劳累，这让你对自己有些自责，觉得自己很没用的这个部分时，我也能体会你的心情。"有时情感表达也可是针对高校辅导人员自身的，如"如果我跟你的成长经历一样，我现在可能也和你一样能感受到身上肩负的责任，感受到压力。”应该注意的是，高校辅导人员所做的情感表达一般只做正性的表达，如“我很欣慰，你在跟其他同学进行比较时，能够从成长经历大背景的不同去看待大家当下的状态，而并没有因此去抱怨生活的不公平，并且去逃避生活面临的压力。”

5. 内容表达技术

内容表达指辅导人员传递信息、提出建议、提供忠告，给予保证、进行解释反馈，以影响学生，促使学生有效解决当前困境。提出忠告建议时，应注意措辞要和缓、尊重，如“如果可以，我建议你不妨换个角度想一想，……”“如果你能……或许能比现在会更好”，而不可直接“你必须……，你一定要……”，以免引起学生反感。

6. 自我开放技术

自我开放技术又称“自我暴露”“自我表露”，指高校辅导人员提出自己的情感、思想、经验与学生共同分享，或开放对学生的态度、评价等，或开放与自己有关的经历、体验、情感等。自我开放通常有两种形式：一种把高校辅导人员把自己对学生的体验感受告诉学生，如“对于你刚才的坦率，我感到非常高兴”。第二种形式是暴露与学生所谈内容有关的个人经验，如“刚才你提到的考试前焦虑紧张，我以前也有过体验。每到大考前，我就开始焦躁不安，晚上入睡困难，还早醒……”高校辅导人员的自我开放应该始终把终点放在学生身上，是手段而不是目的。此外，自我暴露应建立在良好的工作联盟基础上，有一定的会谈背景，若突如其来，可能会超出学生的心理准备，效果反而不好。

7. 影响性概述

影响性概述是指高校辅导人员将自己所叙述的主题、意见等组织整理后，以简明扼要的形式表达出来。影响性概述可使学生有机会重温辅导人员所说的话，加深印象，也可使辅导人员有机会回顾讨论的内容，加入新的资料，为后续交谈奠定基础。该技术可在面谈中使用，也可在结束时使用，如用于面谈结束时，高校辅导人员可总结学生的主要问题、原因及影响等，然后小结双方所做的工作，概述自己阐述的主要观点。使得整个谈话过程脉络清晰，条理分明，使学生印象深刻。

8. 非言语行为

高校辅导人员的非言语性行为受到个人价值观、品德修养、信念等诸多因素影响，是理论技术之外的内容，但是对于谈话效果存在举足轻重的影响。这类行为概括起来主要有：目光注视、面部表情、身体语言、声音特质、空间距离、衣着步态等。非言语行为是表达共情、积极关注、尊重等的有效方式之一。例如，性格内向、羞怯的学生会不习惯目光过多的接触，因此，高校辅导人员的目光大体应在学生的面部为好，要轻松自然。再如，高校辅导人员不仅要善于判断学生声音变化或停顿所表达的含义，还要善于运用声音的效果加强自己所表述的内容的意义及情感。

(三)放松训练

1. 放松训练的原理

放松训练又称“松弛训练”，是一种通过训练有意识地控制自身的心理生理活动，降低唤醒水平，改善机体紊乱功能的心理咨询与治疗方法。放松训练是行为疗法中使用最广泛的技术之一。一个人的情绪反应包含主观体验、生理反应、表情三部分。放松疗法的原理是经由人的意识可以把“随意肌肉”控制下来，再间接地使主观体验松弛下来，建立轻松的心情状态。要求求助者能随意地把自己的全身肌肉放松，以便随时保持心情放松的状态，从而缓解紧张、焦虑情绪。

2. 放松训练的操作步骤

(1)放松训练：是使有机体从紧张状态松弛下来的一种练习过程，分为肌肉松弛和消除紧张两方面。放松训练主要有呼吸放松法、肌肉放松法、想象放松法等方式，直接目的是使肌肉放松，最终目的是使整个机体活动水平降低，达到心理上的松弛，从而使机体保持内环境平衡与稳定。

(2)咨询师进行示范、指导。可先模仿，或有意重复某个放松环节。

(3)强化求助者的练习。提供书面或录音指示语，每天 1 ~ 2 次，每次 5 分钟左右。

3. 放松训练的内容

(1)呼吸放松：鼻腔、腹式、控制。鼻腔呼吸指导语：请你在一个舒适的位置上坐好，姿势摆正，将右手的食指和中指放在前额上，用大拇指按压住右鼻孔，然后用左鼻孔缓慢地轻轻吸气，再用无名指按压住左鼻孔，同时将大拇指从右鼻孔移开，由右鼻孔缓慢地尽量彻底地将气体呼出，再用右鼻孔吸气，用大拇指按压住右鼻孔，同时打开无名指，再用左鼻孔呼气，由此作为一个循环。我们来做鼻腔呼吸的练习。

好！现在让我们来做练习，先做好准备，用右手的食指和中指放前额上，将大拇指按压住右鼻孔，好！现在用左鼻孔吸气，用无名指移到左鼻孔，打开大拇指用右鼻孔呼气，再用右鼻孔吸气，同时大拇指按压住右鼻孔，打开左鼻孔呼气。左鼻孔吸气，好。打开右鼻孔呼气，右鼻孔吸气，左鼻孔呼气，左鼻孔吸气，右鼻孔呼气，再来右鼻孔吸气，左鼻孔呼气，好。随着控制呼吸，你变得很放松，非常放松，你体验到了这种放松，不知你学会了没有？如此作为一个循环，我们可以同时做 5 个，以 5 个为一组，我们可以增加到两组或者三组，也就是说我们可以重复这样的动作 10 ~ 25 个循环。下面让我们再来复习一遍。请做好准备，用右手的食指和中指放前额上，将大拇指按压住右鼻孔，现在用左鼻孔吸气，将无名指移到左鼻孔，打开大拇指呼气，再用右鼻孔吸气，打开左鼻孔呼气。左鼻孔吸气，右鼻孔呼气，右鼻孔吸气，左鼻孔呼气，

左鼻孔吸气，右鼻孔呼气，右鼻孔吸气，左鼻孔呼气，好！现在你的全身肌肉，你的全身心情都非常放松，你的确体验到了这种放松，放松让你很舒服。练习就到这里……

腹式呼吸指导语：请你用一个舒适的姿势半躺在椅子上，一只手放在腹部，另一只手放在胸部，注意先呼气，感觉肺部有足够的空间，来做后面的深呼吸，然后用鼻子吸气，保持3秒，心里默数：1－2－3，停顿1秒，再把气体缓缓地呼出，可以在心中默数：1－2－3－4－5，吸气时可以让空气进入腹部，感觉那只放在腹部的手向上推，而胸部只是在腹部隆起时跟着微微地隆起，要使你呼气的时间比吸气的时间长，好。让我们先来练习一下，请听我的指导语然后去做：深吸气，保持1秒，1－2－3，再呼气。1－2－3－4－5。深吸气，保持1秒，1－2－3，再呼气。1－2－3－4－5。再来，深吸气，保持1秒，1－2－3，再呼气。1－2－3－4－5。深吸气，保持1秒，1－2－3，再呼气。1－2－3－4－5。

当你感觉这样的呼吸节奏而感觉到舒服的时候，可以进一步平稳地呼吸，要尽量做到深而大的呼吸，记得要用鼻子深吸气，直到不能吸为止。保持1秒后，再缓缓地用嘴巴呼气，呼气的时候一定要把残留在肺里的气呼出来，同时头脑中可以想象，你所有的不快、烦恼、压力都随着每一次呼气将之慢慢地呼出了。好，我们再来练习几次。

控制呼吸指导语：深吸气，保持1秒，1－2－3，再呼气。1－2－3－4－5。深吸气，保持1秒，1－2－3，再呼气。1－2－3－4－5。同时想象不快、烦恼、压力都随着每一次呼气将之慢慢地呼出了。好。继续这些缓慢的深呼吸练习，你可以感觉到身体完全放松了。让我们最后再来练习一组：准备好，深吸气，保持1秒，1－2－3，再呼气。1－2－3－4－5。深吸气，保持1秒，1－2－3，再呼气。1－2－3－4－5。同时想象不快、烦恼、压力都随着每一次呼气将之慢慢地呼出了。现在你的身体越来越放松，你的心情很平静，你已经学会了放松。

(2)肌肉放松法。肌肉放松指导语：现在我们要做肌肉放松训练，学习这项放松训练可以帮助你完全的放松身体。在一张舒适的椅子上坐下，作一些细微的调整，最终让自己感到尽可能的舒服，尽可能的无拘无束，让你的思绪掠过你的肢体以及双颊，看一下是否每个地方都是放松，没有束缚的，没有绷紧着的衣物，身体也没有不舒服的姿势。然后，再做一些必要的调整，从而让自己处于一种最舒服的姿势。首先，请把眼镜、手表、腰带、领带等妨碍身体充分放松的物品摘下来，放在一边。可以把上衣的第一道口子也解开，请你坐在软椅上，把头和肩都靠到椅背上，胳膊和手都放在扶手或自己的腿上，双腿平放在椅子上，双脚平放在地上，脚尖略向外倾，闭上双眼，这时你很放松地坐在椅子上，感到非常舒服。在下列的步骤中，感到紧张时，请你再持续这种状态5秒，直到感觉紧张到达极点，当你要放松时，又一下子完全松弛下来，并且感觉有关部位的肌肉十分无力，注意一定要用心体验彻底放松后的一种快乐感觉。

现在，请跟着我的指示做。首先，请深呼吸三次，吸气—呼气—吸气—呼气—吸气—呼气，现在左手紧握拳，握紧，注意有什么样的感觉。好，现在放松。

现在，再次握紧你的左拳，体会一下你感到的紧张状况，然后放松，好。

听我的指令再来一次：握紧你的左手，现在放松，去想象紧张消失得无影无踪了，非常好。接下来的训练中，你都要感觉到肌肉的紧张，然后充分地放松，体会放松后的感觉。

现在，右手紧紧握拳，注意你的手臂、手和前臂的紧张状态，1－2－3－4，好。现在放松。

现在再一次握紧右拳，1－2－3－4，好。请放松。

现在左手握拳，左手臂弯曲，使肱二头肌拉紧，紧紧坚持着，1－2－3－4，好。现在放松。

现在右手紧握拳，1－2－3－4，右手臂弯曲，使肱二头肌拉紧，紧紧坚持着，感觉这种紧张状态，好。现在放松。

现在请立即握紧双拳，双臂弯曲，使双臂处于紧张状态，保持这个姿势，体会一下现在的紧张，1－2－3－4，好。现在放松。

好，感觉血液流过肌肉，所有的紧张流出手指。好，把你的眉毛用力向上抬，紧张使你的前额起了皱纹，1－2－3－4，好。现在放松。

现在请皱眉头，眼睛紧闭使劲把你的眉毛往中间挤，感觉这种紧张通过额头和双眼，1－2－3－4，好。现在放松。

注意放松的感觉流过双眼，好。继续放松。

现在，嘴唇紧闭，抬高下巴，使颈部肌肉拉紧，用力咬牙，1－2－3－4，好。放松。

现在各个部位一起做，皱上额头，紧闭双眼，使劲咬上下颚，抬高下巴，拉紧肌肉，紧闭双唇，保持全身姿势，并且感觉紧张贯穿前额，双眼、上颚、下颚、颈部和嘴唇保持姿势，1－2－3－4，好。现在放松。

注意体会此时的感受，现在双肩外展扩胸，肩胛骨尽量靠拢好像你的两个肩膀合到一起，1－2－3－4－5－6－7－8，好。放松。

现在尽可能使劲地向后收肩，一直感觉到后背肌肉被拉得很紧，特别是肩胛骨之间的地方，拉紧肌肉，保持姿势，1－2－3－4，好。现在放松。

现在，再一次把肩胛骨往内收，这一次腹部尽可能往里收，拉紧腹部肌肉，紧拉的感觉会贯穿全身，保持姿势，1－2－3－4，好。现在放松。

现在听我的指令，我们要做刚才所有肌肉系统的练习，首先，请深呼吸三次，吸气—呼气—吸气—呼气—吸气—呼气，好，准备好了吗？握紧双拳，双臂弯曲，把肱二头肌拉紧，紧皱眉头，紧闭双眼，咬紧上下颚，抬起下巴，紧闭双唇，双肩往内收，收腹并拉紧腹部肌肉，保持这个姿势，感觉到强烈的紧张感贯穿上腹各个部位，好。放松深呼吸一次，感到紧张消失，想象一下所有肌肉手臂、头部、肩部和腹部都放松，放松。

现在轮到腿部，伸直你的双腿，脚尖上翘，使你的小腿后面的肌肉拉紧，好。放松。

现在把左脚跟伸向椅子，努力向下压，抬高脚趾，使小腿和大腿都绷得很紧，抬起脚趾，使劲蹬后脚跟，保持，1－2－3－4，好。放松。

接着把右脚跟伸向椅子，努力向下压，抬高脚趾，使小腿和大腿都绷得很紧，抬起脚趾，使劲蹬后脚跟，保持，1－2－3－4，好。放松。

好。我们一起来，双脚跟伸向椅子，努力向下压，抬高脚趾，使小腿和大腿都绷得很紧，抬起脚趾，使劲蹬后脚跟，保持，1－2－3－4，好。放松。

好。现在，深呼吸三次，吸气—呼气—吸气—呼气—吸气—呼气，好。将前面所练习过的所有肌肉都开始拉紧，左拳和肱二头肌，右拳和肱二头肌，前额、眼睛、鄂部、颈肌、嘴唇、肩膀、腹部、右腿、左腿请保持这个姿势，1－2－3－4，好。现在放松。

深呼吸三次，吸气—呼气—吸气—呼气—吸气—呼气，好。我们从头到尾再做1次，左拳和肱二头肌，右拳和肱二头肌，前额、眼睛、鄂部、颈肌、嘴唇、肩膀、腹部、右腿、左腿请保持这个姿势，1－2－3－4，好。现在放松。

体会全部紧张后又全部放松的感觉，现在进行正常的呼吸，享受全身肌肉完全没有紧张的惬意之感，深呼吸三次，吸气—呼气—吸气—呼气—吸气—呼气，然后活动一下你的颈部、手腕，好，你已经学会了放松，慢慢睁开你的双眼……

(3)想象放松法。请求助者找出一个曾经经历过的、给自己带来最愉快的感觉，有着美好回忆的场景，可以是海边、草原、高山等，用自己多个感觉通道(视觉、听觉、触觉、嗅觉、运动觉)去感觉、回忆。

【举例：想象放松——《海滩》】

我静静地躺在海滩上，周围没有其他的人，蓝天白云，湛蓝的大海，岸边是高大的椰树，身下是绵绵的细沙，阳关温柔地照在身上，我感到无比舒畅。微风带着一丝海腥味轻轻地拂过我的脸颊，我静静地聆听着海浪悦耳的歌唱，阳光照得我全身暖洋洋的，我感到一股暖流顺着我的头部，流进我的右肩，让我感到温暖、沉重；我的呼吸变得越来越慢，越来越深，这股暖流又流进我的右臂，再流进我的右手，整个右手也感到温暖、沉重；这股暖流又流回我的右臂，从后面流进脖子，脖子也感到温暖、沉重；我的呼吸变得更加地缓慢深沉，这股暖流又流进我的左肩，左肩感到温暖、沉重；我感到越来越轻松，这股暖流又流进我的左臂，再流进我的左手，左手也感到温暖、沉重。这股暖流又流回我的左臂，左臂感到温暖、沉重；我变得越来越放松，心跳变慢了，心跳更有力了，这股暖流又流进我的右腿，右腿也感到温暖、沉重；我的呼吸缓慢而又深沉。这股暖流流进我的右脚，整个右脚也感到温暖、沉重；这股暖流流进我的左腿，整个左腿也感到温暖、沉重；我的呼吸越来越深，越来越轻松。这股暖流流进我的腹部，腹部感到温暖、沉重；这股暖流流进我的胃部，胃部感到温暖、轻松；这股暖流最后流进我的心脏，心脏也感到温暖、轻松；心脏又把暖流送到了全身，我的全身都感到了温暖而沉重，舒服极了。我的整个身体都十分平静，也十分安静，我已经感觉不到周围的一切了，周围好像没有任何东西，我安然地躺在海边，非常轻松，十分自在……

(四)阳性强化法

1. 阳性强化法的基本原理

以行为主义理论的强化概念为理论基础，奖励目标行为，忽视、淡化异常行为。

2. 阳性强化法的操作过程

(1)明确目标行为。需要干预的行为。

(2)监控目标行为。确定目标行为的基础水平。

(3)设计干预方案。明确阳性强化物，同时使用内、外强化物，制定强化时间表。

(4)实施强化。对目标行为多次采用具体的阳性强化物后，可采用社会强化(如精神鼓励、表扬的话语)替代先前的强化物，并采取间歇强化的方法，减少强化物出现的频次。

(5)追踪评估。巩固效果，迁移运用。

3. 阳性强化法的注意事项

(1)目标行为单一具体，阳性强化法要改变的行为应单一具体，非常具体明确。如果有多个目标行为要改变，需要一个一个地进行，不可同时开展。

(2)阳性强化应适时、适当，对目标行为的阳性强化，应该在行为出现时进行，不可提前或错后，且强化强度要适当。

(3)随时间进程，强化物可由物质刺激变为精神奖励，待目标固化为习惯后，最终可以撤销强化物。

（五）合理情绪疗法

1. 合理情绪疗法的基本原理

“理性情绪疗法”（rational-emotive therapy，RET）是美国心理学家埃利斯（A. Elis）发展的一种行为矫正疗法，他认为引起人困扰的不是外界发生的事件，而是人们对事件的态度、看法、评价等认知内容，通过改变认知，进而改变情绪。

2. 合理情绪疗法的操作过程

（1）心理诊断阶段。明确求助者的ABC，让求助者了解ABC，接受ABC。找出A（诱发性事件）和C（情绪困扰和行为不适），初步分析B（不合理信念）。一般来说，A和C是比较容易发现的，而B则不易发现。不合理信念通常有3种情况：绝对化要求、过分概括化、糟糕至极。绝对化要求是个体以自己的意愿为出发点，认为某一类失误必定会发生或不会发生。过分概括化是一种以偏概全的不合理思维方式，其典型特征是以一件或某几件事来评价自身或他人的整体价值。糟糕至极的是把事物可能发生的后果想象、推论到非常可怕、非常糟糕透顶，甚至是灾难性结果的一种非理性信念。咨询师应向求助者解说合理情绪疗法的ABC理论，使求助者能够接受这种理念及其对自己问题的解释。重心应放在求助者目前的问题上。

（2）领悟阶段。明确深层次的B，让求助者理解ABC，领悟ABC，自己找到自己的ABC。主要任务：让求助者领悟合理情绪疗法的原理，使求助者真正理解并认识到产生问题的原因——引起困扰的是自己的认知，以及对事件的态度、看法和评价；解决途径必须要通过改变认知来改变情绪；明确问题解决的责任——引起情绪困扰的认知是自己的认知，与自己息息相关。

（3）修通阶段：主要有两个方面的内容。

第一，与不合理信念辩论。“产婆术式”的辩论技术是最常用和最具特色的方法。另外，咨询中常用的人际交往原则还有“黄金规则”，即“你希望像别人对待你那样对待别人”。阻碍人际交往的往往是“反黄金规则”，即“我对别人怎样，别人必须对我怎样；别人必须先对我好，我才会对别人好。”

注意事项：一是咨询师要实事求是，目标明确，不能停留在表面，对求助者的不合理信念要一针见血指出来。二是让求助者打消顾虑，明白改变不合理信念不是改变本质的自我。

基本思路：是从求助者的信念出发进行推论，在推论过程中会因不合理的信念而出现谬论，求助者必然要进行修改，经过多次修改，求助者持有的将是合理的信念，而合理的信念不使人产生负性情绪，求助者将摆脱情绪困扰。

基本形式：“按你所说……”，推论“因此……”，再推论“因此……”，最终形成自相矛盾，引起求助者顿悟。

第二，采用合理情绪想象技术。步骤如下：首先，使求助者想象进入到产生过不适当的情绪反应或自感最受不了的情境之中，体验强烈的负性情绪反应。然后，帮助求助者改变这种不适当的情绪体验，并使他能体验到适度的情绪反应。最后，停止想象。

(4)再教育阶段：巩固强化应用阶段。除了以前的方法外，可以进行技能训练，如自信训练、问题解决训练、社交技能训练、系统脱敏等。

合理情绪疗法以认知为主，强调认知、情绪和行为三方面的结合。情绪方面：合理情绪想象技术；对求助者完全的接受和容忍；鼓励求助者接受自己好和不好的方面。行为方面：自我管理程序法——运用自我奖励和自我惩罚的方法来改变不良行为方式。“停留于此”——鼓励求助者待在某个不希望的情境中，以对抗逃避行为和糟糕至极的想法。但是，合理情绪疗法对于那些有严重的情绪和行为障碍的求助者、拒绝改变自己信念或过分偏执以及领悟困难的求助者效果不好。对于自闭症、急性精神分裂症所能提供的帮助是有限的。

第五节　科学使用心理与教育测验

一、心理与教育测验的功能

心理与教育测验经过将近 100 年的发展，现已被广泛地应用于科学研究和教育、临床、人才选拔等实践领域，并日益发挥出重要的作用。概括地说，心理与教育测验的功能主要表现在两大方面。

(一)理论研究功能

1. 收集研究资料

在心理学和教育学的许多研究工作中，都需要通过测验来获得第一手资料。例如，为了查明影响学生学业成绩的心理因素，我们需要运用智力测验、学习能力倾向测验、成就动机测验、学习兴趣测验、人格测验和学业成就测验，通过计算各种心理因素的测量分数与学业成就测验的分类之间的相关系数进行回归分析，然后根据测验所获得的实证资料做出科学结论。

2. 建立与检验理论假设

在心理学的研究中，通常需要根据已有的测验研究结果提出理论假设，然后通过测验进一步检验这个假设。在人格结构的研究中，如卡特尔的16种人格因素结构理论、艾森克(H. J. Eysenck)的人格维度理论也都是在对人格测验结果做反复的因素分析的基础上提出来的。例如，在教育研究中，要比较各种教育措施的实际结果，就需要运用教育测验获得测量分数，并对分数进行统计比较。从20世纪80年代开始，在理论研究中，有的学者特别强调非智力因素在学生学习活动中的重要作用。但在未得到实证研究结果的证明之前，这种观点只能是一种理论假设。近几年来，一些测量学工作者对这个假设进行了多方面的测验研究，发现有些非智力因素对学生成就具有明显影响，而另一些因素的影响则不明显。这些研究为理论上的进一步探讨提供了重要的资料。

3. 实验分组

心理与教育测验还可以和实验方法结合起来运用于研究工作中。在一些实验心理学的研究课题中，为了考察不同自变量对被试因变量的不同影响，通常选择两组被试进行比较研究，这时需要控制与实验变量无关的被试的其他心理变量(如智力水平)，使两组被试实现等组化(如使他们的智力水平相当)，心理与教育测验(如智力测验)可以满足实验设计中的上述要求。

(二)实际应用功能

1. 选拔人才

在教育、企业、军事、艺术、体育、人事等部门，人们经常面临着选拔人才的问题，也就是识别那些最有可能获得成功的人。在传统社会里，选拔人才主要依靠少数人的经验，这显然是一种非常原始的选才方式。现代社会各行各业需要大量不同类型、不同层次的人才，那种伯乐识马式的选才方式显然不能适应现代社会对人才的需求。心理与教育测验的发展为大规模地选拔人才提供了可能。心理测量学家根据对各种工作的性质和特点的分析，寻找出适应特定工作要求的心理模式，然后根据这种模式编制测验，借此识别适合从事这种工作的人。这不仅大大提高了选才的效率，而且可以避免选才过程中的各种人为因素的影响，从而提高选才的科学性和客观性。美国在1942年第二次世界大战期间将心理测验应用于飞行员的选拔，结果淘汰率由原来的65%下降到36%，心理测验在人才选拔中的价值可见一斑。

2. 人员安置

随着社会化大生产的发展，人事分工越来越细，不同的工种需要不同的人来做，借助于心理与教育测验可以使人与事做到最佳分配，做到人尽其才，提高劳动生产率。在教育领域，可以借助于心理与教育测验的资料，作为按能力和成绩分班的依据，为分类教育、因材施教提供条件。

3. 心理诊断

对于智力缺陷者和心理障碍者的识别是推动心理测验发展的重要动力。直到现在，对各种智力落后、精神疾病和脑功能障碍应用心理测验来诊断仍然是一种重要途径。心理与教育测验的诊断功能不只限于临床，在教育工作中同样可以发挥作用。例如，可以应用测验发现学生学业成绩不良或社会适应不良的原因，查明学习困难或造成困难的症结所在，从而采取适当的帮助和补救措施。

4. 描述评价

应用心理与教育测验可以对人们在智力水平、学业成就、人格特点等心理特质上的优势和劣势做出描述和评价，使一个人知道自己的长处和短处，以便扬长避短，更好地学习、工作和生活。这种评价既可由他人作出，也可由自己做出；既可用于评价学生，与可用于评价教师；既可评价个人，也可评价团体。

5. 心理咨询

应用心理与教育测验获得的资料，可以作为从事心理咨询工作的依据。例如，综合成就测验、智力测验、能力倾向测验、职业兴趣测验和性格测验的资料，可以就一个人的未来职业方向提供咨询意见，以便帮助来访者做出正确的职业选择。利用人格测验和临床精神障碍测验的资料，可以帮助来访者改善心理环境，提高心理适应的能力。

近年来，大学生心理健康问题日益受到重视，各高校通过多种渠道来了解大学生的心理健康状况，并开展各种形式的心理健康教育工作。大学新生的心理健康测试是大学生心理健康教育工作的始端，它对于了解和把握大学新生的心理健康状况和特点十分重要。

在对大学生的心理健康状况进行测查与分析时，首先要考虑的问题是用什么量表能更科学、准确地反映出大学生的心理健康状况。各高校由于类别不同及地域差异等原因，选用的测验量表有一定差异。但总的来说，目前高校使用较多的量表主要有以下3类：①人格测验，如《卡特尔16种人格因素量表》(16PF)、《明尼苏达多相人格问卷》(MMPI)、《艾森克人格问卷》(EPQ)、《Y－G人格问卷》(YG)；②心理健康测验，如《90项症状自评量表》(SCL－90)、《大学生人格健康调查问卷》(UPI)、《乙理健康调查表》(PHI)、《抑郁自评量表》(SDS)、《焦虑自评量表》(SAS)以及教育部制定的《中国大学生心理健康量表》等；③当前高校中也有使用北京心海研发的危机干预系统中《大学入学普查问卷》来对新生做潜在危机筛查。

二、心理与教育测量工作者的素质要求及道德准则

（一）心理与教育测量工作者的素质要求

心理与教育测量工作是一项高度复杂和高度专业的工作，也是一项从理论到技术尚不很完善的工作。因此，只有不断提高心理与教育测量工作者的专业素质，才能促进心理与教育测量工作沿着科学、健康的轨道发展。改革开放以来，我国心理教育测量工作在从恢复到发展的同时，也出现了误用、滥用心理测验的现象。一些地方、一些个人随便使用心理测验，对测量结果乱加解释，引起一些不良影响。之所以出现这种情况，从根本上说，是测验的使用者缺乏应有的基本素质。因此，我们认为有必要对心理与教育测量工作者提出一定的素质要求，以便规范专业训练和相关的培训工作，培养合格的测量学工作者。

（二）心理与教育测量工作者的知识结构

概括地说，心理与教育测量工作者可以分为两个不同的层次：第一个层次是专业研究工作者，主要从事心理与教育测量学的理论研究工作和各种测验的编制工作；第二个层次是实际应用工作者，主要从事运用心理与教育测验解决各行各业的实际问题的工作。不论哪个层次的人员都应具备从事测量工作基本知识结构，只是对高层次的研究人才的要求更高，应当成为该领域的专家。心理与教育测量工作者应当具备相应的基础知识和专业知识。基础知识包括：①普通心理学、发展心理学、教育心理学等广泛的心理学基本知识；②扎实的心理与教育统计学的基本知识；③教育学的基本知识。在专业知识方面，除了精通人格心理学、智力心理学、变态心理学、心理与教育测量的原理与技术等具有核心地位的专业知识外，还应根据自己的工作领域具备相应的其他专业知识。例如，在教育领域从事教育测量工作的人员应精通各个学科的专业知识；在临床领域从事心理测量工作的人员除了具备基本的医学知识外，尤其应精通精神、神经医学的专门知识；在工业企业、人事部门从事心理测量工作的人员应懂得组织人事管理知识和有关的技术知识；在司法部门从事心理测量工作的人员应懂得犯罪学、犯罪改造学、犯罪心理学的专门知识，等等。总之，合理的知识结构是保证心理与教育测量工作科学化和专业化的基本条件。

（三）对心理与教育测验的科学态度

人们对心理与教育测验的争论态度自测验问世以来就从未间断过，对其存在两种极端的看法：要么高估测验的作用，把它奉为神明；要么贬低测验的作用，把它视为江湖骗术。这在高校主要表现为，一方面一旦发现学生有疑似异常的心理与行为表现，

辅导人员立即与心理中心联系，希望能查到该生的入学心理档案；另一方面认为做这个没什么用，学院平时观察中发现疑似的对象，却没有出现在心理中心的反馈量表里。这两种态度都是极其错误的和不科学的。

从心理学的发展历史来看，心理测验是在心理学思辨科学转向实验科学后出现的。心理测验方法既受到心理实验方法的影响，又是对实验方法的有益补充。尤其是在研究人的较为复杂和高级的心理作用（如智力和人格）中，测验方法起到了实验方法所无法替代的作用。测验方法在客观上为心理学的发展和进步做出了重要贡献，并在众多的应用领域发挥了它的实际作用。

但是在另一方面，我们也应当看到，心理与教育测验无论在理论上还是在技术上都存在不少问题。例如，在智力测验和人格测验的编制工作中，人们首先碰到的麻烦是对什么是智力、什么是人格问题还需要有一个统一的认识。在这种情况下，测验所测量的结果究竟代表的是什么？这是一个伤脑筋的问题。当然，这种情况在科学发展史上并不鲜见。例如，物体重量测量技术在万有引力定律被发现很早以前就被人们广泛地应用了；物体温度的测量技术在人们认识到物体分子热运动加速的原理之前也被广泛地应用了。正是由于杆秤和温度计的发明和广泛应用，才推进了对物理现象的研究，发展了物理学理论。这说明，一方面，测量技术的发展受理论研究水平的制约；另一方面，测量技术的应用反过来促进着理论研究的扩展和深化。在心理学领域，智力测验的发展深化了对智力本质及其结构的认识也是人们公认的客观事实。因此，心理与教育测量工作者一方面要认识到心理与教育测验是从事心理学与教育学研究的一种重要方法，也是解决实际应用问题一种重要的辅助工具；另一方面也要充分考虑目前的心理与教育测验的科学性还不够高，有待于在使用过程中进一步改进和完善。

测验源于对个别差异的测量，但测验方法不是鉴别个别差异的唯一方法。如同心理学的其他研究方法一样，测验方法既有它的长处，也有它的不足。只有根据研究工作的需要将各种研究方法结合起来才能对人的心理现象获得相对全面的认识。在运用测验解决实际问题时，使用者应当记住测量结果（分数）只是对人的智力人格的相对估计，而不是一个十分精确的数值。此外，心理测验的结果通常也受到多方面因素的影响，例如，被试的情绪状态，被试是否存在有意掩饰的部分，被试是否曾做过类似量表而产生练习效应（练习效应，心理学实验当中的一种误差来源，是指实验中，被试由于多次重复同样的程序，实验成绩提高或降低的现象）等。因此，在解释个人测量分数并以此分数为依据对个人的未来预测时应当特别谨慎小心。

三、心理与教育测量工作者的道德准则

从事每一种职业都应当遵守其特定的执业规范和道德准则。心理与教育测量工作者应自觉遵守中国心理学会于 1993 年在《心理学报》第 2 期颁布的《心理测验管理条例》（试行）和《心理测验工作者的道德准则》（见该书附录一和附录二）的规定。这里结合中国心理与教育测量的实际做些阐述。

（一）测验的保密和控制使用

心理与教育测量工作需要保密，对测验的占有范围需要控制。这本是测量学上的常识。不过，对于初学者，我们仍有必要说明保密和控制使用测验的理由。

对测验保密是为了保证测验的价值，防止测验失效。在实施测验时，人们经常碰到类似这样的情况：一所小学尝试用智力测验对新入学儿童的智力水平进行识别，以此作为分班和因材施教的参考依据。有的家长为了使自己的孩子能够进入理想的班级，找到心理测验工作者，说："让我的孩子先做做这个测验行吗？我希望他能够测到一个好分数，能进入一个好的班级。"假如测验工作者满足了家长的要求，那么，这个测验对于鉴别这个儿童的智力水平就毫无价值了。

当然，对测验内容的保密，并不意味着不需要对受测者和一般的公众介绍关于测验的知识。但这种介绍的目的应限于：①破除对测验的神秘感；②了解测验的一些技术和方法；③熟悉测验的程序和手续，消除受测者的紧张和焦虑。

为了保证测验的保密性，《心理测验管理条例（试行）》规定：修订与出售他人所编制的心理测验时，必须首先征得该测验的主管单位或作者的同意；印制、发行与出售心理测验器材的机构应到中国心理学会心理测量专业委员会登记，并只能将测验器材售于具有测验试用资格者；为了保证测验的科学性和实用价值，标准化测验的内容与器材不得在非专业刊物上发表。《心理测验工作者的道德准则》中也规定：为维护心理测验的有效性，凡规定不宜公开的心理测验内容、器材、评分标准以及常模等，均应保密。

所谓对测验的控制使用，是指并非所有的人都可以接触和使用心理测验，测验的使用者必须是经过专业训练和具有一定资格的人员。对测验之所以要控制使用，是为了保证测验的实施和对测验分数的解释既做到合乎科学，又对受测者未来的成长有益。在测验工作中，人们也常碰到类似这样的情况：一个女青年愁眉苦脸的来找心理咨询工作者，诉说："有人给我做了一个人格测验，说我的神经质分数高。此后，我就经常心神不宁，寝食不安。"显然，这是由于测验人员缺乏专业知识，对测验结果的解释不

慎，给受测者造成的心理负担。这样的解释不仅无助于克服受测者的神经质倾向，而且会加重这种倾向。

为了保证对测验的控制使用，《心理测验管理条例（试行）》对测验使用人员的资格做了规定：①具有心理专业本科以上的学历；②在心理测量专家的指导下，具有两年以上测验使用经验；③经过心理测量培训班的专门训练并获得资格认定书。其中资格认定书被分为两种：单项资格认定书和多项资格认定书。同时，《心理测验工作者的道德准则》对测验分数的解释原则也作规定：心理测验工作者在介绍测验的效能时，必须提供真实和准确的信息，避免感情用事、虚假断言和曲解；应以正确的方式将所测结果告知被测者或有关人员，并提供有益的帮助和建议。

（二）测验中个人隐私的保护

在测验工作中，尤其是人格测验工作中经常遇到的一个不可忽视的问题是侵犯受测者的个人隐私问题。例如，在编制关于情绪、动机或态度的测验时，其中有的内容都会涉及人们的家庭关系、内心冲突、私人生活等问题。在日常生活中，人们一般不愿意向别人透露这些事情，而在测验条件下，为了寻求帮助或配合测验，很可能表露出来。这种情况在能力测验中同样存在。因为任何智力的、能力的或成就的测验都会显示出一个人的某种缺陷，而在一般情况下，人们是不愿意透露这些缺陷的。即使在测验条件下，受测者也会产生顾虑。在这种情况下，保护受测者的个人隐私就成为测验工作者的一项重要的责任。为此，测验工作者应当采取适当的保护措施：一是只有在必要的情况下，测验工作者才能询问个人的隐私，凡是与测验目的无关的方面就不应涉及；二是对受测者保证为其保密，并在实际上为受测者严守秘密；三是凡测验中必需涉及的个人隐私应事先征得受测者本人或其他有关人员的同意。

为了保证测验中个人隐私不受侵犯，《心理测验工作者的道德准则》规定：心理测验工作者应尊重被测者的人格，对测量中获得的个人信息要严加保密，除非对个人或社会可能造成危害的情况，才能告知有关方面。

四、常用量表介绍

（一）人格测验

人格测验多达数百种，由于依据的理论不同，所采用的方法也不同。但总的来讲，主要分为两大类：一类为结构明确的自陈量表；另一类为结构不甚明确的投射测验。由于投射技术的施测、计分和结果解释比较复杂，而且需要资深的心理专家才能掌握，因此，本节仅介绍几种常用的人格自陈量表。

1. 艾森克人格测验(EPQ)

(1)测验介绍。

①测验材料介绍。艾森克人格测验(Eysenck Personality Questionnaire，EPQ)，是英国心理学家艾森克等人根据因素分析法编制的一种人格测量工具，对分析人格的特质或结构具有重要作用。目前，该测验已被广泛应用于心理学研究与实际应用、医学、司法、教育、HR 人才测评与选拔等诸多领域。

EPQ 是一种自陈式人格问卷，共 85 个题目，分三个维度，含有四个分量表：E 量表 21 个条目，主要测量外显或内隐倾向(内外向水平)；N 量表 24 个条目，主要测量被试的神经质或情绪是否稳定；P 量表 20 个条目，测量潜在的精神特质；L 量表 20 个条目，为效度量表，测量受试者的掩饰或防卫动机。EPQ 分为成人和幼年两套问卷，该量表需男女分别记分。

②适用范围。EPQ 成人问卷适用于调查 16 岁以上成人的个性类型，幼年问卷用于调查 7～15 岁幼年的个性类型。不同文化程度的受测者均可使用。

③测验计分。

原始分的获得。每一个项目都规定了答“是”与“不是”。如果规定答“是”，则在划“是”时记 1 分，答“不是”不计分；同理，如果规定答“不是”，则在划“不是”时记 1 分，划“是”不计分。

原始分的转换。根据受测者在各量表上获得的总分(粗分)，按年龄和性别常模转化成标准 T 分，便可分析受测者的个性特点。

在我国修订版的报告单上一般有两个剖析图，一个是 EPQ 剖析图，一个是 E/N 关系图，据此可直观地判断出受测者的内外向性、精神质以及情绪稳定性，还可以对应希波克拉底的“体液说”判断出其气质类型。

该剖析图中，在各量表位置注明了 T 分度，画了区分中间(实线)和倾向(虚线)各范围的划界线。得到某一受测者的各量表粗分后，在性别和年龄相应的 T 分表上查出 T 分，在各量表位置上加以标明，然后将各量表标点连接，便得到类似上图的量表剖析图。为说明量表的相互关系，可以将 E/N 另作剖析图。无论内向还是外向的人，都有情绪稳定和不稳定之分。将 X 轴为 E 维度，Y 轴为 N 维度，于 T50 处垂直相交，划分四项：即内向稳定(黏液质)、外向不稳定(胆汁质)、内向不稳定(抑郁质)和外向稳定(多血质)。同时画有中间(实线)和倾向(虚线)的划界线。在得知某人的 E 分和 N 分以后，在此剖析图上可找到 E 和 N 的交点，便得出此受测者的个性类型。

④结果的解释。各量表的 T 分在 43.3～56.7 为中间型，T 分在 38.5～43.3 或 56.7～61.5 为倾向型，T 分在 38.5 以下或 61.5 以上为典型。以内外向为例，T 分在

43.3～56.7 为中间型，T 分在 38.5～43.3 为倾向内向，T 分在 56.7～61.5 为倾向外向，T 分在 38.5 以下为典型内向，T 分在 61.5 以上为典型外向。P、E、L 量表依此类推。

(2)相关知识及注意事项。人格，又称之为个性，指一个人在现实的稳定态度和习惯化了的行为方式中所表现出来的个性心理特征。我国心理学家陈仲庚对人格作了如下定义：人格是个体内在的行为上的倾向性，它表现一个人在不断变化中的全体和综合，是具有动力一致性和连续性的持久的自我，是人在社会化过程中形成的给予人特色的身心组织。

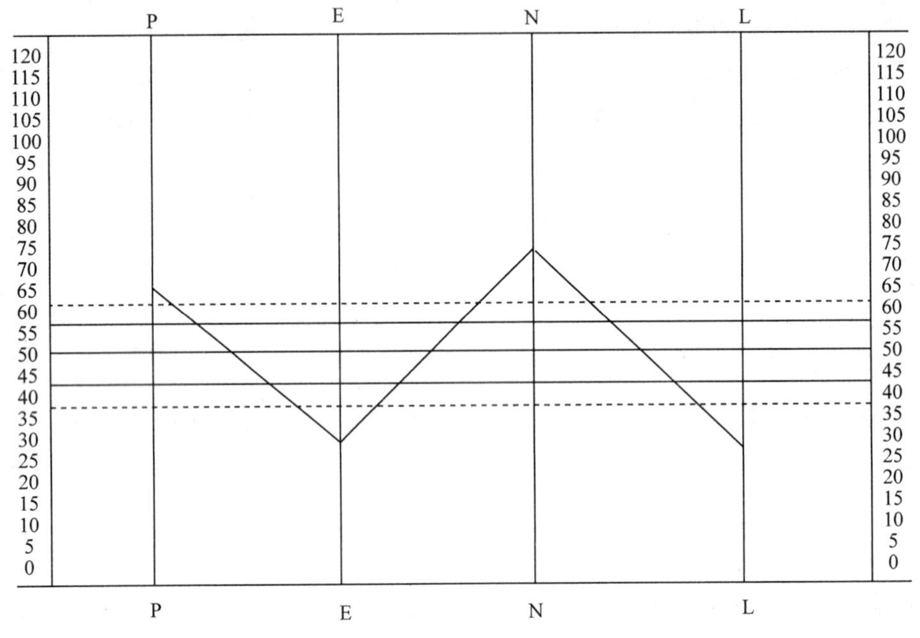

E 和 N 的关系图

EPQ 是艾森克从以往的几个个性调查表发展起来的，艾森克对由实验、观察和问卷调查所得到的大量有关人的特质资料进行因素分析，从而提出了多种人格维度。最终确认内—外倾、神经质、精神质是人格的 3 个基本维度。

内—外倾维度(E 量表)包括活动性、社交性、冒险性、冲动性、表现性、思想性、责任感 7 个因素。分数高表示人格外向，可能好交际，渴望冒险、刺激，情感易冲动。分数低表示人格内向，富于内省，可能好交际，不喜欢刺激和冒险。除了亲密朋友外，对一般人缄默冷淡。喜欢有秩序的生活方式，情绪比较稳定。

神经质维度(N 量表)反映的是正常行为，并非神经症，包括自尊、愉快、焦虑、沉迷、自主性、疑病症、负疚感 7 个因素。分数高的人常常焦虑担忧、郁郁寡欢、忧心忡忡，遇到刺激后会有较强烈的反应，以致出现不理智的行为。分数低的受测者情绪反应缓慢且轻微，很容易恢复平静，这类人通常性格温和、稳重，善于自我控制。

精神质(P量表)也并非暗指精神病，这类特质在所有人身上都存在，只是程度不同。P量表发展比较晚，其中的项目是根据正常人和病人具有的特质经过筛选而来的，不及E量表和N量表成熟。该分量表包括敢为性、成就自信、果断定向、操纵性、寻求刺激、武断性、男性气质7个因素。高分者特征是孤僻、不关心他人，难以适应外部环境，不近人情，感觉迟钝，与他人不友好，喜欢寻衅滋扰，并且不顾危险做奇特的事情。低分者能够较好地适应环境，态度温和、不粗暴、善从人意。

综上所述，该测验从内外倾性、情绪性、精神质三个维度对人的人格进行评定，从而评价一个人的内外向性格、自我控制程度、环境适应性等人格因素。艾森克的三个人格维度不但经过许多数学统计上的和行为观察方面的分析，而且也得到实验室内多种心理实验的考察和证实，被广泛应用于医学、司法、教育等领域，适合初中及以上年龄的人群测试。

2. 卡特尔16种人格因素测验(16PF)

(1)测验介绍。

①测验材料。卡氏16因素人格测验由美国伊利诺依大学人格及能力测量研究所卡特尔(R. B. Cattell)教授编制的，是最为典型的因素分析人格问卷。开始时，他和助手从词典、精神病学和心理学的文献中收集描写人格的大量词汇，然后聚类合并成171个特质条目。再让一组被试进行评定，将评定结果做因素分析就获得了卡特尔所称的根源特质。最初他获得12种人格根源特质，在其后的工作中又发现和补充了4种根源特质。这些特质的测量采用的是卡特尔16种人格因素问卷(16PF)。

②适用范围。16PF适用范围很广，凡是有相当于初中以上文化程度的青壮年和老年人都可适用，既可以团体施测也可个别施测。

③施测步骤及计分。

16PF英文原版共有5种版本，A、B本为全版本，各有187个项目；C、D本为缩减本，各有106个项目；E为适用于文化水平较低的受试者，为实验样本，包括128个项目。每个项目采用陈述句形式，有3种答案可供选择：A是，B介于A与C之间，C不是。凡答案与记分标准相符者为2分，相反为0分，中间者为1分。受试者只能选择一个答案，尽量不要选择中性答案。测验一般采用模板记分，模板有两张，每张可为8个量表记分。将16项因素上的得分全部换算成标准分数，就可以获得受试者的人格剖析图。1~4分为低分特征，7~10分为高分特征。

测验时，先给每个受测者发一份答卷纸，受测者首先把姓名、性别、年龄、测验日期等基本信息填写在答题卡上，然后下发试题，说明施测指导语，让受测者了解说明部分。之后回答答卷纸左上方的四个例题，受测者必须掌握答题方式后才可开卷进行正式测试。

测验没有时间限制，但受测者应以直觉性的反应依次作答，无需迟疑不决。对每个问题的回答没有“好”与“不好”之分，知识表明自己的态度，请受测者尽量如实表达自己的意见。

每一测验题共有 3 个答案：A/B/C，根据受测者对每一问题的回答，分别对 A、B、C 记为 0、1、2 或 2、1、0 分。聪慧性(因素 B)量表的题目有正确答案，每题答对得 1 分，答错记 0 分。测验一般用模板计分，模板有两张，每张可为 8 个量表计分。未计分前，应先检查答案有无明显错误及遗漏，若遗漏太多或有明显错误，必须重测，以保证真实可信。

使用计分模板只能得到各个量表的原始分数，还需要通过查 16 种人格因素常模表将其换算成标准分数。然后按照各量表标准 10 分在剖析图上找到相应圆点，将各点连接成曲线，即可得到受测者的人格剖析图。

④结果解释。本测验的 16 种人格因素中，1～3 分为低分，8～10 分为高分。根据受测者在各因素上的得分，对照图中各因素的高低分特征，即可了解受测者的人格特征。

(2)相关知识及注意事项。

卡特尔 16 种个性因素测验是由美国心理学家 R. B. Cattell 编制的。他认为人的个性是由许多特性所构成的，由于各种特性在一个身上的不同组合，构成了一个不同于他人的独特个性。他把人的个性分为“表面特性”和“根源特质”，所谓表面特性是指一个人经常发生的、可以从外部观察到的行为；而根源特质则是制约着表面特性的潜在基础。卡特尔从许多表面的行为中抽取了 16 种“根源特质”，称为 16 种个性因素。然后他又据此编制了专门的量表来测量这 16 种特质。这就是卡特尔 16 种个性因素测验。

卡特尔 16 种个性因素测验具有较好的信度和效度，因而在全世界应用范围很广。我国现在通用的是美籍华人刘永和博士在卡特尔的赞助下，与伊利诺伊大学人格及能力研究所的研究员梅瑞狄斯博士合作，于 1970 年发表的中文修订本，其常模是由两千多名港台地区的中国学生得到的。

16 种人格因素及其高分低分特征：

①乐群性 A。高分特征：外向、热情、乐群。通常和蔼可亲，容易与要相处、合作，适应能力强。愿意参加或组织种种社团活动，萍水相逢也可以一见如故。低分特征：抑郁，缄默，孤独，对人冷漠。通常表现为执拗，对人冷漠。吹毛求疵，宁愿独自工作，且工作标准常常很高。

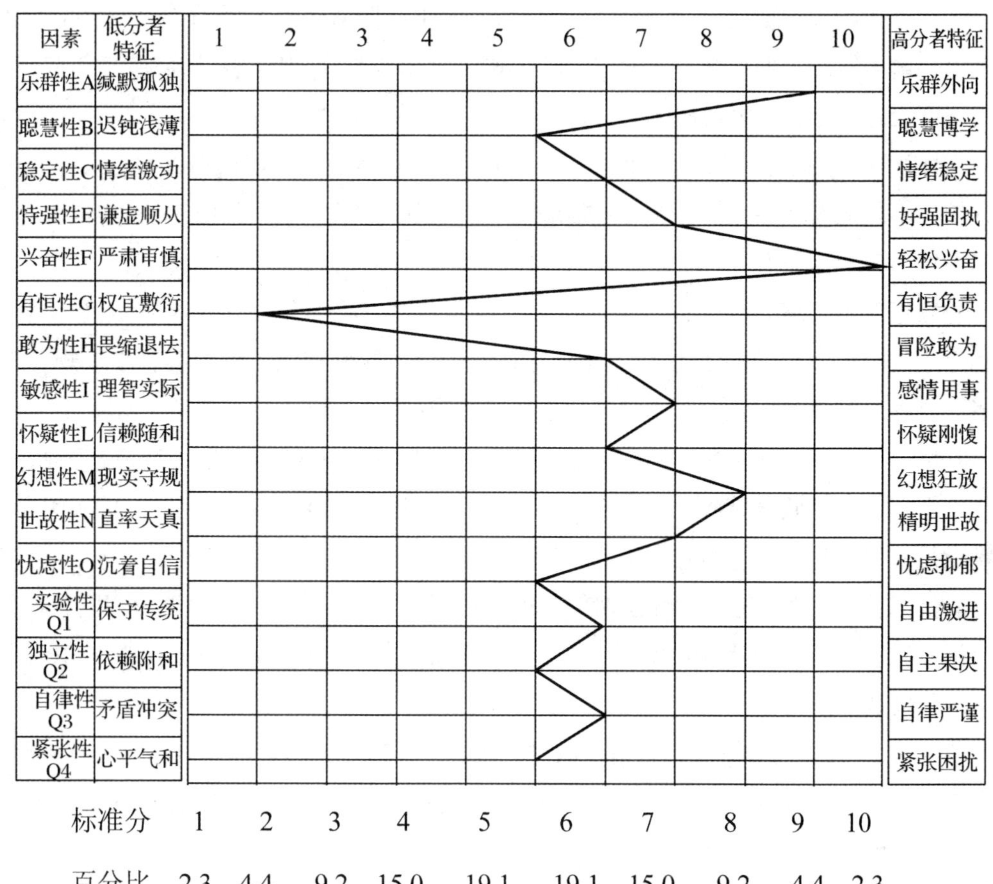

②智慧性 B。高分特征：聪明，富有才能，善于抽象思维。低分特征：思维迟钝，学识浅薄，抽象思维能力较弱。

③稳定性 C。高分特征：情绪稳定而成熟，能面对现实，行动充满魄力，能以沉着的态度应付现实中的各种问题。低分特征：情绪容易激动，易产生烦恼。容易受环境支配而心神动摇不定。

④恃强性 E。高分特征：好强固执，独立积极。有主见，独立性强，但容易自高自大，自以为是。低分特征：谦虚、顺从、通融、恭顺。

⑤兴奋性 F。高分特征：轻松兴奋，随遇而安。通常活泼、愉快、健谈。低分特征：严肃、审慎、冷静、寡言。内省而不轻易发言，较消极、阴郁。

⑥有恒性 G。高分特征：有恒负责，做事尽职。责任心强，工作细心周到，有始有终。低分特征：苟且敷衍，缺乏认真负责的精神。缺乏远大的理想和目标。

⑦敢为性 H。高分特征：冒险敢为，少有顾忌。有时也可能粗心大意，忽略细节。低分特征：畏怯退缩，缺乏信心，有强烈的自卑感，在人群中羞怯，有不自然的表现。

⑧敏感性 I。高分特征：敏感，感情用事。通常心肠软，易受感动，较女性化，爱好艺术，富于幻想。低分特征：理智的，着重现实，自恃自力。多以客观、坚强、独立的态度处理问题，不感情用事。

⑨怀疑性 L。高分特征：怀疑、刚愎、固执己见。多疑，不信任别人，与人相处斤斤计较，不顾他人利益。低分特征：信赖随和，容易与人相处。无猜忌，不与人竞争，顺应合作，善于体贴人。

⑩幻想性 M。高分特征：幻想，狂放不羁。忽视生活细节，只以本身动机、当时兴趣等主观因素为行动的出发点，可能富有创造力。低分特征：现实、合乎成规，力求妥善合理。不鲁莽从事，在关键时刻也能保持冷静。

⑪世故性 N。高分特征：精明能干、世故。处事老练，行为得体，能冷静分析一切，理智、客观。低分特征：坦白、直率、天真。思想简单、感情用事，与人无争，心满意足，但有时也显得幼稚、粗鲁、笨拙。

⑫忧虑性 O。高分特征：忧虑抑郁，烦恼自扰。通常觉得世道艰辛，人生不如意，甚至沮丧、悲观。低分特征：安详、沉着、有自信心。不易动摇，有安全感，相信自己有应付问题的能力。

⑬实验性 Q1。高分特征：自由、激进，不拘泥于现实，对新的思想和行为有兴趣。低分特征：保守，着重传统观念与行为标准。不愿尝试探新，常激烈地反对新的思潮和变革。

⑭独立性 Q2。高分特征：自立自强，当机立断。通常能够自作主张独立完成自己的工作计划，不依赖别人。低分特征：依赖、随群、附和。通常愿意与人合作共事，而不愿独立孤行。常放弃个人主见，附和众议。

⑮自律性 Q3。高分特征：知己知彼，自律谨严。通常言行一致，能够合理支配自己的感情行动，为人处世能保持自尊心。低分特征：矛盾冲突，不明大体。通常既不能克制自己，又不能尊重礼俗，更不愿考虑别人的需要。

⑯紧张性 Q4。高分特征：紧张困扰，激动挣扎。缺乏耐心，心神不定，过度兴奋，时常感觉疲乏。低分特征：心平气和，闲散宁静。容易知足满意，心理容易平衡，也可能过分松懒，缺乏进取心。

(3)相关知识及注意事项。

①测验过程中必须使用经协作组修订过的卡特尔 16 种人格因素问题和答案，不得改变任一测题所规定的语句或者超出允许范围给予受测者以帮助。

②本测验共有 187 个题目，都是有关个人兴趣和态度的问题。每个人对这些问题会有不同看法，回答也不尽相同，对问题如何回答没有“对”与“不对”之分，让受测者

不要有所顾虑。

③测验时，先完成答卷纸上的 4 个例题，让受测者在小方格内对每一例题用在相应的小方格内打上符号的方式，表明自己的选择。受测者必须掌握了答题方式之后，才可开卷进行正式测验。

④要按照手册规定的程序和方式实施。确保受测者对每一测题只选择一个答案，没有遗漏任何测题，尽量不要选择中性答案。

五、心理与行为问题评估

(一)90 项症状清单(SCL－90)

1. 测验介绍

(1)测验材料。90 项症状清单也称症状自评量表（the self-report symptom inventory/symptom checklist，90），简称 SCL－90，共有 90 个评定项目，包含了比较广泛的精神病症状学内容，从感觉、思维、情感、意识、行为直至生活习惯、人际关系、饮食等方面均有涉及，能准确刻画被试的自觉症状，能较好地反映被试的问题及其严重程度，是当前研究神经症及综合性医院住院病人或心理咨询门诊中应用最多的一种自评量表。

(2)施测步骤。在施测前，先由工作人员把总的评分方法和要求向受测者交代清楚，然后让其做出独立、不受任何人影响的自我评定，并用铅笔填写。90 个项目均采取 5 级评分制，评分具体说明如下：

没有：自觉并无该项问题(症状)；

很轻：自觉有该问题，但发生得并不频繁、严重，或影响轻微；

中等：自觉有该项症状，其严重程度为轻到中度；

偏重：自觉常有该项症状，对受测者有相当程度的影响；

严重：自觉该症状的频度和强度都十分严重。

作为自评量表，这里的“轻度、中度、重度”的具体涵义应该由自评者自己去体会，不必做硬性规定。对于文化程度低的自评者，可由工作人员逐项念给他听，并以中性的、不带任何暗示和偏向的方式把问题本身的意思告诉他。评定的时间范围是“现在”或者“最近一个星期”的实际感觉。评定结束时，由本人或临床医生逐一核查，凡有漏评或者重复评定的，均应提醒自评者再考虑评定，以防影响分析的准确性。

(3)适用范围。SCL－90 适用于初中生至成人，主要用途为：一是在精神科和心理咨询门诊中，作为了解就诊者或者受咨询者心理卫生问题的一种评定工具；二是在综合性医院中，常以该量表了解躯体疾病学生的精神症状，并认为结果满意；三是应用 SCL－90 调查不同职业群体的心理卫生问题，从不同侧面反映各种职业群体的心理卫生问题。

(4)测验记分。SCL－90的统计指标主要为两项，即总分和因子分。总分是90个项目所得分之和，能反应病情的严重程度。

总症状指数，也称总均分，是将总分除以90(总分/90)。总症状指数是指总的来看，被试的自我症状评价介于“没有”到“严重”5个水平中的哪一个等级水平。总症状指数的分数在0～0.5，表明被试自我感觉没有量表中所列的症状；在0.5～1.5，表明被试感觉有点症状，但发生得并不频繁；在1.5～2.5，表明被试感觉有症状，其严重程度为轻到中度；在2.5～3.5，表明被试感觉有症状，其程度为中到严重；在3.5～4表明被试感觉有，且症状的频度和强度都十分严重。

阳性项目数是指单项分≥2的项目数，表示被试在多少项目中感到“有症状”。

阴性项目数是指单项分＝1的项目数，它表示被试“无症状”的项目有多少。

SCL－90包括10个因子，每一个因子反映出个体某方面的症状情况，通过因子分可了解症状分布特点。各因子的因子分的计算方法是：各因子所有项目的分数之和除以因子项目数。例如，强迫症状因子各项目的分数之和假设为30，共有10个项目，所以因子分为3。当个体在某一因子的得分大于2时，即超出正常均分，则个体在该方面就很有可能有心理健康方面的问题。在1～5评分制中，粗略简单的判断方法是看因子分是否超过3分，若超过3分，即表明该因子的症状已达到中等以上严重程度。

(5)结果解释。按全国常模结果，总分超过160分，或阳性项目数超过43项，或任一因子分超过2分，可考虑筛选阳性，需进一步检查。

2. 相关知识及注意事项

90项症状清单(SCL－90)，有时也叫做Hopkin's症状清单(HSCL，编制年代早于SCL－90，作者为同一人，HCSL最早版编于1954年)。于1975年编制，其作者是德若伽提斯(L. R. Derogatis)。该量表共有90个项目，包含有较广泛的精神病症状学内容，从感觉、情感、思维、意识、行为直至生活习惯、人际关系、饮食睡眠等，均有涉及，并采用10个因子分别反映10个方面的心理症状情况。其中，9个因子的含义及所包含项目如下：

(1)躯体化。包括1，4，12，27，40，42，48，49，52，53，56，58共12项。该因子主要反映身体不适感，包括心血管、胃肠道、呼吸和其他系统的主诉不适，以及头疼、背痛、肌肉酸痛和焦虑的其他躯体表现。

(2)强迫症状。包括3，9，10，28，38，45，46，51，55，65共10项。主要指那些明知没有必要，但又无法摆脱的无意义的思想、冲动和行为，还有一些比较一般的感知障碍，如“记忆力不好”。

(3)人际关系敏感。包括6，21，34，36，37，41，61，69，73共9项。主要指某些个人不自在与自卑感，特别是与其他人相比较时更加突出。在人际交往中的自卑感，心神不安，不好相处，以及人际沟通中的自我意识，消极的期待也是这方面症状的典型表现。

(4)抑郁。包括5，14，15，20，22，26，29，30，31，32，54，71，79共13项。以苦闷的情感与心境为代表性症状，表现为对生活缺乏兴趣，做事动力不足，丧失活力等。还表现出失望，悲观以及抑郁方面的感受，甚至有关于死亡的思想和自杀观念。

(5)焦虑。包括2，17，23，33，39，57，72，78，80，86共10项。一般指那些无法静心、烦躁、坐立不安，神经过敏，紧张以及由此产生的躯体征象，游离不定的焦虑及惊恐发作是本因子的主要内容。

(6)敌对。包括11，24，63，67，74，81共6项。主要从思想、感情及行为三方面来反映敌对的表现。其项目包括厌烦的感觉、摔打物品，争执辩论直到不可控制的脾气暴发等各方面。

(7)恐怖。包括13，25，47，50，70，75，82共7项。恐惧的对象包括出门旅行，狭小空间或空旷场地，人群或公共场所和交通工具。此外，还有反映社交恐怖的一些项目。

(8)偏执。包括8，18，43，68，76，83共6项。本因子是围绕偏执性思维的基本特征而编制，主要指投射性思维，敌对，猜疑，关系观念，妄想，被动体验和夸大等。

(9)精神病性。包括7，16，35，62，77，84，85，87，88，90共10项。包括幻听、思维散播、被控制感、思维被植入等类似精神分裂症状的项目。反映各式各样的急性症状和行为，也可以反映精神病性行为的继发征兆和分裂性生活方式的指征。

此外，19、44、59、60、64、66、89共7个项目反映睡眠及饮食情况，分析时将这7项作为第10个因子来处理，以便使各因子分之和等于总分。该测验的局限性主要表现在两个方面：一是量表项目全面性不够，缺乏“情绪高涨”“思维飘忽”等项目，使其在躁狂症或精神分裂症患者中的应用受到一定限制；二是筛选阳性只能说病人可能患有心理疾病，并不是说他一定患有心理疾病。要做出心理疾病的诊断，必须进行面谈并参照相应疾病的诊断标准。

(二)抑郁自评量表(SDS)

1. 测验材料介绍

抑郁自评量表(self-rating depression scale，SDS)，是含有20个项目，分为4级评分的自评量表，原型是Zung抑郁量表(1965)。其特点是使用简便，并能相当直观地反映抑郁患者的主观感受。主要适用于具有抑郁症状的成年人，包括门诊及住院患者。只是对严重迟缓症状的抑郁，评定有困难。同时，SDS 对于文化程度较低或智力水平稍差的人使用效果不佳。

2. 适用范围

本量表可用于评定抑郁症状的严重程度及其在治疗中的变化，特别适用于发现抑郁症病人。其评定对象为具有抑郁症状的成年人。

3. 施测步骤

(1)在自评者评定以前，一定要让他把整个量表的填写方法及每条问题的涵义都弄明白，然后作出独立的、不受任何人影响的自我评定。对 20 个项目评定时依据的等级标准为：①没有或很少时间；②少部分时间；③相当多时间；④绝大部分或全部时间 。填写时，要求被试者仔细阅读每一条，弄明白意思后，然后根据个人最近一周的实际感觉，在适当的数字上划"/"表示。

(2)如果评定者的文化程度太低，不能理解或看不懂 SDS 问题的内容，可由工作人员逐条念给他听，让评定者独自作出评定。

(3)评定时，应让自评者理解反向评分的各题，SDS 有 10 项反向项目，如不能理解会直接影响统计结果。

(4)评定结束时，工作人员应仔细检查一下评定结果，应提醒自评者不要漏评某一项目，也不要在相同一个项目上重复评定。

4. 测验记分及结果解释

若为正向评分题，依次评为粗分 1、2、3、4 分；反向评分题(下文中有 * 号者)，则评为 4、3、2、1 分。待评定结束以后，把 20 个项目中的各项分数相加，即得到总粗分(X)，然后将粗分乘以 1. 25 以后取整数部分，就得到标准分(Y)。按照我国常模结果，SDS 标准分的分界值为 53 分，其中 53 ~ 62 分为轻度抑郁，63 ~ 72 分为中度抑郁，72 分以上为重度抑郁。

5. 相关知识及注意事项

SDS 的优点为使用简单，不需要经过专门训练即可指导自评者进行相当有效的评定，而且分析方便，在一定程度上能了解被调查者近期心境，也可用于心理咨询门诊中。SDS 反映抑郁状态的 4 组特异性症状：

(1)精神性—情感症状，包含抑郁心境和哭泣 2 个条目。

(2)躯体性障碍，包含情绪的日夜差异、睡眠障碍、食欲减退、性欲减退、体重减轻、便秘、心动过速、易疲劳共 8 个条目。

(3)精神运动性障碍，包含精神运动性抑滞和激越 2 个条目。

(4)抑郁的心理障碍包含思维混乱、无望感、易激惹、犹豫不决、自我贬值、空虚感、反复思考自杀和不满足共8个条目。

SDS 每条文字及所希望引出的症状：

①我感到情绪沮丧，郁闷（忧郁）。

②＊我感到早晨心情最好（晨重夜轻）。

③我要哭或想哭（易哭）。

④我夜间睡眠不好（睡眠障碍）。

⑤＊我吃饭像平时一样多（食欲减退）。

⑥＊我的性功能正常（性兴趣减退）。

⑦我感到体重减轻（体重减轻）。

⑧我为便秘烦恼（便秘）。

⑨我的心跳比平时快（心悸）。

⑩我无故感到疲劳（易倦）。

⑪＊我的头脑像往常一样清楚（思考苦难）。

⑫＊我做事情像平时一样不感到困难（能力减退）。

⑬我坐卧不安，难以保持平静（不安）。

⑭＊我对未来感到有希望（绝望）。

⑮我比平时更容易激怒(易激惹)。

⑯＊我觉得决定什么事很容易（决断困难）。

⑰＊我感到自己是有用的和不可缺少的人（无用感）。

⑱＊我的生活很有意义（生活空虚感）。

⑲假若我死了别人会过得更好（无价值感）。

⑳＊我仍旧喜爱自己平时喜爱的东西（兴趣丧失）。

结果分析：指标为总分。将20个项目的各个得分相加，即得粗分。标准分等于粗分乘以1.25后的整数部分。总粗分的正常上限为41分，标准总分为53分。

抑郁严重度＝各条目累计分/80

结果：0.5以下者为无抑郁，0.5～0.59为轻微至轻度抑郁，0.6～0.69为中至重度，0.7以上为重度抑郁。

(三)焦虑自评量表(SAS)

1. 测验简介

(1)测验材料。焦虑自评量表(SAS)由张(W. K. Zung)于1971年编制。本量表含有20个反映焦虑主观感受的项目，每个项目按症状出现的频度分为四级评分，其中15个为正向评分，5个为反向评分。

(2)适用范围。本量表可以评定焦虑症状的轻重程度及其在治疗中的变化，适用于具有焦虑症状的成年人。主要用于疗效评估，不能用于诊断。

2. 施测步骤

(1)在自评者评定以前，一定要让他把整个量表的填写方法及每条问题的涵义都弄明白，然后作出独立的、不受任何人影响的自我评定。其评分标准为："1"表示没有或很少时间有；"2"是小部分时间有；"3"是相当多时间有；"4"是绝大部分或全部时间都有。

(2)评定的时间范围是自评者过去一周的实际感觉。

(3)如果评定者的文化程度太低，不能理解或看不懂SAS问题的内容，可由工作人员逐条念给他听，让评定者独自作出评定。

(4)评定时，应让自评者理解反向评分的各题，SAS有5项反向项目，如不能理解会直接影响统计结果。

(5)评定结束时，工作人员应仔细检查一下评定结果，应提醒自评者不要漏评某一项目，也不要在相同一个项目上重复评定。

3. 测验记分及结果解释

若为正向评分题，依次评为粗分1、2、3、4分；反向评分题(下文带*条各项目的计分，必须反向计算)，则评为4、3、2、1分。与SDS一样，20个项目得分相加即得粗分(X)，经过公式换算，即用粗分乘以1.25以后取整数部分，就得标准分(Y)。按照我国常模结果，SAS标准分的分界值为50分，其中50~59分为轻度焦虑，60~69分为中度焦虑，69分以上为重度焦虑。

4. 相关知识

焦虑自评量表由W. K. Zung于1971年编制。从量表结构的形式到具体评定方法，都与抑郁自评量表极为相似，用于评定病人焦虑的主观感受及其在治疗中的变化。

SAS适用于具有焦虑症状的成年人，它与SDS一样具有广泛的应用性，SAS能够较好地反映有焦虑倾向的神经病患者的主观感受；而焦虑则是心理咨询中较为常见的一种情绪障碍，因此，SAS可作为咨询门诊中了解焦虑症状的自评工具。以下为SAS的条文及其所希望引出的症状：

(1)我觉得比平时容易紧张和着急(焦虑)。

(2)我无缘无故地感到害怕(害怕)。

(3)我容易心里烦乱或觉得惊恐(恐惧)。

(4)我觉得我可能将要发疯(发疯感)。

(5)*我觉得一切都很好，也不会发生什么不幸(不幸预感)。

(6)我手脚发抖打颤(手足颤抖)。

(7)我因为头疼、头颈痛和背痛而苦恼(头疼) 。

(8)我感到容易衰弱和疲乏(乏力)。

(9) *我觉得心平气和，并且容易安静坐着(不能静坐)。

(10)我觉得心跳得很快(心悸)。

(11)我因为一阵阵头晕而苦恼(头晕)。

(12)我有晕倒发作或觉得要晕倒似经历(晕厥感)。

(13) *我呼吸、吸气都感到很容易(呼吸困难)。

(14)我手脚麻木和刺痛(手足刺痛)。

(15)我因为胃痛和消化不良而苦恼(胃痛和消化不良)。

(16)我常常要小便(尿频)。

(17) *我的手脚常常是干燥温暖的(多汗) 。

(18)我脸红发热(面部潮红)。

(19) *我容易入睡，并且一夜睡得很好(睡眠障碍) 。

(20)我做噩梦(噩梦)。

5. 注意事项

由于焦虑是神经症的共同症状，故 SAS 在各类神经症鉴别中作用不大。关于焦虑症状的临床分级，除参考量表分值外，主要还应根据临床症状，特别是要害症状的程度来划分，量表总分值仅能作为一项参考指标而不是绝对标准。

六、应急与相关问题评估

(一)生活事件量表(LES)

1. 测验简介

(1)测验材料。生活事件量表有多个版本，本单元介绍使用的是由杨德森、张亚林1986 年编制的生活事件量表。LES 共 48 条我国较常见的生活事件，包括三方面的问题。一是家庭方面(28 条)，如恋爱、婚姻、夫妻子女关系等；二是工作学习方面(13 条)，如晋升、高考、学习压力、退休等；三是社交及其他方面(7 条)，如民事纠纷、财产损失、意外事故等。LES 适用于 16 岁以上的正常人、神经症、身心疾病、各种躯体疾病患者以及自知力恢复的重性精神病患者。

(2)施测步骤。LES 属于自评量表，填写者需要仔细阅读和领会指导语，然后逐条过目。根据调查者的要求，填写者首先将某一时间范围内的事件记录下来，然后由填写者根据自身实际感受，去判断那些经历事件对自身的影响程度、持续时间等，对于表上已列出但未经历的事件，应一一注明未经历，不留空白。

(3)测验记分。一次性的事件如“病伤”“离家出走”要记录发生次数，长期性事件如“住房拥挤”“夫妻感情不和”等按持续时间计次，不到半年记为1次，超过半年记为2次。影响程度从“毫无影响”到“影响极重”分别记0、1、2、3、4分，即无影响 =0分、轻度 =1分、中度 =2分、重度 =3分、极重 =4分，共分为5级。影响持续时间分4个等级，三月内记1分，半年内记2分，一年内记3分，一年以上记4分。

生活事件刺激量的计算方法：

某事件刺激量 = 该事件影响程度分 × 该事件持续时间分 × 该事件发生次数

正性事件刺激量 = 全部好事刺激量之和

负性事件刺激量 = 全部坏事刺激量之和

生活事件总刺激量 = 正性事件刺激量 + 负性事件刺激量

如有研究需要，还可按家庭问题、工作学习问题和社交问题予以分类分别进行统计。

(4)结果解释。LES总分越高则反映个体所承受的心理压力越大。95%的正常人一年内的LES总分不超过20分，99%的不超过32分。负性生活事件的分值越高对身心健康的影响越大，正性生活事件分值的意义尚待进一步的研究。

2. 相关知识

使用“生活事件量表”的目的是对精神刺激进行定性和定量。生活事件对身心健康的影响日益受到人们的重视，并促进了医学模式的转变。许多研究报告了生活事件与某些疾病的发生发展具有显著相关关系。可是，大多数这类研究的结果不尽一致，甚至相互矛盾。原因是多方面的，生活事件的评定问题就是其中之一。

在研究生活事件评定的初级阶段，人们只注重那些较重大的生活事件，因而只统计某一段时期内较大事件发生的次数。次数越多，表示遭受的精神刺激越强。这种评定方法非常简单，不足之处是显而易见的。不同的生活事件引起的精神刺激可能大小不一，丢失一件衣物与经历一场浩劫是不能等量齐观的。于是人们相信，每种生活事件理应具有其“客观”的刺激强度。从20世纪60年代起，人们对各种生活事件的“客观定量”有了较多的研究兴趣。其中最有代表性的人物是美国的T. H. Holmes。他和Rahe于1967年编制了著名的“社会重新适应量表”(socia1 readjustment rcale，SRRS)。SRRS的理论假定是：任何形式的生活变化都需要个体动员机体的应激资源去作新的适应，因而产生紧张。SRRS的计算方法是在累加生活事件次数的基础上进行加权计分，即对不同的生活事件给予不同的评分，然后累加得其值。SRRS加权的依据来自一个5000人的常模。在制定常模时，Holmes等事先规定“丧偶”为1000分，“结婚”为500分，让被调查者以上述两事件的评为标准，按自己直接或间接的经验去评估其他种种生活事件的分数。然后求得每种事件(5000 人)的平均值，将均值除以 10，再取其整数作为该事件的标准化计分。SRRS 选用了调查中发生频率较高的 43 项生活事件。SRRS 在一定程度上反映了美国当时社会生活的实际情况，是科学地、客观地评定生活事件的开端。SRRS 被推广到许多国家，再研究的结果显示相关系数多在 0. 85 ~ 0. 99，被公认为评定生活事件的有效工具，甚至有人认为可以作为标准以检测其他生活事件量表的效度。

我国于 80 年代初引进 SRRS，使用者们根据我国的实际情况对生活事件的某些条目进行了修订或删增。有的将百分制改为十分制，有的则沿用 Holmes 的计分方法。这些生活事件量表的基本理论、计算方法均与 SRRS 类似，故它们与 SRRS 的一致性较高(r =0. 643 ~ 0. 887)。

SRRS 及其类似的修订版比较适用于研究生活事件的客观属性和某一群体的价值取向。如果用于对个体精神刺激的评定或对生活事件致病作用的研究，尚有一些没有解决的问题。

问题一，同一生活事件在不同的性别、年龄、文化背景，乃至同一个体的不同时期都可能具有不同的意义。生活事件即便是一种客观存在，但要成为精神压力尚须经过个体的主观感受。精神刺激的强度一方面受到生活事件本身的性质、特点的影响，另一方面更受到个体的需要、动机、个性、既往经历以及神经生物学特性的影响制约。例如，一般而言中年丧妻乃人生之一大不幸，然而对于夫妻情感弥佳或早已另有新欢的男子来说，这一精神刺激的性质和强度会迥然不同。如果不加分辨地按常规二人各记上 100 分，与实际情况便相差甚远。国内一个研究的结果表明，年龄就是一个重要的影响因素。不同年龄阶段的人对同一生活事件的感受差别很大，对 80% 的生活事件条目的评估竟有显著性差异，可以说，不管人们对某一事件的看法与客观实际是否一致，也不管是什么因素影响了他们对事件的认识、判断和评价，唯有个体实际感受到的精神紧张才对健康构成真正的威胁。

问题二，SRRS 假定生活事件不管属于积极性质或消极性质，都会造成精神紧张。而人们发现，消极性质的生活事件与疾病最为相关，而中性或积极性质的生活事件的致病作用却并不明显。

基于上述两方面的原因，个体的精神刺激评定不宜使用常模的标准化计分，而应分层化或个体化。并应包括定性和定量评估，以分别观察正性(积极性质的)、负性(消极性质的)生活事件的影响作用。按照这种新的构想，“生活事件量表”(life event scale，LES)诞生。

3. 注意事项

(1)注意调查的事件范围，只记研究所规定的时限内(通常是一年)发生的生活事件。在指导语中，加以说明，如过去三个月、半年或一年内曾经发生下列事件。

(2)为保证该生活事件在评定要求的时限内，对每项作肯定回答的事件，还要让受测者说明具体的发生时间，以便核查。

(3)一般应向受测者本人进行调查，如果从知情者那里获得资料，应说明资料来源、知情者和受测者的关系。评定中应采取询问法，如果是让受测者自行填写，也应在备注中说明。

(二)SSRS 社会支持评定量表

1. 测验材料介绍

(1)测验简介。SSRS 是肖水源等心理卫生工作者根据我国的实际情况，在借鉴国外量表的基础上，自行设计编制的量表。该量表以社会支持与身心健康的关系为理论指导，根据被测者的社会支持情况，对形成被测者心理障碍的社会环境原因做出可能性推测。

(2)适用范围。适用于 14 岁以上各类人群的健康测量，测验结果还可以作为影响因素引入心理障碍、疾病的成因研究中。

(3)测验记分。第 1~4，8~10 条：每条只选一项，选择 1、2、3、4 项分别计 1、2、3、4 分；第 5 条分 A、B、C、D 四项计总分，每项从“无”到“全力支持”分别计 1~4 分；第 6、7 条如回答“无任何来源”则计 0 分，回答“下列来源”者，有几个来源就计几分。

社会支持评定量表的统计指标分总分和维度分。总分即十个条目计分之和，维度分又分客观支持分(2、6、7 条评分之和)、主观支持分(1、3、4、5 条评分之和)、对支持的利用度(第 8、9、10 条评分之和)三个维度。

2. 相关知识

许多社会心理因素的定量研究表明，社会心理因素对人的精神和躯体健康有明显的影响。同时也发现，社会心理刺激与健康的关系非常复杂，并受许多因素的调节和影响。如在同样的性质、同样大小的刺激作用下，有的人可能出现严重的身体损害，有的人产生较轻的适应困难，有的人则安然无恙。

在对社会心理刺激致病的调节因素中，最受重视的是社会支持、应付方式等。就社会支持而言，有不少研究发现，社会支持可缓冲社会心理压力，从而起到预防或减轻疾病作用。社会支持的近义词有：社会纽带、有意义的社会接触、密友的可获得性、社会联系及人的友谊关系等。社会支持大致可分为两类：

(1)客观的、实际的、可见的支持。包括物质上的直接援助和社会网络，如家庭、婚姻、朋友、同事或组织、团体的交际等所获得的程度。

(2)主观的、体验到的或情绪上的支持。指个体受到社会的尊重、被支持、被理解的情绪体验和满意程度。

趣味延伸:

枚乘巧医太子——心理治疗

枚乘，字叔，西汉淮阴人。历来史学界因其直言上书劝阻吴王刘濞的作乱而视之为政治家，文学界因其创作文采飞扬的汉赋九篇(其中尤以《七发》为代表作)而视之为文学家。但很少有人知道枚乘还是一位成功的心理咨询医师。他在《七发》中写的通过心理疏导治愈了体弱而又讳疾忌医的楚太子的疾病是临床心理上一个成功的范例。

楚太子因长期享受腐朽糜烂的内宫生活而卧床不起，枚乘去探访他，此时的太子得了病却不愿意治疗。然而枚乘毕竟了解太子得病的底细，也有了说服太子治病的方法，于是他先直接指出太子得病的原因是:“恋洒于享受，日夜无度，造成邪意侵袭在体内部结，于是神思恍惚，犹如酒醉，如长此下去则必命送黄泉。”

病情摸准方才能够予以治疗。然而枚乘知道对一个病程长又讳疾忌医的太子的治疗必须要建立在双方认同的基础上，不指出病的危害治不了病，而一蹴而就也不现实，于是他逐惭引导，让太子自己认识疾病的危害，逐渐意识到治病的重要性，直至他完全配合医生的治疗、听从医生的劝告。

他向太子指出了过度享受的危害，如出入乘车过度会导致腿脚麻痹不能行走，久居深宫不见阳光会导致寒气郁结;纵欲无度的性生活无异于消耗自己的生命;饮食过度无异于灌下一次次的毒药。这入情入理的疏导使太子不由得不信。

接着枚乘进一步树立了太子治病的信心:“你的病无需任何药物，只要通过心理疏导便可治愈。”太子连忙让枚乘快说说治病的办沾，此时的太子终于表现出了治病的急切愿望。

双方的认同，病人的企盼成了病愈的起点，于是枚乘把治病的办法一一道来。他劝太子走出深宫，拥抱大自然，听田间村夫的民歌，吃粗饭谈菜，进行锻炼和运动，陶冶情趣，这样所有的疾病都会一扫而光。

太子惭听渐信，越听越觉得是这么回事。当枚乘欲奏圣贤之士的健身要言妙方时，太子已经从久卧的床上起来了，并且出了一身的汗，病也就痊愈了。

在运用心理学方法进行治疗时、应当注意下面几个问题:

(1)要对心理治疗充满信心。你可以先不去考虑它们的疗效究竟如何，但是确信试试看总会有益无害，这样的自我暗示作用本身就是心理治疗。

(2)坚持“治疗”下去，持之以恒，不要因为很快就收到疗效而停止，也不要因为还看不出成效就中断。坚持本身可以使你磨炼意志。它本身也是心理治疗。

(3)如果某一方法收效不大，或看不出什么显著的效果，那就不妨改用另一种方法，也可以几种方法交替运用、或者同时使用。

此外，我们在对别人进行心理治疗时，要注意：

如果你扮演“医生”的角色，对你的朋友、伙伴、亲人进行心理治疗时，你就要让对方对你产生信任感、亲切感和安全感，你首先应该设法使他们增强治愈的信心和决心，对他们多加体贴和鼓励，在相互思想沟通交流的气氛中进行。俗话说：“心病还需心药医。”对于心理疾病患者，除了适当用药之外，还要有针对性地做好他们的思想工作，帮助他们用自己的意志和理智去战胜疾病。无论是谈话，还是帮助他们采用一些具体的心理治疗时，从语言到表情，都要避免种种不良的暗示。既不能急躁、急于求成，也不要厌烦、灰心丧气。只有这样，才能收到理想的治疗效果

——锦州博佳机器人俱乐部，2013

第四章 团体心理辅导

想试着回答一下吗

- 团体心理辅导是什么？
- 团体心理辅导，团体心理咨询，团体心理治疗这三个概念之间存在的区别和联系？
- 团体领导者是什么样子的？
- 领导者有什么职责和任务？
- 团队心理辅导有哪些技术？
- 团队心理辅导的技术怎么实行？
- 怎么制订团队心理咨询方案？
- 有哪些典型的团队心理咨询方案？
- 团队心理辅导评估有哪些要素？
- 团队心理辅导评估有哪些典型模式？

……

第一节 团体心理辅导概论

一、团体心理辅导、团体心理咨询与团体心理治疗的概述

(一)团体的定义

团体，也称小组、群体，是在一定的目标引导下，两个及两个以上的人通过某种方式而结合在一起的集合体。通过成员之间的互动，满足成员一定的心理需求的组织。具体可以从四个方面来理解：

(1)团体是一种有序的组织。团体并不是一群人的简单组合，而是具有一定的组织结构。在大部分团体中，成员之间的关系是稳定且有序的。团体的组织性取决于团体

角色、团体规范和成员间关系这三个基本要素。每个成员在团体中都在扮演着一定的角色，如领导者、追随者、沉默者、攻击者等。团体规范则是成员都必须遵守的行为准则，它保证了团体目标和团体利益的实现。团体成员之间的关系是一种人际关系，实质上是其心理关系的反映，它对团体功能与效率产生直接或间接的巨大影响。

(2)团体必须有一个共同的目标。团体通常是为了一定的目的而存在的。成员聚集在一起，去完成他们独自一人时没有办法完成的某种工作。在团体实现其目标的过程中，成员共同解决问题、分享观念、切磋技艺、创造生产、寻找乐趣，以及满足个人的归属感、安全感、自尊感和爱的需要。

(3)团体成员之间具有互动性。团体成员借助语言、非语言方式相互交流和分享彼此的感受。互动是团体达到目标的重要条件，它促成了个人对自己和对他人的觉察，并从中学习、支持、反馈而实现自我的成长。

(4)团体具有整体感。团体中的每个成员应认为自己是团体的一分子，要与团体休戚相关，荣辱与共。团体不是个体的简单集合，而是成员之间互相依存的共同体。

(二)团体心理辅导、团体心理咨询和团体心理治疗的定义

团体心理辅导、团体心理咨询和团体心理治疗这三种运作方式有联系也有区别。三者的联系表现在遵循的理论与使用的方法相似，其功能有着部分的重叠，只是服务的对象、介入的层面等不同，对团体领导者的学术背景和要求也不同。

1. 团体心理辅导

团体心理辅导(group psychotherapy counseling)是相对于一对一的个体心理辅导而言的，它是在团体情境下进行的一种心理辅导形式，以团体为对象，运用适当的辅导策略与方法，通过团体成员间的互动，促使个体在交往中通过观察、学习、体验，认识自我、探讨自我、接纳自我，调整和改善与他人的关系，学习新的态度与行为方式，激发个体潜能，增强适应能力的助人过程。

团体心理辅导主要强调的是在认知或知识层面的功能，主张用间接的方法来改变人的思想或行为。它的主要目标是资料的提供或知识的获得，以作为个人拟订计划或做决定的参考，其功能是属于预防性和发展性的。在学校心理健康教育中团体心理辅导主要是用来预防问题的发生，其内容主要包括心理健康知识与方法的教育和学生个人发展与职业选择等。学校团体心理辅导多以班级为单位，在心理健康教育课和活动课中实施，一般30~40人。通常由辅导老师或班主任指导，重点放在要探讨的主题上，而主题一般是学生们共同关心或要面对的。使用的技术讲解、讨论、电影、幻灯片、闭路电视、学生报告、专题演讲和座谈等方法，与一般教学技术相似。

2. 团体心理咨询

团体心理咨询(group counseling)的对象一般是具有暂时性或持续性心理困扰的人，

咨询的目标是提升或改变团体成员的思想、观念、态度或行为。团体心理咨询同时具有预防性、发展性和矫治性的功能。团体心理咨询所强调的不只在认知或知识的层面，而是大量情感的介入，主张用直接的方法来改变团体成员。所以团体心理咨询非常注重团体过程、团体动力、咨询技术及引导技巧等，以帮助成员作深入的自我探索，解决他们在生活、学习、交友、感情、择业等方面的困扰。一般而言团体心理咨询属较专业的范畴，必须由受过专业训练、能用途的咨询员来带领，以短期的方式在学校心理健康教育机构实施，且人数不宜过多，原则上是6~8个人。

3. 团体心理治疗

团体心理治疗(group psychotherapy)是在一个正式组成且受保护的团体中进行，其治疗的方式是经由特别的设计且是在控制下的互动行为，旨在协助成员人格和行为上的改变。团体心理治疗的对象非一般正常人，而是有严重情绪问题的患者，如焦虑症、抑郁沮丧者等，因此，必须由心理治疗师来主持进行矫治。团体心理治疗尝试让患者再度去经历过去痛苦的情境或创伤性的经验，然后帮助他们重建外在的支持系统及学习适应行为，重新获得洞察事物的能力来面对现实。团体心理治疗技术偏重针对过去潜意识的思想、情绪作深入的心理和行为的解析，且必须是在医疗机构中作较长期性的治疗。

(三)团体心理辅导、团体心理咨询和团体心理治疗的联系与区别

严格来讲，团体心理辅导、团体心理咨询与团体心理治疗本质上没啥重大区别，操作中又有许多相似之处，可以认为它们也是一个连续体，其中辅导和咨询关注那些基本上是正常的人，而心理治疗关注的是那些不正常和情绪受到严重困扰的人。从罗杰斯(C. R. Rogers)开始，已将心理咨询与心理治疗两个名词交替运用。但是，在实践中如果注意到团体心理咨询与团体心理治疗的差异，即参加者所具有的问题深度不同，那么在设计团体进行的方案、选择相应的团体活动时，就可以考虑得更加周到。表4-1和表4-2比较清楚地描述了三者的共同点及区别。

表4-1 团体心理辅导、团体心理咨询与团体心理治疗的共同点

目的	虽然各种团体目的所强调的重点有所不同，但是所有团体工作的目的均在于预防个人社会功能的缺失，提供个人需要的资源，协助个人善用其长处，充分发挥功能，也协助功能受损者康复
知识与理论的应用	虽然不同的团体工作所依据的理论重点和应用有所不同，但是所有团体工作都应用小团体理论作为发展团体、领导、问题解决等的依据
问题解决	虽然不同的团体工作其团体问题不同，面对团体的角度也可能有些不同，但是所有团体工作者均有一个问题作为焦点的共同特征
介入方式与技术	不同团体工作者常运用许多相似的介入处理方式和技术，如都使用催化团体过程、增进成员情感表达的策略、角色扮演、行为预演等技术

注：引自Carvin，1997。

表 4-2　团体心理辅导、团体心理咨询与团体心理治疗的区别

项目	团体心理辅导	团体心理咨询	团体心理治疗
对象	正常人	正常人	患者
目标	知识、信息的获得	促进想法、情绪、态度行为的改变	人格重建、人格改变和治疗
功能	预防性、发展性	预防性、发展性、矫治性	矫治性、临床性
领导者	老师或咨询员	咨询员	心理治疗师
行为层面	意识的认知活动	意识、情绪问题和行为	意识及潜意识的心理、思想情绪问题和行为
动力过程	不太重视团体动力	非常重视团体过程与动力	重视团体过程与动力
方法	一般教学活动技术，传授知识、提供资料	咨询技术、引导探索、自我觉察	治疗技术以分析、解释行为
人数	以班级人数为原则	6～12 人	以人数少为原则
实施地点	学校、机构	学校心理健康教育机构、社区等	医疗诊所、医院心理科
实施时间	定期	短期文献	长期

资料来源：李郁文著．团体动力学：群体动力的理论、实务与研究．台北：桂冠图书股份有限公司，2001。

二、团体心理咨询的概述

(一)团体心理咨询的定义

团体心理咨询是在团体情境下进行的一种心理咨询形式。它是通过团体内人际交互作用，促使个体在交往中通过观察、学习、体验、认识自我、探讨自我、接纳自我等途径，调整改善与他人的关系，学习新的态度与行为方式，以发展良好的适应的助人过程。团体心理咨询的特色在于培养人的信任感和归属感、由对团体的信任到信任周围的其他人，由对团体的归属感扩大到对学校、社会及国家的认同感和归属感。

团体心理咨询较之于一对一的个别心理咨询而言，受益面广泛，可操作性强，节约资源，受到越来越多的学校、企业、社区的青睐。团体心理咨询的优越性在于将团体当做一个微型的小社会，为那些在现实生活中受到挫折、压抑的成员提供了一个宽松的环境。在这个充满理解与支持的团体氛围中，参与者愿意尝试各种选择性的行为，探索自己与其他人相处的方式，学习有效的社会技巧；团体成员之间能讨论他们彼此之间的相互察觉，并获得其他成员在团体中对其察觉的反馈，使之通过别人的观点来审视自己。团体心理辅导可用来满足各种特殊群体的需要，可谓是当代发展最为迅速

的心理咨询和治疗的形式之一。

（二）团体心理咨询的特点

1. 团体心理咨询的优点

就团体心理咨询而言，它的特点是相对于个别咨询而言的。团体心理咨询充分重视与利用人类的乐群性本质特征，应用范围广泛，是一种最经济、最有效的方法。团体心理咨询与个体心理咨询相比具有 4 个优势：

（1）团体心理咨询感染力强。个别心理咨询的过程是咨询师与来访者之间单向或双向沟通的过程，而团体心理咨询是多向沟通过程。在团体心理咨询活动中，每个成员都围绕着同一个主题表达、分享、演练，每个人均等地享有参与的权利和自由。所以，某个成员观念的改变、情感的迁移、习得的新的行为方式可能来自于团体中的任何他人。同时，领导者适时的引导与强化，可以保证成员认知、情感、意识的改变不是随意的，而是促进良好适应与发展的。

（2）团体心理咨询效率高。个别心理咨询是咨询师与来访者一对一进行帮助指导，每次咨询面谈需要花 50 分钟到 1 小时的时间，而团体心理咨询是一个领导者对多个团体成员，即一个领导者可以同时指导多个来访者，增加了咨询人数，以节省咨询的时间与人力。正如雷因（J. L. Rinn）所言“团体心理咨询似乎是在为咨询作用提供一个服务，这个服务当然较两个人对谈要节省许多时间和人力，虽然有些学校夸大了团体心理咨询计划的成就，并且还有些人决定了团体心理咨询的方法。”团体心理咨询符合经济的原则，提高了咨询的效益。

（3）团体心理咨询效果容易巩固。团体心理咨询创造了一个类似真实的社会生活情境，为参加者提供了社交的机会。由于在日常生活中，我们带着各种人格面具，且无法得到自己言行的正确反馈，所以这种良好的互动的学习恰恰是在日常生活中无法习得的。我们知道，成员在团体中的言行往往是他们日常生活行为的复制品。在充满信任的良好的团体气氛中，通过示范、模仿训练等方法，参加者可以尝试与他人建立良好的人际关系。如果在团体中能有所改变，这种改变会延伸到团体之外的现实生活中。也就是说，实践的结果容易迁移到日常生活中去。

（4）特别适用于人际关系适应不良的人。团体心理咨询对于人际关系适应不良的人有其特别的作用。一般的青少年缺乏社会化的经验，在学校或社会里常发生人际关系方面的冲突或躲避与人接触，可以受惠于团体心理咨询。那些长年与同学、同事不能相处的人，也可经由团体心理咨询来改善人际关系的适应。有些人因为缺乏客观的自我评价、缺乏对他人的信任、过分依赖或过分武断，难以与他人建立和保持良好的、协调的人际关系，也可以通过团体心理咨询矫正。

一系列的实践也向我们证明，团体心理咨询受益面广，每个成员都有机会得到他人的帮助，并帮助和影响他人，在大组分享过程中，这种交流和帮助的作用不断放大。团体心理咨询为我们创造了一种类似真实社会生活的情境，这种情境源于成员的社会生活，但又高于现实社会生活，也优于现实社会生活。因为这种情境中没有竞争的烦恼，气氛和谐、轻松；充满爱，人人平等；在这种平等又充满信任和友爱的环境中，即使适应不良的个体，也会尝试借模仿、示范、训练、角色扮演等方法，尝试与其他成员建立友谊。离开团体，回到现实生活中，必然能将自己尝试和历练到的思维方式、行为方式、交往方式延伸到生活中其他的方面，从而能够在现实生活中更好地学习和工作。

2. 团体心理咨询的局限性

如上所述，团体心理咨询有优越于个别咨询的地方，在咨询中有非常重要的作用。特别对于人际关系适应不佳的人有特殊用途。但任何事物都有其长处及局限性，团体心理咨询也不例外。

清华大学教授樊富珉概括了团体心理辅导的六大局限性，包括：第一，个人深层次的问题不易暴露。第二，个体差异难以照顾周全。第三，有的成员可能会受到伤害。第四，在团体心理咨询过程中获得的一些关于某个人的隐私，事后可能无意中泄露，会给当事人带来不便。第五，团体心理咨询对领导者要求高，不称职的领导者带领团体会给成员带来负面影响。第六，团体心理咨询并非适合任何人，那些社交障碍者极端内向、害羞、自我封闭，不宜参加。

要使团体心理咨询的优点充分发挥，局限性降至最低，可以采取一些相应的措施。例如，参加者要有充分的心理准备；领导者要掌握团体心理咨询的理论与技巧，充分尊重每一位成员；团体开始前要有明确的纪律等。

（三）团体心理咨询的分类

关于团体心理咨询的分类尚无统一标准，各专家侧重点不一样，提出的分类意见不统一。目前大概有几种意见：有按团体心理咨询采用的理论进行分类，或按团体心理咨询的目标来分类，也有按活动方式分类，还有提出按团体规模和成员组成来分类。其实这些分类相互之间均有交叉。

1. 按团体心理咨询的目标分类

（1）发展性团体心理咨询。发展性团体心理咨询是应用最为广泛的团体心理咨询形式，特别在学校教育中开展发展性团体心理咨询效果甚佳。发展性团体心理咨询的主要目的是通过成员的主动参与，行为互动和分享找到大家共同的兴趣和需要，使成员之间加深了解，促进共情，共同学习并讨论面对的发展难题，达成共识，促进成员间互相学习和互相借鉴，取长补短，迈向新的成长。发展性团体心理咨询有广阔的前景，可以适用于解决个人发展中各阶段的问题，会越来越受到教育工作者、社区工作者乃至医务工作者青睐。

(2)训练性团体心理咨询。训练性团体心理咨询重视人际关系技巧的训练和培养，强调通过团体成员相互作用的体验，提高对自己、他人及团体的理解和洞察能力，并训练帮助成员学习如何有效交往、解决问题、做决定、表达自己的意见等处理人际关系的能力。参加者希望提高人际交往能力，建立和谐人际关系。如社交技巧培训营、敏感性训练小组等。

(3)治疗性团体心理咨询。治疗性团体心理咨询是借助情绪宣泄、自我了解、人际学习、情感支持、认同、指导、共情、学习新的技能等治疗因素让有类似心理或行为疾病患者进入团体，在平等、尊重气氛中降低心理防御，充分暴露自己的病况和病根，宣泄痛苦、愤怒、沮丧、焦虑、抑郁情绪，倾诉自己的问题给自己、家人带来的痛苦，治疗师抓住患者的理想和希望，强化其动机，再借团体支持，相互勉励、治疗师的忠告、建议、强化责任，增强成员成功的效能感，自愿革除病态行为。通过模仿、示范、阳性强化和技能训练，帮助成员学习新的行为，创造新的生活。

2. 按团体规模与成员结构分类

按照团体心理咨询的结构化程度可以分为结构式团体心理咨询与非结构式团体心理咨询。

(1)结构式团体心理咨询。结构式团体心理咨询是事先有明确的主题，有充分的准备，包括场所、道具、资料、经费预算、活动计划和培训领导者，等等。这类心理咨询经实践经验证明，对大、中学生开展特别有成效。

(2)非结构式团体心理咨询。非结构式团体心理咨询不同于结构式团体心理咨询，这种类型的团体心理咨询不安排有程序的固定活动。这种团体心理咨询活动自由度大、团体比较松散，适合成年、心理较成熟又有较丰富生活经历者，表达能力好、理解能力强的个人。

3. 按成员的固定程度分类

(1)封闭式团体心理咨询。封闭式团体心理咨询要求成员从开始直至团体活动结束都不变换。这样的团体心理咨询，成员从导入阶段的书面承诺、到活动过程中的家庭作业、活动结束后的巩固团体心理咨询成效的聚会都一一参加，按预先的计划参加了系统的团体活动，显而易见，对于实现团体心理咨询的目标是积极有效的。

(2)开放式团体心理咨询。开放式团体心理咨询成员不固定，老成员可能间断活动，也有可能有新成员加入，这种方式可能会使得新老成员不能有连续性地实施全部心理咨询计划，学到的东西支离破碎、残缺不全，而且给领导者的工作也带来很大的困难。因此，开放性的团体心理咨询不太适合在高校开展。开放性团体心理咨询适合于社区教育中，以解决一般的人际沟通、情绪困扰较为适宜。

4. 按成员类型分类

(1)同质性团体心理咨询。同质性团体心理咨询指成员的年龄、社会角色、文化程度、生活空间以及所要解决的问题具有相似性，大学生的团体心理咨询大多属这种类型。由于目标一致，成员有共同的需要，易于相互理解、沟通，心理容易引起共鸣，团体心理咨询成效较高，而且也易巩固。另外，因为学生的可塑性较大，易接收新的观念，所以此类团体心理咨询收效甚好。

(2)异质性团体心理咨询。异质性团体心理咨询的成员个人条件与面对的问题均有明显差异。由于成员的社会背景、年龄、文化程度、个人心理需要差异大，因而对领导者的要求相当高。而且成员对团体的期望也比较高，成员之间也缺乏基本的理解、信任、接纳。这类团体心理咨询适合于解决专题问题或个案问题，因为这种内容的团体心理咨询引导成员以问题为中心，启发成员积极关注问题，从而引起思想共鸣，营造团体和谐氛围，增强团体凝聚力，以助成员应对各种问题。

5. 按照团体心理咨询活动依据的理论分类

团体心理咨询的历史回顾证明，在团体心理咨询中使用频率较高的理论是精神分析理论、行为主义理论、认知—行为主义理论、人本主义理论等。

(1)精神分析理论的团体心理咨询。精神分析团体心理咨询和治疗的目的在于采用自由联想、梦的分析、移情等方法，将小组成员被压抑的情绪、内心的冲突挖掘、宣泄出来，进入意识层面，然后加以疏导，使他们对自身的症状加以领悟。此法能有效而又及时地解除团体成员对自由沟通与交流的抗拒和防御心理，是团体领导者最关键的技能。因为团体心理咨询和治疗的基本环节是引导成员尽可能坦率和不加防御地同团体的其他成员或领导者实现思想与情感上的相互作用。通过这些作用，才有可能对团体中每个成员的思想、情感和行为方式做出判断。在成员们的相互沟通或交往中观察到移情作用、投射作用、引导成员互相解释行为、处理个人和团体的抗拒作用。

精神分析团体心理咨询与治疗通常由 8~10 人组成，每周 1 次，每次 1.5~2 小时，成员围坐在一起谈自己的问题，如自己的感受、联想、愿望等，领导者恰当地做出分析和解释。精神分析团体心理咨询与治疗的适应症主要是神经症和人格障碍。

(2)行为主义的团体心理咨询。行为主义的团体心理咨询与治疗是把行为疗法用于团体心理咨询与治疗，它具有 4 个特征：第一，用具体的行为主义的术语来阐述问题，并确定治疗目标；第二，所有的方法与技术都是针对成员的外部行为或症状本身；第三，对适应不良行为和新行为进行客观的测量与评定；第四，采用学习原则促进团体成员的行为变化。按照行为主义的观点，个体的不适应行为或各种神经症都是个体在其生活环境中习得的错误行为，也可以通过重新学习新的行为而改变或使之消退。在团体心理咨询与治疗中，团体为成员提供更多的机会以提示和激励成员通过模仿、阳性强化或系统脱敏等方法和技术，改变不适应行为，学习新行为。这种作用不仅来源于领导者，也来自于成员之间相互作用，这种社会环境的强化作用比个别行为治疗更有效。

(3)认知—行为的团体心理咨询。认知—行为的团体心理咨询与治疗是将认知疗法与行为疗法相结合，运用于团体心理咨询和治疗，帮助团体成员从认知着手，获得情感、态度、行为方面的改变。认知—行为疗法的理论认为，个体的心理障碍和行为问题产生并不在于他们遇到的问题本身，而在于错误的思维方式以及对现实的错误的感知。因此，只有帮助成员改变各种错误认知形成的错误信念，才能改变不适应的行为，恢复理智的行为。

(4)人本主义的团体心理咨询。人本主义的团体心理咨询与治疗，是美国人本主义心理学家罗杰斯倡导并首创的团体心理咨询和治疗方法，它的理论基础是罗杰斯的个人中心疗法理论。他于1946—1947年与他的同事用“会心团体”的形式培训心理咨询师，并注意到这是一种很有效的方法。他深信每个人都有一种内在的需要，以生长和提高自己，每个人都具备解决自身问题的能力和动机，心理适应不良的人也如此。团体心理咨询的目的是促进个体的成长，包括探索自我、认识自我、建立自信、开发自我成长潜能。团体心理咨询重在创造一种真诚、尊重、平等、信任、理解的关系，或者被他称着“无条件关注”的气氛。使成员不由自主地消除心理防御机制，自愿暴露自己最核心的真实的情感和潜抑的心理，然后接受忠告、肯定、否定、示范、分享，做出新的决定，自愿建立适应性行为、学习新的生活技能，获得成长。

第二节　团体心理辅导的领导者

一、领导者应具备的条件

(一)团体领导者的人格特征

香港中文大学的林孟平(1992)提出，团体领导者应具备11项人格特征，这些特点包括：①认识自己，接纳自己，自爱自信。②敏锐自觉，知觉自己，把握环境。③肯定自我并欣赏自己。④投入并参与，身体力行，以身作则。⑤个人的协调和表里一致，心口如一。⑥愿意做典范，严于律己。⑦愿意接触和面对个人的需要。⑧清楚地了解个人的价值观。⑨信任团体过程的功能。⑩保证自己不断更新经验。⑪个人力量与勇敢，勇于创新。

（二）团体领导者的职业道德

团体领导者在通过团体工作影响人类行为时不可避免地带有道德的意味。团体领导者要对团体成员负责并对团体活动做出反应的职业特点，决定了团体领导者必须对自己行为的意图和背景给予足够的关注。作为团体领导者，应遵循的专业伦理道德标准为：①必须接受系统的团体训练，具有专业的资格。②保护当事人利益不受侵害。③尊重成员参加团体的自愿选择权。④要求个人及团体成员保密。⑤精心选择团体活动方式。

二、领导者的角色与功能

团体心理咨询过程中，领导者的角色是什么？这个问题不同类别的团体心理咨询、不同目标的团体心理咨询有不同的回答。一些学者提出，在团体心理咨询中领导者扮演着多种角色，如领导人、专家、成员、朋友、老师、医生等，这些角色有时是相互矛盾的。

（一）领导者在团体过程中扮演的角色

根据团体心理咨询过程中团体领导者所发挥的作用，可以将他扮演的角色概括如下：

1. 领导者的角色

在团体心理咨询中，领导者必须利用自己的知识和技巧使团体成员通过自己的努力，去实现他们的个人目标。为此，领导者要设计一套团体心理咨询的计划，在团体中提供适当的学习机会、调控团体情境、为团体成员建立新的行为模式、促进信息交流、让成员尽量表达他们的思想、情感和需要。在团体心理咨询过程中，领导者始终把握着团体前进的方向。从活动前的动员和各种准备工作，活动中的启发、动员、鼓励、肯定、引导、忠告，到每次活动的小结，以及所有活动结束时的总结和事后的效果评估、反馈资料收集等都要把握住节奏。

2. 调解员的角色

当团体成员之间在沟通上产生矛盾，或者个别成员出现不遵守团体规范的情况时，团体心理辅导者需要扮演调解人的角色，协助调解这些冲突、矛盾与纷争，以利于团体的良性发展。

3. 教育者的角色

在团体心理辅导过程中，团体心理领导者需要像老师一样，讲解新概念、理论与方法，提供新信息，介绍新价值观，有时还要以身作则为团体参加者做示范，以适应的行为为团体成员提供可模仿的榜样。

4. 好朋友的角色

团体领导者是团体的一分子，应该与其他成员一样积极参与团体的互动，在思想上将自己看成是团体内的一个普通成员，全身心地投入。真诚地聆听他人的表达，细致地观察他人的行为举止，不妄加评判；有时还需要做坦诚的自我剖析，让成员了解自己。在这种团体互动中领导者犹如团体成员的一个知心朋友，通过这种平等的、依赖的、尊重的、亲密的、融洽的氛围的营建，可以减轻成员的心理防卫，让其真实地暴露自己，安全地进行自我探索。

5. 治疗师的角色

在治疗性团体中领导者经常要利用援助技巧、澄清技巧、移情、反移情、阐析、行为改变技术等心理治疗方法协助成员矫正偏差的观念和行为。

6. 代理人角色

在团体心理咨询过程中，领导者经常要代表团体的整体利益去和外界沟通、交流。例如，团体心理咨询时团体成员的生活，如活动器材、活动场地、经费等。另外，当团体需要外出活动时，领导者需要预先联络场地，因而领导者就成了团体的总代理。

由此看来，团体领导者在团体心理咨询中扮演的是多种角色，需要根据团体的性质因时、因地、因环境对团体活动做出灵活地选择，恰到好处地扮演最适宜的角色，做到有所为有所不为，以使得团体心理咨询更好地发展。

(二)领导者的基本态度

领导者在团体心理咨询过程中，还应有些基本的态度：①共情：领导者放下自己的框架，以成员的感受、信念和态度为参考框架去理解、把握成员的感受与体验。然后再把自己的感受传达给成员，让其感觉到自己被接纳。②无条件积极关注：是对求助者的言语和行为的积极面予以关注，从而使成员拥有正向的价值。③真诚：指在咨询过程中，以“真正的我”出现，没有防御伪装等面具。

三、领导者的基本职责

(一)团体心理咨询过程中领导者的职责

在团体心理咨询过程中，领导者应自始至终注意调动团体成员的参与积极性，积极关注团体内每一个成员，仔细观察他们心态和行为的细微变化，激发成员大胆表达自己的希望、意见、看法，鼓励成员相互交流，开放自我、积极讨论，提高大家对团体活动的兴趣。

1. 注意调动团体参与积极性

领导者应积极关注团体内每一个成员，认真观察他们的心态变化，激发成员大胆表达自己讨论的意见、看法，鼓励成员相互交流，开放自我，积极参考，引起大家对团体心理咨询活动的兴趣。

2. 适度参与并引导

领导者应根据团体情境需要，不失时机地变换领导者、调解员、教育家、好朋友、治疗师的角色。在团体形成初期，成员相互尚不了解，团体气氛尚未形成，领导者要以一个成员的身份参与活动，为其他成员做出榜样。当引导成员开始讨论共同关心的问题时，领导者应注意谈话的中心及方向，坚持不偏离团体目标，对不善于表达的成员给予适当的鼓励，适当制止多话的现象，始终把握引导团体活动朝向团体心理咨询与治疗目标方向发展。

3. 提供恰当的解释

在团体心理咨询与治疗中，解释时机要得当，往往先要有成员的独立思考，提出问题，再作解释或讲授。内容要得当，既要讲明要害、基本观念，又不能太繁杂。当成员对某些现象难以把握或对某个问题分歧过大而影响活动顺利进行时，领导者需要提供意见、解释。例如，在以演讲、讨论、总结形式活动的团体内，领导者可在开始时就成员的共同问题进行系统地讲授。在提供解释时应注意表达简洁、通俗易懂、联系实际、深入浅出。

4. 创造和谐的气氛

团体心理咨询与治疗过程中，领导者言传身教，创造团体成员之间互相尊重、互相关心，使团体充满温暖、理解、同情、安全的气氛，在这种气氛中，团体成员可以真实地、毫无顾忌地、坦率地开放自己，在成员彼此接纳的气氛中获得成功。

(二)团体心理咨询过程中领导者应避免的问题

1. 事无巨细、越俎代庖

领导者对团体成员事事不放心，件件都要过问，不仅使成员变得谨小慎微、心理防卫，而且本末倒置、忽略关注成员心理的变化，失去有利把握关键点的时机。事事都要亲自过问，忙于应付，而忽略了冷静观察，细心体会，适当参与。事事包办代替不利于发挥团体其他成员的积极性，包办太多，影响了他们的发展。

2. 权威自居、说教过多

团体领导者是团体心理咨询的领导，是专家，但不能以专家自居，处处按自己的意愿干预团体活动，长官意志。这样干预、那样解释，还打断成员发言，而忽略了团体成员的看法、意见，要发扬民主作风，引导团体成员自我教育、自我启发。说教过多会影响团体成员参与的积极性。

3. 过度自我开放、角色混淆

团体心理咨询与治疗中，有的领导者为了表现真诚、坦率，过分投入，角色混淆，本末倒置，过多自我暴露，结果使团体成员成了听众，占用了团体活动的时间，影响了自身的形象。

四、领导者在不同辅导阶段的任务

作为一个团体领导者，一方面必须清楚自己的职责，同时还要熟悉团体心理咨询发展的各个阶段的特征，知道自己在不同阶段的主要任务是什么，以便自如地引导团体前进、发展。

对于团体心理咨询的阶段的划分，不同的专家学者的意见不统一。现在以 Gerald Corey 团体心理咨询阶段为例，探讨领导者在不同的阶段的任务。

（一）团体前的准备阶段

1. 团体成员的选择阶段及任务

在此阶段，领导者要对团体心理咨询的方案进行一定的规划，并制订一定的方案，使团体心理咨询顺利进行。领导者的首要任务是制订详细的团体心理咨询计划书，对团体心理咨询进行过程可能遇到的问题有一定心理准备，并慎重选择团体成员，形成团体。基本过程如下：①建立一个明确的书面计划，以构建一个团体。②向有关权威人士提交这份计划，得到认可与支持。③公开这个团体，以便向未来的团体成员提供较多的信息。④进行团体前会谈，以完成筛选和适应准备的工作。⑤针对团体成员的选择做出决定。⑥组织开创一个成功的团体所必需的实物细节。⑦如果有必要，必须争得当事人双亲的同意。⑧为团体领导工作做好心理准备，并会晤协同领导者。⑨安排一次预备性团体活动，说明团体的基本准则，使成员做好准备。⑩为取得事先的允诺做好准备。

2. 团体的定向和探索阶段及任务

团体的初期阶段是一个定向与探索的时期：确定团体的结构，互相熟悉、探讨成员的期望。团体成员会习惯性地在刚开始的团体中保持一种所谓的“公众形象”，即成员表现出他们自认为是被社会所接受的各种行为和态度。在团体的定向和探索阶段，领导者的主要任务包括：①告诉团体成员一些积极参与的一般指导原则和方法，以增加成员获得团体收益的机会。②建立一些基本规则和规范。③教导成员有关团体历程的基本原理。④协助成员表达他们的恐惧和期望，努力促进信任感的发展。⑤示范治疗性行为的各种有促进意义的部分。⑥对团体成员坦诚相待，对他们从心理上予以及时反应、关照。⑦澄清责任与分工。⑧协助成员建立具体的个人目标。⑨开诚布公地解决团体成员的担忧和问题。⑩提供一定程度的组织结构，它既不助长成员的依赖性，也不会造成他们不必要的停滞。⑪帮助成员袒露他们对团体中所发生的事情的想法和感受。⑫教给团体成员基本的人际交往技巧。⑬评价团体的需要，促使这些需要得到满足。⑭表达领导者对这个团体的预期和希望。⑮向团体成员说明，他们对团体的发展力向和效果负有责任。⑯保证所有团体成员积极参与团体的互动，避免有些成员感到被排斥。

(二)团体转换阶段

1. 团体成员的转换阶段的特征

该阶段是以成员的焦虑和各种抗拒形式为典型特征的。团体成员往往会表现出：

(1)想知道如果他们增强自我意识，将会怎样看待他们自己。

(2)想知道团体中其他人是接受还是拒绝自己。

(3)挣扎于是否袖手旁观或投入团体中去体验争取控制权的感觉，以及去体验跟其他成员或领导者之间产生的某种冲突。

(4)检验团体领导者和其他成员，以确定团体环境的安全性。

(5)体验到某些争取控制权的努力，以及与其他成员或领导者之间的矛盾冲突。

(6)学习怎样解决矛盾冲突和面质。

(7)感受到不愿全力投入解决自己的个人问题，因为不能确认团体是否关心自己。

(8)观察团体领导者，并评价领导者是否值得信任。

(9)从领导者那里学习如何解决矛盾冲突。

(10)学习如何表达自己，以使他人能够倾听自己的发言。

2. 领导者在转换阶段的任务

在团体转换阶段，领导者需要以一种谨慎敏感的方式，选择恰当时机来采取有效的介入措施，既要给成员提供必要的支持，又要予以适度的挑战。具体包括：

(1)告诉团体成员认识和表达他们的焦虑情绪的重要性。

(2)协助团体成员认识到他们进行自我心理防卫反应的方式，创造一种使他们能在团体中公开处理抗拒的气氛。

(3)注意抗拒的迹象，告诉团体成员有些抗拒是自然的和有益的。

(4)指出那些明显的旨在争取控制的行为，告诉成员如何接受他们对团体的发展方向所要承担的责任。

(5)坦率、真诚地处理任何针对身为一个普通人的你和专业领导者的挑战，为团体成员提供一个榜样。

(6)帮助团体成员处理任何可能影响他们获得自主能力的各种问题和现象。

(三)团体工作阶段

工作阶段是团体成员认识到要对自己生活承担起必要责任的时期，其典型特点是团体探讨重大问题和采取有效行动，以促成成员的理想行为的改变。这时领导者的主要任务是：第一，对所希望的、促进凝聚力的和有效工作的团体行为提供系统的强化。第二，在团体成员的工作中寻找一些具有普遍性的共同主题。第三，继续为成员示范适宜的行为，特别是开心式的面质①，将自我表露对团体的此时此地的感受。第四，对愿意冒险的团体成员提供支持，协助成员将在团体中所学的行为迁移到日常生活之中。第五，在恰当的时机解释行为模式的意义，实现团体成员能够达到更深层次的自我探索，考虑替代性行为。第六，认识到那些具有产生改变作用的治疗性因素，以协助成员完成所希望的情感、思想和行为上变化，来实施处理或介入措施。第七，注重将领悟转化为行动的重要性，鼓励成员实践新的技术。第八，鼓励团体成员牢记并追求他们想从团体中获得的东西。

(四)团体的巩固与终结阶段

1. 团体的巩固与终结阶段的特征

(1)对于团体分离的事实，成员可能会产生一些焦虑和伤感。

(2)预见到团体即将结束，成员往往会出现行为的退缩，不再以高昂的热情参与团体。

(3)团体成员正在决定他们可能采取什么样的行为方案。

(4)团体成员既有某种程度上的分离恐惧，也担心能否在日常生活中运用他们在团体中所体验到的、所学习到的感受和行为模式。

(5)团体成员可能互相表达恐惧、希望和担忧，互相述说他们是怎样体验的。

(6)团体活动可用于训练团体成员学习对待在日常生活中具有重要意义的人。与其他成员产生更为有效互动的角色扮演和行为预演方法，是团体活动中经常用到的。

(7)团体成员可以评价团体经验。

(8)可能谈论追踪观察聚会或某些责任计划，以鼓励成员去执行他们的计划，促成改变。

2. 领导者在巩固阶段的任务

领导者在巩固阶段的核心任务是提供一个结构，使团体成员能够澄清他们在团体中的经验的意义，协助成员将从团体中学习到的东西迁移到日常生活情景之中。具体要完成的任务包括：

---

① 也称对质，也有人称为对峙或对立，是指咨询者当面指出来访者自身存在的情感、观念、行为的矛盾，促使其面对或正视这些矛盾的一种语言表达方式。

(1)协助成员处理他们可能对结束团体所产生的任何情绪。

(2)提供机会让团体成员表达和处理在团体中任何尚未解决的问题。

(3)强化团体成员已经做出的改变，保证成员了解到能够使他们做出进一步变化所使用的资源。

(4)协助成员确定他们如何将特殊的技能运用于日常生活的各种情景。

(5)协助成员建立一个概念架构，以理解、整合、巩固他们在团体中所学到的内容。

(6)让成员有机会能互相提供有建设性意义的回馈。

(7)再次强调在团体结束之后保守团体秘密的重要性。

3. 领导者在终结阶段的任务：团体的追踪与评价

在这一阶段领导者的任务主要有以下几个方面：

(1)为成员提供私下的个别咨询。

(2)进行追踪观察团体活动或个别会谈，以评价团体的后续影响作用。

(3)为那些想要或需要进一步咨询的团体成员寻找具体的资源。

(4)鼓励成员寻找继续支持和挑战的途径，团体结束可作为成员寻求自我了解的开始。

(5)发展有组织的评价团体效果的方法。

(6)协助团体成员建立相互联络的渠道，以使成员能够在团体之外运用支持系统。

(7)如果可行的话，与协同领导者进行会晤，以评价该团体的整体效果。

所以，依据团体心理咨询的不同阶段，领导者应该承担相应的任务，试图使得团体心理咨询顺利开展。

第三节　团体心理辅导的技术

团体心理咨询是一种助人的过程。目前，在学校教育、临床治疗及其他社会机构中已受到广泛重视，并逐步被推广应用，特别是在高校中。为了使团体心理咨询发挥其应有的效用，作为一个团体的领导者除了必须要有团体动力的知识和团体心理咨询的理论外，还必须了解和掌握各种技术和方法，才能有效地引导团体朝着发展的方向前进，从而达到团体心理咨询的目标，促进团体成员个人的成长与改变。团体心理咨询的方法与技术多种多样。如果我们从团体心理咨询发展的不同阶段来看，团体心理咨询的技术包括组成技术、起始技术、过程技术、结束技术、追踪技术五个方面。下面，将分别介绍团体心理咨询中的常用技术，以及在不同团体阶段可能运用的技术。

一、概述

(一)常用技术介绍

无论是国外专家还是国内专家都一致认为：团体领导者为了达成团体目标，发展团体动力，促进团体成员互动，提升学习效率，适时地采用某些技术非常必要。但是团体进行过程中，技术、策略、方法、态度其实很难严格区分，所以方法、态度、策略或手段，都可以视为“技术”。团体领导技术运用的目的是促进团体成员间的互动，让团体依其特性与需要动作，发挥团体最大的效能。

团体过程中的技术很多，其中有很多技术是与个体心理咨询相同的。具体归纳为表4-3：

表4-3 团体领导基本技术归纳表

技术名称	定义说明	作用或预期结果
1. 主动倾听	专注于沟通过程中有关语言或非语言行为，且不作判断及评价	增强团队成员的信任、自我开放及自我探索
2. 重复	以稍稍不同的措辞，重述团体成员的话，以澄清其意思	确定团体领导者是正确了解成员的意思，提供技术及澄清
3. 澄清	确定成员所想表达的信息、感受与想法的具体含义	帮助成员弄清楚内心冲突及混淆不清的感受及想法，导向更有意义的沟通
4. 摘要	将互动过程中的重要信息，简要进行综合归纳	澄清并避免误解成员的意思，并引导其继续表达
5. 提问	通过提出问题，引发成员自我探索问题的内容以及解决的方法	引导更深层的讲座 收集资料；刺激思考；增加澄清及汇集焦点；提供成员更深度的自我探索
6. 解释	对团体中某些行为、想法、感受提供适当的解释	鼓励深度的自我探索；对于团体中的现象提供新的观点
7. 面质	对成员在团体中的言语、行动中表现出的矛盾加以挑战	鼓励成员诚实地自我思考；激活潜能；引发对自我矛盾的反省
8. 情感反映	反映成员的感受	让团体成员了解团体领导者在倾听并了解他的真实感受
9. 支持	提供鼓励及增强信任	建立团体良好气氛；鼓励成员；促进信任感；促动成员向困难挑战
10. 同理心	能站在成员的立场，将心比心体谅其感受及想法	培养信任的咨询关系；促进沟通及了解；鼓励成员深层的自我探索
11. 催化	在团体中以开放性或引导性的方法，清楚地协助成员朝向有助于团体的目标方向去探讨	增进团体有效的沟通；促进团体达成团体目标
12. 引发	在团体中引发行动，促使团体参与或介绍团体新的方向	防止团体不必要的探索；推进团体过程的发展

（续）

技术名称	定义说明	作用或预期结果
13. 设定目标	团体过程中，引发团体参与，并具体确定团体特定且有意义的目标	引导团体活动的方向；帮助成员选择及澄清团体目标
14. 评估	评估团体进行过程和团体中成员及其相互间的动力	提升深层的自我觉察并帮助成员对于团体方向更加了解
15. 给予反馈	对于成员专注观察后给予真诚且具体的反馈	对于成员在团体中的具体行为提出反馈，以帮助团体成员自我觉察
16. 建议	提出团体目标有关行为的信息、方向及报告	帮助成员发展取代性的思考及行动
17. 保护	保护成员在团体中不必过早地心理冒险	提醒成员在团体中适度的心理探索，以避免受到伤害
18. 开放自我	对于团体发生的事件，个人开放此时此刻的感受或想法	催化团体更深层的互动，建立信任，示范使他人了解自己的方法
19. 示范	通过行动，示范对团体适合的行为	对有利于团体的行为提供示范，激发团体成员发挥其潜能
20. 处理沉默	通过对语言与非语言沟通的观察，对于团体沉默现象进行干预，促进团体的发展	允许团体成员反映其感受；凸显其焦点；整合与情绪有关整件；帮助团体运用其有利的资源
21. 阻断	对于团体中无建设性的行为，以适当的方法加以阻止	保护成员；失去团体进行过程
22. 结束	以适当的方法，准备团体结束	准备让成员整理其团体心得；引导成员将团体所得应用于现实生活中

资料来源：吴武典等．团体心理辅导[M]．台北：国立空中大学出版社，2002。

(二)分阶段的相关技术

1. 反应的技术

(1)倾听。倾听是最基本的反应技术，是每个团体领导者的基本功。倾听不仅仅是用耳朵听，更重要的是用心去听，去设身处地地感受。不但听懂对方通过语言、行为所表达出来的东西，还要听出对方在交谈中没有明确表达出来的、隐含的内容。倾听不仅是为了明了情况，也是为了建立良好的信任关系，倾听还具有助人的效果。倾听的技术是需要通过训练才能真正掌握的。

(2)复述。复述是反应的技术之一。复述不是简单地重复对方所说过的话，而是专注他的谈话后，以更清晰、更明确、更恰当的方法重新描述对方所传递的信息。它包括把信息加以浓缩、精简、突出重点，以准确的字眼传递给对方。复述包含了咨询员的分析、理解、判断、概括的能力。复述有助于对方更清楚地了解自己的感觉。

(3)反映。反映也是反应的技术。反映是指导咨询员用心去关注和理解团体成员的感觉，包括面部表情、姿态、语调、动作等非言语的表达，并通过自己的语言、动作、表情全面地反映团体成员的感受，让成员体会到领导者始终在与他一起处理心理的困扰。反映包括反映成员的情绪和反映成员所表达的内涵。反映技术有镜子般的功能，使成员更清楚地了解自己。

(4)澄清。澄清也是反应技术中的一种。主要是针对表达不清楚或混淆的地方，领导者协助成员把遗漏的信息说出来，将混淆的地方重新整理，使意思更加准确。这不仅使领导者和其他成员能正确地了解表达者的意思，更重要的是使表达者了解自己和他所沟通信息的本意。团体成员的表达能力因人而异，有的人表达能力较弱，有的人较不愿意表达，领导者需要澄清所欲表达的意念，且使之具体化，从而使成员学习自我探索与自我表露。

(5)应对提问。团体领导者经常可能听到成员向领导者或其他成员提出问题，如果领导者就事论事地回答，一方面可能让成员产生依赖；另一方面不利于其他成员的参与与沟通。因此，任何应对都需要技术，可以用反问句，或让团体其他成员表达意见。

(6)摘要。摘要指团体领导者在团体告一段落或即将结束时，用简单的叙述概括地将团体发生的过程或内容向成员反馈，从而产生澄清、引导和增强的作用。

2. 互动的技术

(1)建立关系。建立关系是互动技术的基础。团体领导者必须具备无条件积极关注、真诚、共情、尊重等基本态度，使成员感到温暖、安全，从而在团体中开放自己，形成良好的团体气氛，形成尊重、接纳、关怀的人际，互相信任。

(2)解释。指团体领导者对团体成员语言行为或非语言行为陈述给予意义的过程，目的在于帮助成员自我了解并引导成员改变自我的行为。当成员对自我的行为有所曲解时，解释是必要的。但解释不是说服而是提供思考。解释必须采用清晰、准确、简洁的语言才能使成员领悟。

(3)联结。是典型的团体技术，领导者将成员间所表达的观念、行为或情绪相似之处予以衔接、产生关联，或把成员未觉察到的一些有关联的片段予以串联，以帮助成员了解彼此的异同之处，增加彼此的认同感，提示重新检视个人资料的机会，使之领悟，并引导走向改变行为的积极方向。或者更进一步找出团体中产生的主题，予以联结，以促进团体讨论共同关心的问题，提升团体效能与凝聚力。运用联结技术时，同时可鼓励成员间彼此直接自由地沟通，以促进团体的互动与效能。

(4)促动。也称催化，是协助团体成员增加有意义的互动的技术，也是贯穿团体心理咨询整个过程的技术。促动是指团体领导者采取行动促使团体成员参与，如热身、破冰，或介绍重要的资料给团体的一种技术。团体心理咨询过程中，资料的提供极其必要，包括程序的说明、各种指引以及与团体心理咨询关系有关的知识的介绍。

(5)阻止。阻止的技术是团体领导者防止团体或部分成员的不适当行为所采取的措施，非针对个人，也避免贴标签。例如，攻击未出席的成员，讨论某成员的闲话，穷追不舍地逼问等。当出现这类情况时，领导者需要用坚定但温和的语气加以制止。

(6)保护。保护技术的使用是为了确保团体成员在团体中免于不必要的心理冒险，或者不必要的身心伤害而采取的必要性、安全性反应。因为在多人参加的团体中，难免会出现冲突或其他负向行为，领导者要及时觉察，并安全疏导。

(7)支持。支持的技术是指团体领导者给予成员鼓励，增强其信心，也有助于提高团体凝聚力。团体成员在开始面对自己的心理困扰时，往往会表现出抗拒而不愿意坦率地表达。团体领导者要多鼓励、多支持，肯定成员的优点，表扬其已有的进步，让他们感到安全、有信心。

(8)反馈。也称回馈，给予反馈是团体最重要、最有效的技术之一，是领导者基于对成员的行为过程和了解，表达对成员具体及必要的反应，以利于成员利用这些信息改变自己的行为。反馈的时机要适宜，尽量用非判断性的语言。反馈也可以是成员之间自发地给予，也可以由领导者邀请成员给予。

(9)自我表露。也称自我开放，指团体领导者在适当的时机有意义地、建设性地分享个人类似的经验、感受和看法的行为。领导者自我表露的内容必须与团体的主题有关，与此时此地成员关注的问题有关。自我表露有助于领导者与成员建立良好的关系，促进团体气氛，同时增强成员示范性学习的效果，激发成员的思考。

(10)折中。领导者以客观公正的立场，邀请团体中的成员表达不同的看法，以确保所有的意见都有一个被听到的公平的机会。

(11)聚集。聚集包括建立、维持或转移焦点的技术。团体领导者要有能力判断此时团体的焦点，以及了解此时此地最适当的焦点，才能适当地运用聚集的技术。团体的焦点有时是个人，有时是一个主题或是活动。通常，领导者可以运用活动或练习来建立团体的焦点，灵活使用绕圈或配对的是使成员们有效聚集的方法。如团体中有太多话的成员，领导者就要有技术地引导其他成员参与，阻止其占用团体太多时间，巧妙地转移焦点到其他成员身上或是转移到主题上。

(12)引话。引话技术一般用在面对一些较害羞或较沉默的成员，领导者需要适当地鼓励他们发言的时候。团体领导者可运用活动、直接普遍邀请所有成员、指名、用眼神或其他手势等非语言技术引发成员讲话。使用该技术的关键是领导者对团体的准确判断。引话时要让被引导者感受到他们发言的很重要，领导者与其他成员非常有趣，想了解他们，但要注意，不要强迫他们，以免他们因为紧张反而更加退缩。

(13)运用眼神。团体进行过程中领导者常常需要用目光环视整个团体，即使团体集中在每个成员身上时，领导者也需要自然地运用余光来观察团体，这样能收集到许多宝贵的信息，例如，有谁对说话者同意或异议、谁好像有话要说、谁的情绪反应强烈、特殊非口语的信号等，均为领导者随时介入的依据。另外，领导者也可运用眼神鼓励成员说话或有意转移视线阻止成员说话。

(14)观察。对团体过程的观察是领导者自始至终都需要使用的技术。同时引导成员增进对团体过程的观察力与敏感性，也是领导者重要的技术之一。如果一直将团体停留在成员们所谈的内容，而忽略了团体进行的过程(即此时此刻团体正发生的事情、互动模式和程序)，将会忽略许多宝贵的资料。

3. 行动的技术

(1)起始。起始技术也称开启技术，是领导者用来在适当的时机介入团体，让成员进入活动状态的技术。一般在团体之初、团体动力停滞、团体从一个方向转向另一个方向时使用。起始技术可以带出成员的参与感，转化为积极的团体动力。

(2)询问。询问是一项重要技术，询问的问题需要与成员的自我资料有关，如与一名成员目前的生活有关的内容，成员愿意努力并改变的内容，成员愿意冒险并承担责任的内容等。询问可以引导成员深入思考，帮助成员探索自己的内心世界，明确成员个人可以改变的领域。询问包括开放式和封闭式两种。咨询过程中，领导者应该尽量使用开放式语句引导成员对自己的行为的内涵及原因进行自我探索，从而增进自我了解。

(3)面质。面质是个别咨询和团体心理咨询的一种常用技术。当团体领导者认清成员在思想、感觉、行为方面的矛盾和不一致时，应明确指出，并要求回答。这就是面质。面质时要善用实际的资料，并表现接纳与认可的态度，目的是为了促进成员自我思考、勇敢面对现实，有助于成员的成长。面质运用不当时，成员会感到受攻击和受威胁。一般在以下几种情况下需要面质：成员现在所说的与所做的不一致；成员所说的与所感受的不一致；成员现在所说的与过去说的不一致；成员所说的与领导者所觉察的不一致。面质最好在建立了良好的关系后使用，面质时态度要尊重关怀，内容要具体正确。

(4)调停。调停是指当团体的时间使用不恰当，团体进行的方向与步调偏离主题时所采取的干涉行动，如团体发展速度太快、成员不习惯或难以忍受团体气氛、团体讨论跑题的时候。需采取调停行动的情况有：成员反应含有敌意；大部分成员的意见不正确时；团体成员被迫接受团体的决定；团体制造过分的紧张或顺从的压力等。技术使用的目的是把团体心理咨询的焦点集中到与团体有关的内容上。在团体心理咨询过程中，如果有人漫无边际地聊天、高谈阔论、袖手旁观、漫不经心时，领导者必须采取行动集中焦点，把漫谈拉回到某一有意义的内容上。

(5)示范。示范是指通过电影、录像及治疗者、同龄人的适应行为，为团体成员提供依次的榜样，以矫正不适应行为。在团体心理咨询中，团体领导者无论愿意与否，他的言行都为团体成员起到示范作用。有些领导者还专门邀请与团体成员有相类似背景，但适应良好的志愿者为团体成员提供一个良好的学习和模仿的榜样，往往能产生十分特殊的疗效。

可根据表4-4、表4-5考查领导者。

表 4-4 团体领导技术观察记录表

技术		聚会次数										总计	
		1	2	3	4	5	6	7	8	9	10	次数	平均
反应技术	1. 积极倾听 2. 同理心 3. 澄清 4. 摘要												
互动的技术	5. 支持 6. 解释 7. 连结 8. 折中 9. 阻止 10. 设限 11. 保护 12. 自我表露												
行动的技术	13. 询问 14. 起始 15. 调停 16. 示范 17. 面质 18. 建议 19. 沉默												

表 4-5 团体领导者非语言技术观察记录表

观察项目		出现频率	对此行为的感受
(一)眼神感受	1. 自然的目光接触		
	2. 向下打量		
	3. 向上看		
	4. 看别的地方		
	5. 毫无表情地注视		
	6. 其他		
(二)表情与头部动作	1. 安详而有表情		
	2. 适当的微笑		
	3. 配合说话内容的表情		
	4. 脸部表情严肃		
	5. 无关的脸部表情		
	6. 不停地微笑		
	7. 很少笑		
	8. 冷漠的表情		
	9. 皱眉头		
	10. 过度情绪反应		

（续）

观察项目		出现频率	对此行为的感受
（二）表情与头部动作	11. 肯定地点头		
	12. 不停地点头注视		
	13. 其他		
（三）身体的姿势	1. 稍微前倾		
	2. 身体面向说话者		
	3. 放松的样子		
	4. 触摸说话者		
	5. 抖脚		
	6. 舒适地往后靠		
	7. 固定僵硬的姿势		
	8. 离说话者很远		
	9. 离说话者很近		
	10. 不断更换姿势		
	11. 放松的手势		
	12. 夸张的手势		
	13. 双手交叉在胸前		
	14. 其他		
（四）音质	1. 愉快的调		
	2. 适度讲话		
	3. 声音调		
	4. 太装腔势		
	5. 大声		
	6. 讲话快		
	7. 讲话慢		
	8. 使用口头禅		
	9. 声音颤抖		
	10. 结巴		
	11. 其他		
（五）使人分心的个人习惯	1. 抓头发		
	2. 玩笔		
	3. 口香糖		
	4. 扯衣服		
	5. 饮料		
	6. 敲手及脚		
	7. 其他		
（六）其他			

引自：徐西森．团体动力与团体心理辅导[M]．北京：世界图书出版公司，2003，116－118。

二、组成技术

良好的开始是成功的一半，形成团体之前领导者除自身的专业训练外，用心地做些准备，将可以达到事半功倍的效果。组成技术是关于组建团体的技术，一般指组建团体前的准备阶段常用的技术，包括建立目标的技术和成员构成的技术。

(一)建立目标的技术

团体目标是团体行为的指引，为团体指出了共同努力的方向，清楚的目标可以帮助成员了解他们聚在一起做什么。建立团体目标的技术是整个团体心理咨询过程的核心工作，也是一种团体领导者应该精通的技术，它也是评估团体经验的基石。团体目标的内涵应该包括：针对团体所要解决的问题所包括的信息和看法；个人和团体目标所要达成的范围或任务，以及如何让成员和团体能工作在一起。积极有效的目标应该是具体的、明确的、可行的、切合实际的，同时是可评估的。行为的改变才是实现目标的结果。目标建立后，应该让团体成员充分了解、准确把握，使团体心理咨询沿着一个共同的方向发展。

(二)成员构成的技术

成员构成的技术包括评估成员的资格、招募成员、筛选成员以及决定团体的性质。具体指如何选定合适的人以及恰当的人数，如何确定团体的性质、开放还是封闭、自愿还是非自愿等问题。成员组成不同，导致的结果也不同。其中成员的参加资格评估和筛选是团体组成技术中的一项重要工作。

1. 评估成员资格

并非每个人都适合参加团体心理咨询。不同性质的团体所招收的对象应有不同的资格限制。如果是治疗团体，大多以人格失常、行为念头或情绪严重困扰者为参加对象，因此，需要通过与有意参加者面对面的直接接触与观察、个别面谈、电话交谈或者与成员家属接触等方法收集成员相关资料，决定其是否适合参加团体。如果是一般任务团体，只要评估成员的参与兴趣、专长、权利等因素，普通人都可以参加。

2. 招募成员与筛选成员

(1)一般招募成员的方式。招募成员的方式有多种。例如，通过张贴海报等宣传品，吸引有兴趣的人前来报名；通过咨询师介绍和推荐手边的个案来参加；通过课堂教室的演讲来宣传和招募；通过班主任老师的推荐；函告家长和家属，鼓励子女和家人报名参加；利用电视、广播、报刊等大众传播媒介宣传；与相关机构合作，联手举办等。

(2)招募时使用的宣传。可以通过海报、网络等宣传媒介。但是无论是哪种宣传方式，必须包括的内容有：团体组成的目的和目标；团体聚会的日期、时间、地点、次数和期限；参加团体所需费用及相关开支；团体领导者的姓名、联系方式、学历、专业训练及资格；负责机构的名称和联系电话等；其他，如地图、交通方式等。

(3)筛选成员的方法。从报名者中选出合适的成员可以使用的方法有筛选面谈、心理测评等。不适合参加团体及不能通过团体受益，反而会给团体带来不良影响的成员有：极端自我中心者、自恋狂、有攻击性者、做事霸道的、有仇视心的、精神病患者等。要想了解报名者是否适合参加团体，可以从几个方面入手：为什么你要参加团体；你了解团体的目标和性质吗；你最想从团体中得到什么；参加这个团体能帮助你达到你的目标吗；你最想探究哪些个人关心的问题等。

3. 决定团体的性质

(1)同质团体与异质团体。同质团体由于成员在人格特质、教育程度、成长背景、个人经验等方面相近和相似，沟通起来比较容易，有助于成员之间的交互作用及彼此的相容性，一般适合应用在学习团体、成长团体和专业人员训练团体。异质团体成员的经验、背景、特质、条件不同，呈现出多样性，通过成员丰富的多样性及宽阔不同的人格特质，可以互相刺激，彼此观摩学习，让团体的发展更具多样性。一般适用于治疗团体、任务团体和创意性思考团体。

(2)开放式团体与封闭式团体。开放式团体中成员会有所变化，当团体中有人离开时，团体会同意新的成员加入。成员的随时更替可以为团体注入新的活力，但是由于彼此熟悉度不够，会影响相互的认同与接纳，团体的发展会受到影响。一般适用于主题性的研讨和工作团体，成员的新老对团体影响不大。封闭式团体自始至终成员固定不变，彼此熟悉，信任感高，安全感强，团体有凝聚力，团体发展顺畅，团体目标容易达成。但是由于缺乏外来刺激，创新程度会减低，凝聚力过强会僵化，一般适合于需要情感度高、凝聚力强的训练团体。

(3)发展性团体与治疗性团体。发展性团体的功能属于预防性和教育性的，比较重视知识的传授，适合于一般教育性、辅导性的团体。治疗性团体的功能除了预防和发展，兼有治疗的功能。一般适用于成长性、训练性和咨询团体。

(4)自愿性团体与非自愿性团体。自愿性团体指团体成员是因为个人兴趣和需要主动要求参加团体，所以在团体中成员学习意愿高，参与动机强，有心去改变自己。非自愿性团体的成员是被迫来团体的，缺乏学习的动机，团体学习的效果不佳。例如，学习成绩差的学生或有行为问题的人为进行矫治而组成团体。万一带领非自愿团体，应先尝试与成员建立互动关系，然后才能开始带领团体。

三、起始技术

起始技术是引导成员相识并形成信任关系的技术总称，一般指在团体初期或转换阶段常用的技术，包括结识技术、分组技术、让成员准备从团体中获得最大收获、建立团体规范、处理负面情绪。

(一)结识技术

起始技术就是尽快地、轻松地、有效地使团体成员相识，建立对团体的信任所采取的方式与技术。初入一个陌生的团体，一般人都会有些紧张、焦虑，不知道周围是些什么人，他们会对自己带来什么影响，因此采用一些轻松的活动，有助于团体成员在第一次聚会时有所认识，在以后的活动中互相配合、支持、协作。例如，以结构式“柔软体操”方式进行，使大家接近距离，减轻焦虑和不安感，加深彼此了解。起始技术有语言的形式和非语言的形式，活动方式也有多种。采取哪种最合适，要根据团体的结构、成员的特征而定。例如，不同形式的自我介绍、互相介绍、信任之旅、信任跌倒、信任圈等。

1. 轻柔体操

目的：放松，减轻焦虑、活跃气氛。体操也是心理生理治疗的一部分。体操可以协助成员对自己身体更加敏感，对自己的存在更有实质的把握。

时间：15~30 分钟，酌情而定。

准备：全体成员围成圆圈，面对圆心领导者，要求有足够的活动空间。

进行：领导者先带头做一个动作，要求成员不评价不思考，模仿做 3 遍。然后每个人做一个自己想出来的动作，大家一起模仿。无论什么动作都可以达到放松，减轻紧张气氛。有时，一些极富创造性的动作会引起大家愉快的笑声。

2. 两人一组自我介绍

目的：初步相识。

时间：约 8 分钟。

准备：足够的空间，可以挪动的椅子，如折叠椅。

进行：领导者先让团体成员在房间里自由漫步，见到其他成员，微笑着握握手。给一定时间让成员自然相遇，鼓励成员尽可能多地与其他人接触。当领导者说：“停”，每个成员面对或正在握手的人就成了朋友，两人一组，席地而坐或拿椅子面对面坐下，各自做自我介绍。介绍的内容包括：姓名，所属部门，身份，性格特点，个人兴趣爱好，家庭情况，以及个人愿意让对方了解的有关自我的资料。每人 3 分钟，然后漫谈几分钟。当对方自我介绍时，倾听者要全身心地投入，通过语言与非语言的观察，尽可能多地了解对方。

3. 四人一组他者介绍

目的：扩大交往圈子，拓展相识面。

时间：约 10 分钟。

进行：刚才自我介绍的两个组合并，形成 4 人一组，每位成员将自己刚才认识的朋友向另外两位新朋友介绍，每人 2～3 分钟。然后四人自由交谈几分钟。

4. 问与答

目的：通过问答形式，促使成员关注他人，也体会到被关注的感觉，并达成相识。

时间：约 20 分钟。

操作：6 个人一组，先自由协商，确定组长，然后从其中 1 位成员开始，例如 A，其他 5 人，每人向 A 提 1 个自己想知道的问题，A 立即回答。除了政治问题，宗教问题，都可以随便提问，A 如果认为别人问的问题自己不想说，可以表达出来。为了不使自己的问题与他人重复，也为了更多地了解被询问者的有关信息，提问者会把注意力集中在小组内，回答者因被全组其他成员关注而增加信心，对 A 的提问结束后，可以围绕 A 再自由交谈几分钟。

5. 最佳搭档

目的：彼此相识，建立互动关系。

时间：约 30 分钟。

准备：彩色纸剪成三角形或正方形，并一分为二，胶水，硬纸板。

操作：对裁好的彩色纸由团体成员自由抽取，然后成员必须找到自己同色与形状相匹配的另一半。找到后，将色纸贴在硬纸板上，并在彩色纸上写上两人的名字，两人自由交谈 5 分钟，互相认识，然后全体成员转圈坐下，每一对轮流向大家介绍对方，使团体中每个人都能相识。

6. 棒打薄情郎

目的：尽快相识，增进团体凝聚力。

时间：约 20 分钟。

准备：用挂历纸或旧报纸卷成一根纸棒。

操作：初次聚会，全体成员围圈而坐，轮流介绍自己的名字、兴趣、出生年月等个人资料。每个人都专心去记其他成员的资料。然后站成一圈，选一个执棒者站在圈中间，由他面对的人开始大声叫出一个成员的姓名，执棒者马上跑到那个被叫的人面前。被叫的人马上再叫出另一位成员的姓名。如果叫不出来，就会受当时执棒者一棒，然后由他执棒。依此类推，直到大家熟悉互相的姓名为止。如果一个人3次被打就必须出来表演，作为处罚。此活动适合青少年，在游戏中相识。

7. 连环炮

目的：初步相识，并建立团体互动关系。

时间：约40分钟。

准备：麦克风。

操作：以“接龙式”自我介绍访问进行。首先，全体讨论自我介绍应有内容，并讨论当一名记者与被访问者应注意的事项。然后，由领导者手持麦克风访问一位成员，再由这位成员访问另一位成员，如此反复进行，直到全体都被访问。访问内容主要是姓名、兴趣等关于个人的资料。访问过程中，记者可以用生动渲染的语言来发问。

（二）分组技术

在团体心理咨询过程中，常常需要将团体分成6~8人一组，如何分组看似简单，其实并不易，适当的组合方法不仅会形成适合谈话的小团体，而且会产生积极的功能。例如，在新生适应团体中，如果按照来源地分组，如北京、上海、东北、西北等，团体成员会惊讶地发现，原来自己周围竟然有老乡，马上会增添几分亲切感，少了几分孤独寂寞感，更容易融入团体。下面介绍几种分组方法。

（1）报数随机组合法。这种方法最简单，用得最多。首先确定几个人一组，共分为几组，然后成员报数，报1的在一组，报2的在一组……，依此类推。

（2）抓阄随机组合法。成员进入团体时，每人抓阄，可以用不同颜色的纸、不同形状的纸、不同的词组等方法，事先按人数分组的要求准备。如分成4组，每组6人，可以将团体名称“你我同行”四个字拆开，各写“你”“我”“同”“行”6张纸，抓到纸条后，相同字的人在组。

（3）生日等随机组合法。领导者还可以按成员在生日的月份分组。例如，1~3月出生的人一组，4~6月出生的一组，7~9月的一组，10~12月的一组。也可以按照个人特征组合，如戴眼镜的、长头发的等。

（4）同类组合法。为了某些目的，同类组合法更便于成员交流，按照职业分组，如大学教师、中学教师、小学教师；按照身份分组，如父母、子女；按照性别分组，如男、女；按照行业分组，如教育界、企业界、公务员等；按照出生地分组，如东西南北中等。利用同类分组可以具有相近和相似特征的成员一起讨论问题。

（5）分层随机组合法。在某些团体的特别设计中，希望成员混合、有差异的人能在一起讨论，这时可以采取分层随机分组。如希望每组有男性和女性，可以先请男性报数，再请女性报数，相同数字的男女同组。还有不同行为的人组成的团体也需要专门的分组安排。

(6)内外圈组合法。内外圈组合法也可称为金鱼缸式。将团体成员一分为二，一半在内圈，一半在外圈，内圈讨论，外圈观察或者倾听，10 分钟后交换；或者内外圈的人一一对应，进行交流。还可以固定内圈，移动外圈，使成员可以在短时间内与更多的成员交流。

(7)活动随机组合法。团体在热身阶段，采取一些活动，如无家可归、刮大风、松鼠与大树、成长三部曲等，成员在团体中可以自由活动，自由选择，就近组合。随机组合的好处是不管成员之间的差别有多大，都有可能分到一组，让参加者感到每一组都是平等的，没有地位高低之分。

(三)让成员准备从团体中获得最大收获的技术

以一些原则作为促动，协助成员成为主动的参与者，了解如何从团体经验中获得利益。例如，注意自己的感受，主动积极地参与并表达自己，团体可以谈论任何与团体目标及个人有关的主题，但自己有权力决定自我开放的程度，必要时也可以插入几人的谈话；倾听关心别人，也尽可能给予别人适当的回馈，但避免忠告、建议与讽刺；可以合理、肯定而不具有攻击性地表达情绪，包括正面、反面的情绪；时常检讨团体的过程是否能够增进学习，以及团体的行为是否有助于促进团体的目标；领导团体不只是领导者个人的责任，团体的每一位成员都可以具有领导的功能，等等。

(四)建立与强化团体契约或规范的技术

团体心理咨询基于团体领导者和成员之间的互相尊重与配合，为保证团体正常发挥功能，双方都要遵守一些团体的规则，因此建立团体契约和规范是必不可少的。

(1)团体契约和规范的作用与形式。团体契约和规范是团体领导者与成员之间给予他们努力的目标及对他们将在一起工作方式的一种协议、约定，它可以是书面形式的，也可以是口头形式的。一般书面形式更为有效，白纸黑字一目了然，可以常常复习，提醒领导者和成员。

(2)团体契约与规范的制定。可以采用开放方式，邀请成员共同讨论团体规范，并在团体过程中不断地引导示范，例如，前述所提希望成员如何参与的建议，都可以在团体规范中具体讨论。另外，保密、守时、不可身体攻击等也需要强调说明。为避免团体成为给一大堆无谓建议的场所，团体规范中也可让成员了解，团体可以以探索个人问题为规范，而非以寻求问题解决为规范来运作。

(3)团体契约和规范的内容。团体契约和规范的订立必须包括领导者和团体成员两个方面。对成员的要求一般为：作为团体成员，我同意：参加每次的团体聚会；遵守不迟到早退的规定；团体中发生的事件绝对不在团体外描述；完成团体交代的任务和要求；每次聚会完全投入参与所有活动。

对团体领导者的要求一般为：作为团体领导者，我同意：准备每次团体聚会；每次团体聚会准时开始，准时结束；提供每次团体聚会所需活动、器材等；只与相关同事和督导讨论团体聚会内容；自己评估每次聚会是否符合成员目的，满足成员的需求；提供相关资源以协助成员达其目标。除了规范的内容外，还需要领导者和成员各自签名并写上日期。

（五）处理成员负面情绪的技术

（1）处理成员焦虑、害怕的情绪，建立信任感。成员面对陌生的人与团体情境，难免有些担忧，领导者应注重信任感的建立，适当的示范、引导，甚至运用具催化性的活动，让团体打破陌生感，鼓励表达个人感受（不论正向、负向），适当地让成员了解其他人也如此。

（2）处理防卫或抗拒。团体初期成员自然会有些防卫或抗拒的行为，如将重点放在他人而少谈自己、问别人问题、用概括性语言“大家都”“我们”“你们”或不参与、沉默等，领导者需敏锐地觉察并尊重成员的此类行为，提供直接引导成员用适合的行为方式或直接而温婉地面质成员也是不错的技术，如“小明，你常常很详细地叙述事情，甚至太繁琐，让我很难专心，我反倒是很想知道你是怎么受到这些事情影响的，我不知道是不是其他人也有这样的感觉？”“你对这件事分析得很有道理，但我更想知道这件事与你的关联是什么？”。

四、过程技术

过程技术是指维持和发展团体，并有效地促进成员改变技术的总称，一般指团体工作阶段常用的技术。前面所述的3种基本技术（反应技术、互动技术、行动技术）都包括在内。如果从过程的发展看，还可以细分为引导参与的技术和解决问题的技术。此阶段技术的特色，在于使成员有机会面对自己，产生更大的了解与顿悟，发现过去与现在，经验与行为的关联。领导者采用咨询理论的取向将影响技术的运用，如完形学派的领导者将常用空椅法、幻游等增进成员的觉察能力，但一般而言，领导者常视团体的需要运用多种学派的技术，但不论用哪种已发展的技术，要切记的是成员所给予的信息，而准备随时放弃我们所谓的技术……

（一）引导参与的技术

引导参与的技术是指团体领导者能依照团体成员个人的需要去引导他们；能提供足够的背景资料，刺激成员思考、沟通，以确定解决问题的行动。为此，团体领导者必须鼓励并协助团体内各成员讨论和决定团体的事务，鼓励并提供每一个团体成员参与民主的机会，不使过于活跃的人剥夺他人的机会，也不使拘谨的人袖手旁观，失去参与活动的机会。引导参与的技术还包括以事实为中心，避免无谓的纷争，增进团体的向心力。

(二)解决问题的技术

解决问题的技术是指能正确评估自己的能力与环境的变化，积极地作出符合自己人生目标和价值观的选择、决定，减轻由于在生活中遇到问题而产生的心理压力，使身心有效地适应社会，以达到生活的目的。

解决问题的过程就是思考和运用科学方法的过程。一般步骤有：

(1)了解问题的存在，确认有解决的必要。

(2)分析问题的性质，直接面对问题的目标，开始收集有关资料。

(3)分析资料，列举解决问题可能的办法。

(4)评估每个解决问题的办法的可靠性及预期效果。

(5)运用观察或实验来尝试解决问题。

(6)选定最合宜的可行办法，去解决问题。

在团体心理咨询中，领导者若提供给成员比较客观而合理地解决问题的原则，将有助于成员处理生活问题。这些原则是正确而完整的观察，以分析与综合的方法解释观察的结果，证明结论的正确。团体成员在团体中运用这些原则，不断学习与改进解决问题的技术，将会使自己多方面受益。

(三)角色扮演与及时介入的技术

当成员无法清楚地陈述有关自己与他人的沟通或关系上的困扰，或有必要做沟通方面的技术演练、行为预演时，领导者可让成员以角色扮演的方式，深入探索问题，并从中有效介入或示范。

团体进行过程中领导者及时介入、加以引导的前提是：一个成员为另一个成员说话时；团体中某人为另一个成员说话时；团体成员集体中注意在团体之外的人、事、物时；成员中有人认为其问题是由某人引起时；团体中有不一致的行为出现时；团体变成无效率的漫谈时。

(四)变换形式与体验的技术

1. 内外圈交流的方式

若团体中的成员有不同的意见或特质时，可让团体成员分为内外圈，增进了解与探讨彼此间的差异。如请较沉默的成员与投入较多的成员分为内外圈，或请赞同或否定某种意见的成员分为内外圈，彼此谈论、倾听个人感受与想法，最后再归纳整理。

2. 增加体验的方式

当团体有必要聚焦某一成员或某一主题时，可以通过夸大其情绪、想法或行为，让他体验和感受，从而达到领悟。此方式可以根据需要和情景灵活运用。如一成员一直觉得负担很重，可以让该成员拿电话簿压在自己头上，感受此负担，或者背着一个成员并绕圈逐一在每位成员面前说："某某，你……让我觉得负担很重。"或者夫妻沟通团体中，让男性成员一整天背着大书包(替代怀孕)做事，体验怀孕的妻子的感受和经验等。

3. 雕塑的方式

领导者若发现只是谈谈或叙述没有办法深入探索，可通过借助肢体上的静态动作方式，使成员更强烈地感受某一种情绪或状况。如某成员描述丈夫总是对自己发号施令、高高在上，不喜欢这样事实却又无法改变，很无奈，此时，可让该成员邀请几位成员就其家庭关系的性质一样，依位置高矮、远近、姿势等来代表彼此间的关系，让该成员对夫妻关系看得更清楚，从而达到领悟，以引发进一步的改变或探索。

(五)家庭作业或行动练习

改变行为或想法的承诺常需配合家庭作业或行动练习来增强，因此领导者若采取此技术，可于此阶段在团体中教导或示范练习方式。

五、结束技术

结束的技术包括每次聚会结束的技术和团体整个历程结束的技术。团体训练咨询的结束应是自然而顺利的，也应是领导者可以预期的。怎样使团体愉快地结束需要运用一些技术。一般而言有 4 种方式：第一是在结束之前，成员互相赠送小礼物，道别祝福；第二是领导者在结束时对团体心理咨询做一简要的回顾与总结；第三是团体成员检讨自己在团体中扮演的角色，是否达到期望，自己切身的感受；第四是展望未来，明确今后应该怎么做，如何巩固团体心理咨询的效果。

(一)每次聚会结束的技术

每次聚会结束，领导者都需要留出至少 10 分钟时间，采用一些技术顺利结束团体。可以通过邀请成员总结、领导者总结、安排家庭作业、预告强调下一次聚会的时间和内容、安排结束的活动(如大团圆等练习)等。邀请成员个人总结时，就是鼓励他们说出此次聚会对他们的意义。可以问以下的问题：你能简短地说明这次聚会的感受吗？在下一次聚会之前，你愿意采取什么具体方法使人的生活有所改变？这次聚会中，你经历到最重要的事情是什么？今天，别人的表现最令你感动的是什么？你从中学到了什么?

(二)预先结束的技术

团体将结束,领导者最好在结束前一、二次团体活动时先预告成员,让成员提早做心理准备,处理想解决但未完成的问题,也可先讨论分离的情绪、整理所得、制订或修改行动计划。

(三)采用活动的技术

有经验的团体领导者一般都很重视团体心理咨询结束阶段的活动安排,精心选择符合成员特点的、有吸引力、有新鲜感的活动形式。结束活动若不安排或处理不当,会直接影响团体心理咨询的效果。在最后一次团体聚会时,通常领导者会直接告诉成员,或以一些活动,如真情告白、留住你的心、水晶球、未来同学会、互送卡片、大团圆、化装舞会、茶话会等引发成员回顾所学,互相反馈与展望未来,若是自发性强的团体,可让团体决定最适当的结束方式。下面介绍几种常用的活动技术:

1. 大团圆

目的:通过身体的接触带来温暖和力量使成员在结束前更实在地肯定团体的团结,体验我们在一起的感受,获得支持与信心。

时间:约 30 分钟。

准备:足够的空间,空旷的房间。

操作:在团体最后一次活动结束时,领导者请大家站立,围成圆圈,将两手搭在两侧成员的肩上,聚拢静默 30 秒。然后轻轻地哼唱大家共同熟悉的歌曲,并随着歌曲旋律,自由摇摆。从儿童歌曲到乡村歌曲,尽量找大家会的,全部投入,一首接一首。使全体成员在一个充满温馨甜蜜而有内聚力的情景中告别团体,走向生活,留下一个永远的、美好的、极有象征性的、难忘的记忆。

2. 化装舞会

目的:发挥个人想象力与创造力,以化装形式,将参与团体后个人的新面目具体表现出来,以喻示走向新生活。

时间:约 60 分钟。

准备:布置可以跳舞的场地,准备录音机、录音带、化妆品,自备道具。

操作:事先,领导者通知大家将举行舞会,请每位成员先思考团体对他的影响,然后以化妆的方式表现出来。活动开始时,先放轻松的音乐,每个成员化妆。然后与其他人互相握手,自由交谈。接着每个成员轮流站到中央,听取其他成员对他打扮的印象和感觉,然后自己介绍为什么这样打扮,含意是什么。每个成员轮流到中央接受大家的评价。全部评价和介绍结束时,可以参考他人意见改妆后,随舞翩翩起舞。活动进程中特别要强调自我反省及对别人的观察。不同于别的舞会在于通过团体心理咨询，建立新的自我形象，打扮出新生的自我，面向新的生活。

3. 把心留住

目的：结束团体，对未来生活适当地预估。

时间：60~70 分钟。

准备：笔、心形小卡片、录音机、录音带。

操作：播放轻柔的音乐，领导者给每个成员发若干张心形卡片(根据团体人数)，请成员在每张卡片上写出自己所拥有的、所想要的好的特质或东西，一张卡片一样。这些卡片就是成员的一颗心，请成员衡量自己及其他人的需要，送给每个成员一点心意。全部卷宗后，围圈坐下，请每个人谈谈礼物的心情如何？为什么送这些“心”？接受礼物的心情如何？你想送礼物的人他的用意是什么？带着这么多成员送的“心”，离开团体后你打算怎样生活？

心形卡代表成员的心愿与期盼，当一个团体成员捧着其他人的“心”，更能体验到人间温情亲情。不过，领导者要注意把握团体气氛，不要过分依恋，而应该充满活力，尽兴。

4. 笑迎未来

目的：了解成员在团体过程后的进步与改善，讨论成果与彼此反馈，结束团体。

时间：60~80 分钟。

准备：白纸、彩色笔。

操作：团体围圈而坐，由一位成员当主角，大家讨论对他现在的印象及刚参加团体时有何不同，看看他参加团体后改变了什么？然后请他自己说说感受。接着再换另一位成员。依此类推，对每位成员反馈。结束时每人发一张纸，请成员在纸顶端写上“对×××(自己姓名)的禅定，然后向右传给每位成员，每人写下自己对他人的禅定和建议，或用绘画形式表达。当转完一圈，每位成员细细阅读他人的禅定，并对他人怀着感谢，一一握手道别。

5. 结业式

目的：通过领导者总结与成员发表感想，结束团体。

时间：约 30 分钟。

操作：团体领导者总结团体心理咨询，发表心得，每位成员自由发表意见，谈感想。团体领导者发设计好的关于团体心理咨询的问卷，以便团体结束后评估团体效果。然后，大家互道珍重再见。这种方法最传统，最正式。适合于年纪较长者。

(四)评估团体效果的技术

团体结束后的追踪聚会、问卷或访问等评估团体的能力，也是领导者需具备的，在评估团体效果时须依据团体目标及成员个人成长等来做适当的评估。

六、追踪技术

团体心理咨询的真正目的是希望团体成员在团体中所学到的一切能扩大到生活领域中，长久地发挥积极影响。因此，衡量团体效果，不能只看团体结束时的问卷。追踪技术是指团体结束以后的一段时间内，追踪团体成员，了解咨询效果所采用的方式与技术。采用什么方式能准确地了解到成员的改变状况是一个非常复杂，涉及许多影响因素，有待从事团体心理咨询的人员深入地研究的问题。总之，不同团体阶段适用不同的技术，见表4-6。

表4-6　适用不同团体阶段的技术

阶段	主要技术
1. 初期与转换阶段的技术	拟定完整的计划书、筛选成员面谈、预备会议等
2. 工作阶段的技术	让成员准备从团体中获益、建立与强化团体规范、处理焦虑情绪、建立信任感、处理防卫或抗拒等
3. 结束阶段的技术	角色扮演、内外圈方式、雕塑、绕圈做某事、家庭作业、行动练习 、结束预告、整理所得、修改行动技术、处理分离情绪、追踪聚会、效能评估

第四节　团体心理咨询的方案

一、团体心理咨询方案的设计

团体心理咨询方案设计的内容包括以下几个方面：

（一）团体性质与团体名称

团体心理咨询方案的设计首先要明确该期团体心理咨询的性质。究竟是咨询性团体还是治疗性团体；是开放式团体还是封闭式团体；是结构式团体还是非结构式团体；是同质性团体还是异质性团体。

依据团体性质，然后再确定团体名称。团体名称需要突出团体特定目标，但不可能也没有必要体现所有目标。为了吸引参与者，我们没有必要所有的活动都冠以“团体心理咨询”的帽子。团体心理咨询是心理咨询的一种形式，具体的团体活动，用什么样的名称要考虑新颖性、独特性、可理解性，而且要考虑成员的心理承受和接纳的习惯。团体名称的措辞要新颖、喜闻乐见，能抓住成员的心理需要，简短意明。樊富珉教授推荐的一些团体名称可能对我们以后的团体心理咨询实践有所启发，见表4-7。

表 4-7　团体心理咨询活动名称实例

对象	团体活动名称	时间	参加人数	领导者人数
大学新生	携手起航：新生适应训练	4次，每次2小时	30	3
大学新生	我爱我家：班级团队建设	4次，每次2小时	30	1
大学新生	放飞希望：生涯发展规划研习	8次，每次2小时	16~24	2
学生干部	明日之星：领导才能培训	6次，每次2小时	16	2
在校女学生	同在屋檐下：大学女生宿舍人际交往能力提升	4次，每次2小时	12	2
在校学生	牵手你我他：人际交往团体	5次，每次2小时	12~16	2
在校学生	心灵之旅：大学生成长小组	8次，每次2小时	8~10	2
在校学生	多情岁月：异性交往团体	4次，每次2小时	12	1
研究生	我的未来不是梦：成功心理训练	16次，每次3小时	24	1
研究生	走进新生活：婚前辅导	6次，每次2小时	12	2
考试焦虑者	轻轻松松进考场	8次，每次2小时	12	2
在校贫困生	双手擎起一片蓝天	5次，每次3小时	10~12	2
遭受挫折者	逆风成长：成长营	6次，每次90分钟	8~12	1
失恋学生	莫愁前路无知己	6次，每次2小时	6~8	1
游戏依赖者	网络游戏爱好者生活管理小组	8次，每次2小时	8	2
班主任	好话好说：教师情商训练	5次，每次90分钟	15	2
公益热线义工	你说我听：义工成长小组	4次，每次3.5小时	24	2
心理咨询师	专业路上相伴行：个人成长小组	5次，每次3小时	30	2
企业员工	工作倍轻松：减压训练团体	8次，每次2小时	12~16	2
睡眠障碍者	轻松伴我入梦乡	6次，每次2小时	6~8	1

资料来源：樊富珉．团体心理咨询[M]．北京：高等教育出版社，2005。

(二)团体目标

团体心理咨询开始之前，最重要的一环就是确定团体心理咨询的目标。

不同的团体心理咨询，目标也不同。如何确定团体目标，要按照以下步骤：

首先要分清是咨询性团体还是治疗性团体。因为团体目标对整个团体活动有导向性，有清晰的目标是确定团体活动、维持活动准确聚焦的保证。团体心理咨询的目标大致可以分成3大类。

(1)以开发心理潜能，促进人格成长，增进心理健康为目标的团体心理咨询。这类团体心理咨询面向全体学生，只要自己愿意均可以报名参加。

(2)以敏感性训练为主的团体心理咨询。目的是训练如何有效地处理人际关系，训练生活技能，提高社会适应的能力。这类团体心理咨询在欧美十分盛行。主要面向企业、政府机关，训练管理人员、经营人员，立足于人际关系的学习、理解和协调。学校也常常用来训练学生，协助他们有效地掌握社交技能。

(3)治疗性的团体心理咨询。此类咨询比较重视潜意识方面的问题。由于参加者必须面对层次较深的冲突和困扰，一般花费时间较多。医疗机构、教育机构的咨询人员面向那些心理不太正常的人，有心理疾患的人和组织，目标是缓解症状，消除症状，恢复心理平衡，达到心理健康。

上面的 3 大类团体心理咨询目标是从宏观的角度来划分的。实际上，具体到每一个团体心理咨询，目标是非常具体、明确、可操作的。

其次要分清各级团体目标：一般目标、特定目标、每次活动的具体目标。

一般目标指团体心理咨询和治疗都要达到的目标。例如，营造团体平等、尊重、真诚的氛围、团体的凝聚力、成员的归属感；学习人际沟通的技巧，增进人际关系，建立友谊；认识自我、增强自信，增进心理健康和社会适应能力的目标。

特定目标指每个团体心理咨询和治疗要达到的具体的、核心的目标，随团体性质不同而不同。例如，交朋友小组的特定目标是通过模拟团体环境的认知探索、处理情感债务、交往行为的训练、交往技巧的学习，克服交往障碍，改善人际关系；焦虑症治疗的特定目标，通过自我概念的探索，自我效能感的评估、认知探索、认识焦虑症的特征及其对心理、生理唤醒水平的影响，学习 ABC 理论、掌握放松治疗、音乐疗法和自我暗示技术等来实现。

另外，每次团体活动的目标也要明确，因为团体心理咨询的一般目标和特定目标都要靠实现每次活动的目标来达到。每次活动的目标诸如：相识、接纳，在小组内提供必要的信息，共同掌握一定的理论、知识点、学习技能，达到一个共识等。这些都是每次活动可能的目标。例如，我们在开展团体心理咨询的时候，开场的时候我们可能要安排一些热身活动，借此机会来使得团体成员之间彼此认识、熟悉，放松自己，从而使得团体心理咨询的目标能够顺利实施。这些热身活动的目标的顺利达成将会有利于其他一般目标的完成。

(三)团体领导者

团体计划书应明确团体领导者的基本资料。领导者应该按其品行、知识技能结构及其他素质要求来确定，他们还必须是有过团体经验的人。个人具体信息要写入计划，还要考虑其与成员的匹配情况。

有条件的情况下最好能聘请具有心理咨询理论基础、有团体经验且曾受过督导训练的专家担任督导员，以随时为团体领导者提供专业性的指导。

（四）团体规模与成员的确定

我们不能过高预测团体心理咨询的效益，任何事物皆是利弊的统一体，团体心理咨询也要按照自己的运行规律进行，做到有所为、有所不为，恰到好处地进行，虽然团体规模越大，越能够节省资源，但并不是团体规模越大，效果越好。因此，团体规模的选择也要适当。

一般来说，团体太小，难形成气氛。成员太多，易形成压抑感，而且成员中没有足够时间沟通，如果再遇到多话的成员，问题就更难办。团体小组到底多少人数最好，没有现存的规定。但有一点是肯定的，那就是团体规模大小，由团体性质、类型、成员的问题性质和类型来决定，同时也要靠领导者在实践中去摸索。我们认为，发展性大学生团体，8～14 名成员（领导者在外）较为适宜，但也要酌情而定。一般治疗性团体人数不应超过 10 人，但是异质的非结构式团体人数可达 20～30 人。异质的非结构式团体因为人员流动较大，这类团体本身活动与效果评估不及结构式团体严谨。但是在这种团体中，为了保证主要团体目标的实现，同时避免焦点变动不定，领导者应有意识地发现和稳住相当数量的老成员（对活动兴趣高、期望大、活动中投入较多，有坚持性的成员），以配合领导者实施计划。

团体成员的类型确定，是依据团体性质，而团体性质确定又是取决于成员问题和他们的需要，例如，青少年行为训练小组，成员肯定是 12～17 岁的青少年，他们要么是中学生或小学高年级学生，要么是社会青年，他们思维活跃、富于热情、可塑性强，活动的安排要符合他们的心理行为特征，往往设计结构式同质团体。大学生团体，其成员具有青年的特点，但不同的是他们学历高，自我意识较强，人格趋于成熟，自我管理能力较强，如果同在一个学校甚至同年级，他们共同活动的时间比较多，问题和心理需要也相近，适用结构式团体效果更好。还要注意专业、性别搭配，同一班、组，省、市、室交叉安排，便于克服沟通障碍，而且信息量更丰富。活动中要有相当数量的认知活动和探索性活动，否则会使成员感到单调乏味。

（五）团体活动时间与间隔

团体心理咨询的组织方式有两类：一是持续式团体；二是集中式团体。

持续性团体是定期活动，团体持续一段时间。团体持续时间的长度，活动间隔多少为宜，每次活动多少时间，这些是团体心理咨询计划者必须考虑的。一般而言，团体产生治疗与改变的因素需要时间，也就是说团体经由创始期、过渡期、成熟期到结束期需要有一个发展的过程。团体持续时间太短，效果受影响；但持续时间过长，成员易产生依赖，领导者及参加者的时间、精力也不允许。

总而言之，一期团体心理咨询持续多久为好，多长时间聚会一次，每次多少时间，取决于团体的类型及成员。一般认为，8~15 次为宜，每周 1~2 次，每次 1.5~2 小时，持续 4~10 周左右。一般的发展性团体，如成长团体、训练团体、人际关系团体等一系列团体可以次数少一些，8~10 次，而治疗性团体可多一些，10~15 次。事实上，活动的时间虽有规定，但不必墨守成规。团体领导者可以根据具体情况灵活掌握。如果预定的时间到了，发现有些问题还需要深入，在征得成员同意后可以适当延长。也有一些团体领导者在团体开始时并不规定活动时间及间隔，由团体成员视活动情况自行决定。

集中式团体心理咨询常常是将团体成员集中住宿，利用节假日休息时间组织活动。例如，每年都会举行的夏令营活动。集中时间多长为宜也要视团体目标、成员特点而定。一般 3~5 天为宜，最多不超过 1 周。大、中学生的团体心理咨询常常利用暑期组织。学生们几天同吃同住同活动，除了咨询活动外还有一些室外的集体娱乐活动，参观游览活动。集中式团体心理咨询多用于各种短期培训，不可能有更多的间隙时间，所以 1 周内完成是很可行的。

最后，每次活动间隔也只能从实际出发，这其中主要需要考虑成员家庭作业、独立思考的时间。

（六）团体活动范围和场所

团体活动可以在室内也可以在室外，但是往往室内外兼有活动，且以室内活动居多。对团体活动的场所的基本要求有 4 点：一是避免团体成员分心，也就是要使团体成员在没有干扰的条件下集中精神投入团体活动；二是有安全感，能够保护团体成员的隐私，不会有被别人偷窥、监视的感觉；三是有足够的活动空间，可以随意在其中走动、活动身体、成围圈坐；四是环境舒适、温馨、优雅，使人情绪稳定、放松。

一般而言，室内场所要选在宽敞、清洁、明亮、空气流通、气温适当的房间，最好有隔音条件，还应备好音响等设施，最好不要设置固定桌椅。团体活动中成员可以在地毯上席地而坐，随意坐成大圈，或分组坐成小圈；或用折椅，围圈而坐可以使团体成员都有面对面谈话的机会。另外，室外的活动还要将活动性质、要解决的问题、达到的活动目标、活动程序、可能出现的不定因素均列在计划中。

根据成员的特征和团体目标需要，也可有相应的其他设施。如心理剧场、相应道具，场内还应有观众席、独白位置、舞台。很多学校开展团体心理咨询走过了从会议室、办公室、实验室到团体心理咨询室的逐渐完善过程。

静态活动时，如小组讨论、讲授，成员围圈而坐为宜，彼此视线都能接触，沟通顺畅。

动态活动时，如轻体操、盲行等，可以根据活动要求，自由行动。

团体活动的场所无论室内室外，组织方式是集中式还是持续式，都不能忽略安全问题。一是政治安全；二是心理和生理安全。要严防闲杂人员介入，做好活动场所治安保卫工作，要做到万无一失。

（七）理论依据及参考资料

团体心理咨询计划的设计不是凭空想出来的，其背后应有领导者和他人的成功范例，有实践的理论与技能经验的支撑。根据不同团体的性质和目标，有其相应的理论依据，而且要把这些依据列到团体计划中，可以依据咨询心理学的流派，也可以根据某些特定对象的适应理论，还可以依据一套训练方案，以参考文献的形式罗列出来。例如，为了协调宿舍人际关系，减少人际冲突，除了人际沟通理论，还有柏恩的人际相互作用理论。此外，团体计划书须详细列出引用文献、参考资料、参考方案等。

（八）团体方案的设计

团体心理咨询方案的设计，实质性工作是围绕团体目标，运用达到目标所需要的指导理论与技术来进行，比如治疗焦虑症的团体心理咨询，总体目标是消解成员焦虑的情绪。团体领导者依据的理论较多，有行为主义理论、人本主义理论、理性情绪理论等。团体心理咨询要借这些理论和技术与成员当前要解决问题联系的线索，去设计团体活动。一种指导理论可以设计多个活动，我们不可能所有理论都同等地设计同样多的活动，但是至少目标运用到的主要理论需要2～3个活动。

我们的团体心理咨询活动设计见表4-8。

表4-8　团体心理咨询活动设计表

名称	目标	活动次数	活动名称
团体名称	该期团体总体目标	预计活动次数	略
第一单元（准备阶段）	一切准备就绪	略	做好计划，确定领导者与成员，落实团体场地
第二单元（导入阶段）	热身营造氛围	1～3次	略
第三单元（中间阶段1） 第四单元（中间阶段2） 第五单元（中间阶段3）	特殊目标	4～6次 7～9次 10～12次	体现特殊目标的系列活动
第六单元（结束阶段）	活动回放，提升团体气氛，接受离别，效果和过程评估	14～15次	略

(九)团体心理咨询的评估

一般而言，团体评估包括过程与结果评估、团体互动状况与个别成员评估、评估方法或工具及预定评估的时间等。其中，过程评估应含团体心理咨询计划、领导者工作过程、成员活动过程的评估。效果评估应含领导者工作效果、成员个人成长的效果和团体的整体效果的评估。评估方法可以将单元评估与终结评估相结合。但是在操作过程中，往往将过程评估与结果评估一起进行，一是可以省时，二是提高工效，三是避免因为复杂而繁多的评估任务让人应接不暇。要真正客观评估个人和团体的成效，需要有相当时期的追踪随访、观察，然而观察到的结果要界定是否都是团体心理咨询的成效，也很难，因为个人除了接收团体心理咨询的刺激和训练外，同时也接收其他丰富的客观事物的刺激，但是，这并不能否认团体心理咨询评估的重要性。

(十)其他

团体心理咨询工作需要不断规范化、科学化和提高绩效，团体心理咨询的理论和技术要在团体心理咨询的实践中发展提高。每期团体心理咨询结束，都要将相关资料收集整理。

这些包括团体经费预算表、广告等宣传品、成员申请报名表、成员筛选工具、参与团体契约书、团体评估工具以及其他相关资料。如活动中要用到图、表、文章等资料，录音机、录像机等设备，均应准备充分，以备使用。

二、团体心理咨询方案的实例

下面通过几个团体方案计划书，说明团体方案的设计内容、团体活动进行方式。

(一)大学生成长小组

(1)团体名称：“Know yourself，Love yourself”。

(2)团体性质：异质的、封闭式的成长经验型小组。

(3)团体规模：由8～10名大学生组成(不包括组长)。

(4)参加对象：小组成员为在校大学生。希望组员是异质的，所以会尽量平衡他们的性别、年级和专业，但年龄跨度上不能太大。将不选择刚刚经历了重大事件或性情过于极端的组员，并且确保组员之间是陌生的。

(5)团体活动时间、活动地点、费用：每周1次，共8次，每次2～3小时；封闭、安静的、有活动桌椅的教室；海报印制费、活动材料印制和购买费等约50元。

(6)团体领导者：某某(姓名)，女，学习过心理咨询、团体心理咨询、行为矫正、学校心理学等咨洵类课程，具备较扎实的理论基础；曾多次参加北师大心理健康者协会的成长小组活动，做过组员、副组长和组长，具备一定的实践经验；为人真诚、乐观、开朗、热情，亲和力强，性情随和，沟通和协作能力较好。

某某(姓名)，男，学习过心理咨询、团体心理咨询、行为矫正、学校心理学等咨询类课程，理论基础扎实；曾参加过成长小组活动，有一定实践经验；有良好的领导小组的意愿，为人友善，亲和力强，关心他人，做事认真，是一个良好的倾听者。在小组进程中，督导老师有丰富的心理咨询知识和团体心理咨询经验。

(7)团体目标：①终极目标。自我认识、促进自我成长，协助当事人发展成为一个自我实现的人。②过程目标。个人探索，了解自己，同时让别人认识自己。

(8)理论依据：按照埃里克森的心理发展观，青年期主要面临的问题和困惑是自我同一性，同一性混乱具体表现为自我认识不全面、不客观，自我目标不明确，自我与环境适应不良，由此导致了自我认识偏差、自卑、人际关系不良、生涯规划不明等一系列迷失性的问题。成年早期可能出现的主要问题是亲密感的缺乏，以及和爱情有关的一些问题，具体表现为孤独，自我封闭，恋爱关系的适应不良。因此，这一阶段的主要发展任务就是要建立同一性和亲密关系，即帮助青年人认识自我、了解自我，思考自身角色和责任，以及自己与周围环境的关系，确立自己的正确位置和发展方向。

同时参考了霍妮的自我人格理论。霍妮将人格分成三个部分，即真实的自我、现实的自我和理想的自我。真实的自我包括那些在任何特定的时期都能真正体现我们自己的东西，理想的自我反映了人们最希望成为的那种人。对正常的人来说，他们的真实自我和理想自我是始终紧密联系在一起的。随着真实自我的变化，理想自我也会发生变化；随着理想自我的实现，真实自我又会提出新的理想。所以，在正常人那里，愿望既符合实际又具有动力。然而，在神经质患者那儿，真实自我与理想自我是分离的，他们会产生一种理想化的自我意象，把理想自我当做真实自我看待，从而无法理解和认识他的真实自我。有些人产生过度的自我优越感，便是把理想自我当做真实自我了。由于这种自欺欺人的做法，患者创造出他们认为或感到他们应该成为的形象，如圣人、天才等。但是，有些人由于不满真实的自我，无法容忍与理想自我之间存在的巨大差距，因而产生自卑感，造成自我贬低的心理阴影，同时也影响他在人际关系中的角色定位，从而产生许多困惑。大学生群体由于发展还未完全成熟，不少学生理想的自我和真实的自我定位还不明确，往往因为二者之间存在差距而产生巨大的心理落差。因此，帮助学生们认清真实自我和理想自我，引导他们接受自我，是一件十分有意义的事情。

设计小组的形式、小组结构，确定组长责任和组员责任时，主要采用当事人中心治疗小组的理念，充分相信组员的潜力，相信在小组中，组长的主要任务是为小组开创出一个滋润性和具有治疗功能的氛围，而组员只要得到组长起码的帮助和催化，就可以找出自己的方向和应采取的行动。因此，强调为小组开创和维持一个充满着真诚、尊重和同感的气氛，以便组员内在的丰硕潜能得到发挥，导致个人的自我形象、基本态度和个人自主的行为有所改变，迈向成长。

具体的活动单元中，还会结合运用其他一些学派的治疗理论和方法。比如存在主义治疗小组的理念和方法、现实治疗小组的理念和方法等。总的来说，成长小组将在当事人中心治疗小组的理念基础上，各有侧重地参考和运用各学派的治疗理念，并且不同学派的理念和方法在小组活动的具体运用中并不是割裂开的，而力图做到灵活和融合。

(9)团体方案及步骤。

①参与3人一组。

②一位把另一位视为一面镜子，看着他并说出自己的优点与缺点，第三位做好记录。

③3个人轮流说自己的优缺点。

④把两小组合并为一个6人小组，对刚才的活动进行讨论，交流感想。

⑤全班同学一起交流感受。

⑥领导者总结：通过活动，大家可以看到，每个人身上都有许多优点，也有许多缺点，自己的优点不一定就是别人的缺点，自己认为得缺点不一定就是别人认为的优点，因此，要学会欣赏自己身上的优点，正确看待自己的缺点，让自己成为一个有自知之明的人。

(二)班级团队合作训练方案

(1)团体性质与名称：我爱我家。属于结构式、发展性团体。

(2)团体活动目标，总目标：培养班级成员团体凝聚力与团体信任感。具体目标：

①凝聚团体的共识，强化团体的向心力。

②培养团体的默契，增强成员的互信基础。

③强化成员在团体中的自我价值感。

④促进成员的互动状况。

⑤强调成员间互助合作的精神。

⑥透过活动的特殊设计激发成员的思考力与创造力。

(3)团体对象：大中学校学生，新生班级更适宜。

(4)团体规模：20~30人。

(5)团体地点：教室或团体心理辅导室。

(6)活动时间及频率：新学年开始时，共4次，每周1次，每次120分钟。

(7)活动方式：根据活动要求全班分成7～8人组进行，小组内交流与派代表全班分享结合。

(8)领导者及训练背景：学校心理健康教师，或受到团体培训的班主任1人，助手2人。

(9)理论基础。

①马斯洛需要层次理论揭示每个人都渴望被他人接受、尊重和欣赏；团体可以满足人社交的需要、归属的需要和爱的需要。

②社会心理学关于群体的研究证明，在一个团体中，如果成员之间有了互信，团体的凝聚力会更强，也将能更有效地发挥团体的效能。

③人际关系理论表明，要信任他人必须要先学习开放自己，接纳他人，袒露自己的情感、思想、情绪、感觉和意见，愿意和别人分享资源和观念；要能与他人有效地沟通、建立亲密的关系，自己应先令人觉得可信、值得信赖、靠得住。

④约翰逊的信任模式论认为，信任他人是一种冒险的选择，之所以会愿意去相信他人，是因为我们相信他人的行为对我们是有利的。信任模式理论还认为，由成员所表现出来高度或低度的接受、支持与合作的意愿以及所呈现出来高度或低度的开放、分享的态度，两个向度交互作用之后，会形成四种信任模式。

(三)焦虑症团体心理治疗

(1)团体名称：放飞心灵驿站。

(2)团体总目标：接纳自己、接纳别人，了解焦虑情绪的来源，学会管理自己的情绪。

(3)团体性质：结构化。

(4)团体对象：符合CCMD－3焦虑症的诊断标准的成年患者，性别不限。

(5)团体规模：8～10人。

(6)团体地点：医院治疗室。

(7)活动频率：8次。1次/周，2小时/次。周一下午2：00～4：00。

(8)领导者及训练背景：医院专职心理治疗师两名(男女各一名)，精神科专业、医学心理学专业。

(9)招募方式及成员筛选标准：门诊筛选，自愿参加。

(10)理论基础：认识领悟疗法。

(11)单元活动计划(表4-9)：

表 4-9 单元活动计划表

活动名称	单元目标	活动内容	时间
1. 心灵之约	认识团体，相识，澄清期望，集体规范	引言；滚雪球；倾诉烦恼；结语	2 小时
2. 心灵相通	提高集体凝聚力与参与度；检测自己的焦虑程度	相亲相爱一家人；焦虑自评	2 小时
3. 心灵探索	进一步提高团体凝聚力与参与度；认识自己的焦虑情绪及反应	千千结；现场自画像；讲解认识领悟；结语	2 小时
4. 心灵密码	引导深入觉察自己的焦虑情绪，让成员认识焦虑产生的因素	焦虑与自我价值观的探索	2 小时
5. 心灵溯源	引导成员深入觉察自己的焦虑情绪，让成员认识焦虑产生的因素	刮大风；当我小的时候	2 小时
6. 心灵解码	人生、家庭对人性的影响，进一步领悟焦虑产生的因素	突出重围；原生家庭	2 小时
7. 心灵鸡汤	学习管理焦虑情绪、学会处理焦虑情绪	成长三部曲；突破困境	2 小时
8. 美丽心灵	回顾团体过程，整理团体经验的心得，继续交流评估成效	回顾收获；摇篮曲；评估量表，珍重再见	2 小时

三、团体心理咨询方案的实施

本单元将对团体心理咨询组织与实施的具体过程、必须考虑的问题、应该采取的方法等作一详细介绍，以便为我们具体的团体心理咨询提供参考。

(一)团体的形成

团体的形成一般包括成员的招募、筛选，以及领导者要注意引导有参加意愿者去积极关心团体，如让其阅读有关文件、观看有关影视资料等。

1. 成员招募

团体成员的组成一般需要通过面谈进行。在报名面谈中，团体领导者可以说明团体的目标、要求、性质，了解报名者的期望。一旦确定名单后，可以通过发信函、邮件，或打电话等方式通知团体的地点、时间、日期，以及团体对穿着的要求、与团体组织者联络的方式。当被选择的成员完成签约书，就可以成为团体成员。

(1)成为团体成员的条件。从团体心理咨询的特点看，成为团体的成员应具备以下 3 个条件：

第一，自愿报名参加，并怀有改变自我和发展自我的强烈愿望。

第二，愿意与他人交流，并具有与他人交流的能力。

第三，能坚持参加团体活动全过程，并遵守团体的各项规则。

那些性格极端内向、羞怯、孤僻、自我封闭的人和有严重心理障碍的人不宜参加团体心理咨询。

(2)招募团体成员的方法。团体成员的来源途径主要有3种：一是通过宣传手段，成员自愿报名参加；二是咨询师根据平时咨询情况，选择有共同问题的人，建议他们报名参加；三是由其他渠道，如班主任介绍或其他咨询人员转介而来。发展性团体心理咨询主要是通过广告、通知来招募成员。

宣传时文字方面要选择正面的、积极的词语，少用消极的、敏感的词语。此外，团体心理咨询活动的时间、地点、内容、经费、报名截止时间等都要在宣传时说明，为读者选择作参考。

我国目前的心理咨询虽有了一定发展，但仍处于发展初期，许多人对心理咨询存有误解，而且了解团体心理咨询的人更少。即使是在大学校园里，仍有许多人对心理咨询不了解，或者担心去心理咨询而被人认为有心理问题，有这样的顾虑的学生很多。因此，在这种背景下，开展团体心理咨询、招募团体成员时更应该注意用词要恰当。如大学生中有相当一部分学生由于自信不足而倾向于害羞退缩，不敢面对他人主动交往。在招募这类对象时应避免负面取向的形容词，采用“欢迎对人际关系有兴趣、愿意探索有效的社交方法和技巧的人参加”，这对于求成心切、渴望发展的任何人都会有吸引力。再比如，一些旨在面对失恋团体的团体心理咨询，意在帮助他人尽早走出情绪的低谷，重新鼓起生活的勇气和希望，这类团体可以用“情感支持团体”“互相关心团体”等词语来命名。招募成员时也不宜公开张榜，可采用班主任、同学、咨询员推荐的方式形成团体。表4-10是报名表的范例；表4-11为成员筛选应考虑的因素。

表4-10　大学生成长小组报名表

姓名：	性别：	年龄：	民族：
系别：	年级：	练习电话： 电子邮件：	宿舍：
是否参加过小组	曾参加过的小组名称及感受		
参加小组的期望是什么	你个人有什么问题需要解决		

表 4-11 成员筛选需考虑的因素

(1)性别
(2)年龄
(3)人格类型
(4)智能水平
(5)社会背景(职业、种族教育、宗教等)
(6)家庭状况
(7)先前的团体经验
(8)参加团体的期望

2. 引导有参加意愿者关心团体的方法

团体心理咨询的效果往往与团体成员是否乐意参与，是否积极投入有关。在团体开始前，如何引导有参加团体意愿者以积极的态度准备参加团体心理咨询，也是团体领导者不容忽视的问题。在团体心理咨询开始前引导有参加意愿的人关心团体的方法主要有 5 种：阅读有关文件、观看有关影视资料、筛选面谈时的承诺与建议、签订协约、召开预备会。

(1)阅读有关文件。在团体心理咨询开始前，有些团体领导者为已确定参加团体心理咨询的成员准备一些与团体心理咨询有关的文件、资料，要求参加团体活动前必须阅读这些资料，一般包括团体心理咨询目标的解释与说明：团体心理咨询所用的技巧与程序；领导者的教育背景、训练与资历；在团体中成员的责任：如何去面对团体心理咨询，包括如何去接受和付出反馈、如何分享分担正面和负面的感受、如何告诉别人你对他们的感受等。

(2)观看有关影视资料。有些团体领导者在团体心理咨询开始前，组织成员观看与团体活动有关的录像、电影。通过观看，使成员了解团体活动的实况，心中有数。有时，边观看边解说，以便增进成员的了解。国外学者研究表明，团体心理咨询开始前用认知方法为团体成员做准备是有效的。有准备的团体成员对团体更有信心，团体开始后人际间互动积极，成员表达情绪多，承担个人责任多，出勤率高，团体心理咨询效果较好。

(3)筛选面谈时的承诺与建议。筛选面谈是团体领导者与申请者双向选择的过程。有些申请者一方面对团体抱有期望，渴望参加并使自己改变，另一方面又担心忧虑。特别是在我国社会文化的影响下，一些人担心参加团体活动会不会被认为心理或精神有问题；在他人面前表露个人的隐私会不会被别人鄙视；是否要完全敞开自己；别人会不会歧视我，排斥我；等等。带着这些担忧参加团体的人，往往难以与他人轻松地交往。因此，团体领导者必须向他说明保密的原则，做到保密的承诺。同时，在面谈时当成员明确表示参加的意愿，领导者在合适时，可以给他提一些建议。例如：把目标放在成长上、做个积极的参与者、把团体当做实验室、给予和接受反馈、表达你的真实感受，等等。

(4)签订协约。协约是指团体成员与领导者的协议，主要是为了引导团体成员达到团体目标。协约指出了团体成员的权利与责任，在团体内处事时需遵守的规则。签订协约的过程是个协商的过程。通过协商，可以使团体成员知道以后在团体内的具体行动，可以使成员清楚团体的真正运作方式及团体对他的要求，有减小紧张情绪的效用。团体合约书范例见表4-12。

表4-12　团体合约书范例

理念

本团体的目的是希望你能表现真正的自我。经过练习和鼓励，任何人都能学会以更令人满意的方式表达自己，本团体强调以“角色扮演”作为训练自我肯定及接受反馈的方式。

目标

本团体的整体目标是：

1. 能辨别自我肯定和非自我肯定的行为；

2. 把自己的需要、希望、感觉和意见以诚实而有效的方式表达出来。

出席

请务必每次都出席，团体需要你提供意见和技术示范。而且每位成员都参与，团体才能有效地进行，如果你不能参加，请和领导者联系。任何成员都有权利在任何时刻退出本团体。但是，如果你考虑退出，请事先和领导者沟通，这样做对你绝对是有帮助的。

准时

请务必准时，避免错过聚会中发生的重要事件，同时也让团体能因你的参与而获益。如果你预计可能会迟到，请先通知领导者。本团体将于________年______月______日开始，________年______月______日结束。

作业

每位成员在下次聚会前，均须在团体以外的时间练习某些作业，你可以不同意领导者建议的作业。但是，一旦同意，请务必要完成。

保密

任何一位成员在团体中所说的话都是绝对保密的，也就是说，在团体中呈现的任何资料都不能在外面讨论。每个人都有隐私权，你可以不透露任何你不想和别人分享的事。如果团体进行时有录音，这份合约即是你允许录音带仅能作训练用的书面同意书。如果另有用途我们会再征求你的书面同意。

研究

每位成员都要参加团体前及团体后的自我肯定练习，这些练习可用来帮助领导者为成员设计个别训练计划，同时也可以评估本训练的成果。成员也都要填写自我肯定量表和作角色扮演测验。同时，也会有观察者在督导下记录团体的互动。团体结束后，所有资料都会和每位参与的成员分享。

聚会时间

每个星期聚会一次，时间是________。

本人已仔细阅读并充分了解本合约的内容，本合约在领导者和本人彼此同意下亦可修正。

成员签名：　　　　　日期　　　　　电话

领导者签号：　　　　日期　　　　　电话

(5)召开预备会议。在筛选面谈后，可挑选一些可能成为成员的人开一次团体心理咨询预备会议。大家聚在一起认识一下。在预备会议中领导者要让每个人都说说参加团体的目的、期望。想象团体在他们心中是怎样的功能。然后更详细地说明团体的目标，回答成员的问题，澄清不正确的观念，建立基本的团体规则。召开预备会议可以尽快使团体成员明确并投入团体的运作。如果在预备会议上，有的成员发觉团体与他原来参与的目标有很大的不同，可以提出取消参加团体的申请。

上述各种方法可视领导者的需要与人力作选择，个别会谈较能了解欲加入成员的动机与适合性(并不是每个人都适合参加团体)。面谈过程中，协助其了解团体及确定其参与意愿，另一方面也使领导者了解成员的个别特质与问题。若是进行预备会议，对领导者而言，会较为经济，亦同时具备介绍与澄清团体目标的机会，但无法如个别面谈般，有相互深入了解的机会。

(二)团体活动的启动

团体活动的各项准备工作就绪后，团体就进入了实际操作阶段。一般而言，团体过程可分大致分为导入阶段、实施阶段、终结阶段。每一阶段都有一些具有特征的感觉与行为。相对应每一阶段都有一些活动与训练。但团体起动是否顺利主要取决于团体开始是否有明确的规范以及第一次聚会的进展情况。

1. 建立团体规范

团体心理咨询起动前一项重要的工作是领导者宣布团体活动的纪律或规则，要求全体成员保证遵守，这是团体心理咨询活动顺利进行的保证。纪律的内容一般包括：

(1)保守秘密。在团体活动中成员应该尽量敞开心扉。但在团体活动中了解的信息必须保守秘密，今后不传播、不评论。团体外不做任何有损其他成员利益的事。

(2)坦率真诚。团体活动中成员应以坦率、真诚、信任的态度相待，不掩饰自己的真情实感。对他人的表露，提供反馈。

(3)不与外界接触。团体活动期间，把注意力集中到此时此地，尽量少与外界接触，以免影响情绪，干扰活动。如打电话、听广播、看报纸、欣赏音乐等。保证参加所有活动。

(4)避免与少数人交流。活动中应尽量争取机会和团体内每一个人都有交流的机会，避免只与自己喜欢的人交流。

为保证团体的成效，在团体开始时，领导者可以要求成员保证做到团体要求。制定团体承诺书和誓言，要求成员认真阅读后签名，若成员不愿承诺，可视其自动退出团体。

2. 第一次聚会的组织

在正式进行第一次团体聚会前，领导者除了完成成员筛选、团体场所环境布置及根据团体计划所需材料的准备外，对于团体成员在第一次出席团体面对陌生情境所可能出现的畏缩和疑虑的反应，也应有所理解与准备。领导者如何邀请、说明，及引导成员投入团体，是正式展开团体所需面对的第一个课题。

(1)团体开始阶段的特点。开始阶段的活动可以分为静态讨论问题为主与以动态活动为主两类。前者适合于一些解决问题的团体，后者适合于多种类别的团体，尤其适合于青少年。活动的性质有些是利用场地使成员表现出他们的基本行为，以便作出评估，也为了提高成员的参与兴趣。特别要强调的是，开始阶段的活动应以加强成员之间的认识和沟通为主，使成员建立信任的关系。这一阶段常采用的活动有非语言式的交流形式，也有语言交流形式。

非语言的形式有：轻松体操、放松感觉、微笑握手、按摩、盲行、哑口无言等活动。语言的形式有：自我介绍，他者介绍，关注练习，名字串联等。随着活动的逐渐深入，成员的关系也由表及里，由浅入深，相互认同，相互信任，慢慢形成相互合作的团体气氛。

(2)明确第一次团体聚会要考虑的内容。包括怎样开场；帮助成员彼此熟悉；设定积极的基调；澄清团体目标；解释领导者的角色功能；解释将怎样指导团体；帮助成员用语言表达期望；使成员能有所表露；应用练习和活动；了解成员在团体中的舒适度；解释团体规则；解释将会应用的专业术语；评估成员相互作用的程度；打断成员的讲话，专注于内容；提出问题让成员们看着其他人；结束第一次会面。

(3)开始团体的具体操作。关于团体领导者如何开始一个团体，雅各布斯(Jacobs，1994)建议有下列7种方式：

一是先对团体的目的及性质做开场白后，进行团体成员相互初步认识活动，此模式最常用于心理教育及任务或工作团体，有时也适用于治疗性团体。

二是团体领导者以一两分钟做简要说明后，即开始做相互介绍的练习。希望团体成员一开始就能投入，彼此分享。例如：今天的心情，姓名简介，自己最喜欢的动物及原因等。

三是一个详细的指导说明，并将有关此次团体事宜说得十分清楚，接着就进入团体的内容，通常用于工作取向的团体，以协助成员进入工作状况。

四是开始时简短介绍团体的性质，进一步说明团体的内容，较适合于任务/工作团体，于第一次聚会时，互相交换意见，并清楚团体的目标及认识成员。

五是开始时，先简短地团体介绍，进而把团体分成两组，讨论团体的目标，再回到大团体分享及讨论，分组可以增加成员讨论的机会。

六是先对团体做简单介绍，进而让成员完成“语句完成形式问卷”。此问卷的目的在引导团体成员把焦点专注于团体的目标，此方式适用于工作或任务导向的团体、心理教育性及咨询治疗性团体。

七是先进行一个介绍性练习，而练习的项目中最后一项是团体成员对此团体目标最大的期盼，此种方式不仅帮助团体成员介绍自己，并可将焦点投入团体的目标。

(4)第一次会面结束。当结束第一次会面时，领导者应该邀请成员表达各自的感受，以便为成员以后积极参与团体做预备。领导者可以提出的问题有：你对这次会面感受如何？它和你所想象会发生的情况有多大差别？团体中发生的事件有什么是你不理解或不喜欢的？你从团体中学到了什么？

(三)团体的运作

团体心理咨询的过程是连贯的，由一个阶段到另一个阶段是渐进的过程，界限不明显，难以严格区别。把某一阶段分出来是为了方便讨论分析。经过上一阶段后，成员开始融合于团体内而不失自我，并企图找出自己在团体内的位置。他们通过互相探索、解决矛盾、互相适应来找出他们在团体内互相间的关系。由不认识到知交而学习到处事、待人的技巧，成员们可从参与团体中发展潜能而有所成长。

这一阶段是团体心理咨询的关键阶段。尽管各类团体心理咨询依据的理论不同、活动方式不同、实施方法各异，但成员间相互影响的过程是相同的。即成员彼此谈论自己或别人的心理问题和成长体验，争取别人的理解、支持、指导；利用团体内人际互动反应，发现自己的缺点与弱点，存在的不足，加以纠正；把团体作为实验场所，练习改善自己的心理与行为，以期能扩展到现实社会生活中。

(四)团体的结束

团体总有解散的一天，即团体的结束，这一阶段活动的目的是巩固团体心理咨询的成果，帮助团体成员做好分别的心理准备。实际上，团体成员能否深入掌握在团体内取得的经验，对团体留下美好的回忆，以及能否把团体中的学习成果应用到日常生活中，达到真正的成长目标，很大程度上取决于团体心理咨询结束期的活动。

1. 团体结束的任务

团体结束阶段领导者应该做的事情包括：

(1)提前宣告团体即将结束。一般聚会10~12次左右的团体，领导者应在最后2~3次聚会时预告团体结束的时间。团体聚会次数愈多、持续时间愈长，或团体成员凝聚力愈高、成员曾有失落悲伤经验者，则宜再提早一些时间预告团体即将结束，使成员可以有充分时间做好心理准备，领导者也有足够的时间在必要时妥善处理成员的分离失落情绪。

(2)带领成员回顾团体历程。领导者可通过复习团体活动、回忆团体中的重要事件等方式，带领成员回顾团体的经验，将团体心得、体会、收获加以系统整理。

(3)进行团体成效评估。领导者可通过要成员填答心理测验量表或调查问卷、分享自己在团体中的体验和成就，通过展示团体中的作品或作业练习的成果、成员彼此反馈勉励等方式，协助成员整理自己的团体经验。

(4)协助成员做好面对未来生活的准备。领导者可引导成员订立团体结束后个人想努力达成的具体行为目标，相互约定，彼此勉励，以使团体成效得以在现实生活中维持并扩展。

(5)互相道别与祝福。成员之间相互道谢与话别，互赠卡片，表达相互的期望与祝福。如果能有一些文字的练习可以保留，对于团体成员将会是一份最珍贵的礼物，如互赠祝福卡、心愿卡、赠言卡等。它们可以为团体成员收藏，即使团体结束，但成员赠送的文字和团体的照片都将永远陪伴在身边，成为生命中美好回忆的一部分。

2. 团体结束的活动

在这一阶段，常常采取的活动有：总结会、联谊会、反省会、大团圆等。通过团体的历程，原来互不相识的人已成为朋友，团体气氛和谐亲密、情绪高涨、心身放松、心情畅快、相互信任。在这种气氛下离别多少都会有些伤感。因此，需要安排好结束的活动。即使团体结束后，也可以在必要时召集成员重新聚会，进一步交流，了解团体心理咨询的实际效果。

团体心理咨询按计划完成、团体自然结束是最理想的状态。但有时也有例外。有的团体会遇到一些困难和问题而出现不得不提前终结的情况，如成员对团体失去兴趣、成员间产生不可调和的纷争、某些成员或领导者因故必须离开团体等。这时，必须尽量考虑周到，以防止突然结束给团体成员带来新的问题。

3. 团体结束的意义

团体结束是一个动态过程，不完全指最后一次聚会。一般而言，团体存在的时间越长，团体结束期要注意的事情越多，因为成员之间已建立了相当亲密、坦诚、互相支持的关系，对团体终结会有强烈的情绪反应。团体的结束代表的是一种失落，当团体成员面对要和长时间相处、相互扶持的其他成员以及团体领导者分离的场景，分离的焦虑或失落悲伤的情绪很容易产生，领导者应特别审慎地处理。过于仓促或过于拖拉的结束都会影响团体心理咨询的最终效果。

妥当的团体结束过程，可以帮助成员将团体经验加以整理和巩固，达成深化、扩展团体影响力的功效。然而，在团体实际运作过程中，团体结束往往容易被忽视。一个有经验的领导者会充分而有效地利用各种形式把握结束的时机，使团体在温馨、积极、圆满的气氛中顺利结束，为团体画上一个圆满的句号。成员也会非常珍惜这段团体经验，在丰富、完整、愉悦而非感伤、痛苦、不情愿的气氛中相互告别，圆满地结束，将有助于团体成员勇敢地迈向没有团体成员和领导者扶持的美丽人生。

第五节　团体心理辅导的评估

团体心理评估(evaluation)包含的范围相当广泛，评估的方法也因目的不同、层面不同、类型不同、对象不同而有区别。了解和掌握团体心理咨询评估方法是团体领导者必备的领导技能。

一、概述

团体心理咨询评估是指通过不同的方法，收集有关团体目标达成的程度、成员在团体内的表现、团体特征、成员对团体活动的满意程度等资料帮助团体领导者及团体成员了解团体心理咨询的成效。由于不同的团体类型评估的重点不同，选取的评估方法也会有区别。近年来，随着团体心理咨询的推广和应用，对团体心理咨询评估的关注程度大大提高。

(一)评估的基本要求

评估是一种长期性、系统性、持续性的动态历程。通过科学的、系统的方法，运用各种资料与技术，对各种可行的途径、层面予以价值判断并了解其工作结果，发现问题所在，以提供信息作为决策与改进的依据。评估可以针对人的行为发展，也可以针对事件处理结果，或针对制度运作情形等。评估重在“解释”“考核”“检视”，所以它的“标准”需有依据，无标准则难以评估。

团体心理咨询前后的评估不仅必要而且重要。如果团体心理咨询缺乏评估，对团体领导者而言，就无法客观公正地了解团体效能，也无法改进或提高自己的专业表现。团体心理咨询的评估可以在团体进行前、过程中及结束后实施。团体进行前的评估注重团体目标的评估、成员特性以及起点行为的评估。团体发展过程中的评估则在于领导者对团体动力的察觉、团体目标与进度的掌握、成员参与行为的分析，甚至包括特殊事件的处理效果、成员观察，等等。团体结束后的评估涉及团体成效的评估、领导效能的评估及成员行为发展变化的评估。

(二)评估的目的及作用

团体心理咨询评估的目的大致可以分为4种：第一，通过评估以有效监控咨询方案的执行状况，辨明问题和及时修正；第二，通过评估检验咨询目标达成状况；第三，通过评估以改进今后同类咨询方案的设计、训练策略；第四，通过评估协助团体领导者了解和改进领导技能，提升专业水平。

关于团体心理咨询评估的作用，斯兰德·里瓦斯(1995)曾指出以下7个方面。

第一，评估可以满足领导者对介入团体工作效果的好奇心与专业上的关心。

第二，通过评估获得的资料可以帮助领导者改善领导技巧。

第三，评估可以向机构、资助者或社会显示和证明团体工作的有限性。

第四，评估可以帮助领导者评价团体成员的进步状况，并从整体上了解是否达到团体预定的目标。

第五，评估允许团体成员及其有关人员自由地表达他们对团体的满意和不满意。

第六，评估可以协助领导者收集能与其他团体工作者一同分享具有类似团体目标的特点的相关知识和信息，并验证为团体所作的假设。

(三)评估的类型

根据评估的时间可以分为团体开始前、团体过程中、团体结束时、团体结束后追踪评估；根据评估的对象可以分为对团体领导者的评估及对团体成员的评估；根据评估的方法可以分为客观评估、主观评估；根据评估的工具可以分为影像评估、问卷评估和自我报告；根据评估的形式可以分为口头评估和书面评估；根据评估的侧重点可以分为过程评估和结果评估等。一个比较完整的团体评估至少应该包括对团体计划、团体过程、团体效果等方面的评估。

1. 团体计划的评估

团体计划是团体心理咨询的总纲，计划是否翔实将对团体的成败起到关键性的作用。团体计划的评估包括计划相关资料的获得、需求的评估以及团体目标及成员目标等。

(1)计划相关资料的获得。团体计划是否完善，可以先检查一下计划相关的资料和信息来源。一般情况下，团体领导者应该广泛收集各种资料，再拟定团体计划。

(2)需求的评估。检查团体计划是否完善的另一个方法是可以通过个别面谈、查访、信函等方式，事先征询团体预备成员的意见与看法，如他们参加团体的意愿、参与团体的动机以及他们帮助团体达到目标的能力，以便评估需求。

(3)团体目标的重要性。团体计划评估中最核心的问题是团体目标是否清晰，团体中个人目标是否明确。团体心理咨询是为了促进个人的发展，并协助个人面对及学习处理有关个人苦恼的问题，因此，应给予团体成员机会以确定和澄清在团体范围内个人的独特目标。一旦个人的目标得到澄清和建立，行为契约就可以成为评估方法。

2. 团体过程的评估

团体过程的评估包括团体的关系、气氛、计划执行、团体事件处理、团体结束是否妥当等方面。一般人们常认为评估是对结果的检验，其实过程的评估同样重要。团体评估工作应该是在整个团体过程中不断要进行的，绝不是团体结束时的特定任务。团体进行过程中，通过观察、问卷等方式，了解成员在团体内的表现和团体特征，然后决定团体是否应该延续。根据评估情况，可以选择有效的方法，改善团体过程。

例如，每一个团体领导者都希望团体成员在参与的过程中能全身投入。团体参与程度是行为改变的重要条件。但是，有时一些团体成员会表现出对团体不投入。这时，团体领导者可以设计自我评估表，了解团体成员的反应，评价成员的行为，预测团体发展的趋势。

团体领导功能的评估是过程评估的重要内容，有助于领导者了解自己在团体过程中的领导类型、功能、角色，以便加以改善。

3. 团体总结性评估

团体总结性评估是指在团体结束时所作的评估，这是团体心理咨询结束时一项必须要做的工作。总结性评估常采用领导者事先设计好的评估表，或事先选定的测验等。在团体结束时让团体成员填写，然后进行分析，了解团体成员对团体的满意程度、对团体活动的看法、团体感受及行为变化状况，以便领导者客观评定团体心理咨询效果，合理改进今后的工作。领导者也可以利用自己参与观察的结果，分析团体互动的情形。还可以请团体成员写总结、写感想，以此评估团体效果。

4. 团体效果评估的不同层面

团体效果的评估主要包括以下 4 个层面：反应层面、学习层面、行为层面和结果层面。

(1)反应层面。反应层面需要评估以下几个方面：内容、领导者、方法、材料、设施、场地、招募的程序等。这个层面的评估易于进行，是最基本、最普遍的评估方式。但它的缺点显而易见，例如，因为对领导者有好感而给高分，或者因为对某个因素不满而全盘否定。为解决上述弊端，尽量使评估公正客观可以通过以下的方法：强调评价的目的，请求成员配合；鼓励成员写意见、建议；结合使用问卷、面谈、座谈等方式；要及时反馈、马上填问卷等。

(2)学习层面。学习层面主要的评估方法有演示、讨论、角色扮演等多种方式。这个层面的评估优点是其给予了成员一定的压力，使他们更认真地投入团体学习；对领导者也有压力，使他们更负责、更精心地准备每一次聚会。应对这些问题的办法主要就是采用合适的评估方式。例如，对那些基于技能提升的训练团体可以采用考核的方式，也可以直接观察成员的行为改变。此外，在团体内展开讨论，或采用讲演、分享、角色扮演等方式，也可以观察到团体成员通过团体学习而产生的改变。

(3)行为层面。行为层面的评估主要是观察团体成员的行为表现，然后观察者给予评价，可以来自领导者的评价、督导的评价，也可以来自成员之间的评价、成员自我的评价等。这个层面评估的好处是可以直接通过成员行为反映咨询的效果，可以使机构、资助者直接看到咨询的效果，从而使他们更加支持团体工作。但是，这个层面的评估要花很多时间、精力，问卷的设计非常重要但却比较难做，行为的表现多因多果，如何剔除其他非团体因素的影响，也有一定的困难。一般解决的方法有：注意选择合适的评估时间；注意选择适当的评估量表或方法。

(4)结果层面。结果层面的评估是将成员在团体结束后，通过一些可测量的指标，如自信心、学习态度、学习成绩、工作业绩、家庭关系等，与参加团体前进行对照比较，以反映团体心理咨询的效果。这种评估方式的优点是可以拿出翔实的、令人信服的调查数据，证明团体的成效。但是，这个层面的评估也存在问题，首先，需要时间长，在短期内是很难有结果的；其次，对这个层面的评估还缺乏必要的技术、手段和经验；另外，必须取得相关人员和部门的合作，否则你就无法得到相关的数据；最后，必须分辨出哪些“果”与团体工作相关，在多大程度上相关。要解决这些问题，最好是有一个参照组(其他条件相同，只是未参加团体)来对照评估。

(四)评估的执行者

团体心理咨询过程和效果需要评估，但由谁来评估呢？樊富珉认为，可以由以下5种人即通过团体督导、领导者自评、观察员评估、团体成员自评以及成员相关的重要他人，如教师、家长等人的评估，来从不同角度评估团体的过程和效能。

1. 团体督导者

心理咨询督导是指在专业工作中由资深工作者对资浅工作者所提供的一种介入，此种介入关系的性质是评估，持续一段时间的，并具有提高受督导者专业水平的功能。团体督导者是团体领导者的老师，承担着观察、分析和帮助团体领导者提高专业水平，并对团体成员负责的责任。团体督导者可以通过现场过程、事后观看录像带，或阅读团体领导者的团体单元记录表等方法和工具找出需要进一步讨论的内容和议题，与领导者进行讨论。

2. 团体领导者

团体领导者的评估可以分为两类：对自我的评估与对团体的评估。

(1)领导者自评。领导者自评指领导者对自己的工作状况进行评估，如评估自己的领导风格，所采用的技巧是否合适，发现和处理团体事件的能力与效果，维持团体气氛的技巧如何，催化团体成员参与团体程度的状况等。团体领导者自我评估可以在每次团体聚会结束时进行，也可以在整个团体心理咨询结束时进行。一般常用评估题目有：我是否严格遵循团体心理咨询的计划？我对自己的领导行为满意程度有多大？我能在多大程度上满足成员个体的需要？团体心理咨询过程中是否出现未曾计划或预期的事情？团体心理咨询过程中有哪些地方可以改善？和上次相比有什么改变？

(2)评估领导过程与团体成员。评估领导过程包括团体目标是否达成，团体氛围是否融洽等，评估团体成员包括团体成员之间的关系如何，是否有效地协助成员改变等。因团体性质不同，评估重点也有一定区别。例如，在治疗性团体评估中，团体领导者更关注成员思维和行为的改变；互助和成长性团体评估中，团体领导者会更关心成员间的沟通状况、人际关系和相互支持网络的建立。因此，团体领导者进行团体评估时必须根据团体目标而制定一套适合的评估步骤与方法。团体领导者评估工具见表4-13。

表4-13　团体领导者个人评核量表(设计：林孟平.2001)

请在下表中对你个人在带领心理咨询小组过程中的表现作出评定(根据符合程度划“√”)

日期：
时间：
第　次聚会
组长姓名：

项　目	很高		高		中等		低		很低
	5.0	4.5	4.0	3.5	3.0	2.5	2.0	1.5	1.0
1. 接纳：接纳组员的长处、限制、各人的差异，独特处，无论他的态度行为如何，仍重视他是一个有价值的个体，不批评判断									
2. 尊重：尊重信任小组及每一位成员，包括相信他们的能力，通过专注、重视、温暖和信任的态度，令每一组成员可以安全地、自由自在地表达自己和与别人互动									
3. 同感：对小组组员之感受与经验产生同感，且能正确地传达，以致组员能清楚地知道我明白他们的感受与处境									
4. 真诚：很真实或很诚实、很自然地表达自己，无论在态度上还是在言语行为上都坦诚无伪地与组员互动，以真正的“我”与组员相处，言行协调，表里一致									

（续）

项目	很高		高		中等		低		很低
	5.0	4.5	4.0	3.5	3.0	2.5	2.0	1.5	1.0
5. 简洁具体：不作概略性的回应，相反，能准确地就个别组员或小组的特别感受或经验作出聚集式的回应，表里一致									
6. 个人分享：没有自我防卫，在适当的处境与时间，让组员知道自己即时的感受与思想，态度开朗，坦然，开放自己									
7. 信心：信任自己个人的能力，因此表现得有自信和肯定自己，有安全感									
8. 信任：重视个别组员与小组整体，相信组员具有改变、成长与个人完善的意向，同时相信小组的过程和功能，也相信个人的能力和小组本身所具有的动力									
9. 温暖：有亲切、友善、关心和爱护的态度，令组员感到安全和有归属感									
10. 对质：在尊重、真诚与同感的基础上，在需要时作出对质，而且对质的种类和轻重亦恰当具体									
11. 计时：在个人态度、言语的表达和对小组的干预和协调上，对时间的估计和掌握都拿捏得适当和标准									
12. 灵活具弹性：能容忍不同的事物和看法，不主观、不僵化，能在不同处境下具有应变能力。能有效地回应个别组员的需要，且能达到有效的处理									
13. 自然流露：言语和行为的表达都自然流畅，从容自在。在与组员沟通时常会迟缓，欲言又止、深思熟虑后才表达自己									
14. 勇气：有冒险尝试的能力，可以在小组的紧张关头做出调解，有能力忍受不清晰的情境，不会因此而焦虑失措。能坦然自表，同时勇于面对自己，勇于对自己身为组长的表现作深入的反思和达到自觉。有错误时，亦有能力面对、承认和作出改进									

（续）

项　目	很高		高		中等		低		很低
	5.0	4.5	4.0	3.5	3.0	2.5	2.0	1.5	1.0
15. 自觉：在带领小组的过程中，对自己的理解能力和内在情绪反应都有清楚的自我觉察									
16. 委身：在带领整个小组过程中，我是全身心地投入或委身，专注和积极地促进个别组员和小组的成长与发展。同时，我不但是组长，许多时候，我也是一个努力参与的组员									
17. 模范：自己在小组中愿意作别人的模范，是别人学习与仿效的对象									
18. 常模：我在小组中促成了积极、具建设性的常模									
19. 凝聚力：我和整个小组中的组员有一种同在一起的温暖和亲密感，彼此关顾和爱护，互相储存信任									
20. 策略与技巧：在带领小组过程中我有能力和有效地选择和使用小组策略、方法和技巧									
21. 非语言行为的观察能力：我能正确而敏锐地对小组成员和小组整体的非语言行为作出正确而适当的阐释									
22. 分析与归纳：能清楚掌握组员的表达，能作出整理分析归纳，然后进行有效干预与处理									
23. 整体表现：概括来说，我促进了小组组员与小组的成长与发展									

3. 团体观察员

团体观察员的角色可以更加客观地反映团体的状况。团体观察员通过现场过程观察记录，从团体成员、团体领导者以及团体效能 3 个方面进行评估。

(1)针对团体成员的行为表现。通过观察，记录和分析团体成员的行为表现，例如，成员的协助行为(倾听、同理心、尊重、自我表露等)以及阻碍性行为(防卫、阻断、破坏等)。

(2)针对领导者的领导技巧与过程。通过观察，记录和分析团体领导者行为有效与否，如同理的反应、引导技巧、适时介入、无条件积极关注、尊重和接纳、自我袒露等。

(3)针对团体效能的观察。观察团体计划的可行性和有效性，以及团体的结果等方面。表 4-14 是一种观察反馈表。

表 4-14　观察员现场观察反馈表

观察员签名：

亲爱的观察员：

您好！请你安静地仔细观察眼前的团体，不要有任何声音或动作出现，以免干扰成员。只要你按照本表所陈述的各项问题一一填答即可，你可在观察 10 分钟后再开始填表(观察时间 20 分钟)。

1. 本组□有　□无　团体领导者(答无者，请跳至第三题作答)

2. 本组团体领导者是□自然产生(非正式)　□推进产生(正式)

3. 本组团体工作内容是：

□在限定时间内完成贴纸工作

□在非限定时间内完成贴纸工作

□在限定时间内讨论某项主题

□在非限定时间内漫无主题地闲聊

4. 本组团体活动过程显得……(在下列表格适当位置，注明意见或打“√”)

团体阶段状况	混乱不堪	热闹嬉戏	表现普通	沉闷不耐	讨论有序	发言热烈
团体初期 (约进行 5 分钟内)						
团体初期 (约进行 5～15 分钟内)						
团体初期 (团体结束前分钟)						

5. 本组团体每位成员表现情形：(请先写下成员姓名于括号内，再予以客观评语，包括他们的发言情形、脸部表情专心与否、身体与姿态、对团体投入与否……)

a：____________________

b：____________________

c：____________________

d：____________________

e：____________________

6. 本组团体活动的结果

□如期完成工作

□未完成工作

□讨论主题有结果

□讨论无结果(漫无目的)

7. 总结本团体此次运作的情形(此问题也可等团体结束后，先征询某些成员意见再填答，对打√，可复选)

□不顺利　□茫然　□紧张　□刺激　□热烈　□无聊　□好玩

□消极　□沉闷　□单调　□头痛　□混乱　□快乐　□兴奋

□无奈　□轻松　□工作有目标　□顺利　□积极　□平顺

□互动良好 □气氛融洽　□有成就感

8. 总结本组团体领导者(包括非正式领导者)

①领导方式：□民主式　□权威式　□放任式　□其他(请注明)

②领导绩效：□良好　□普通　□欠佳　□极差

③成员参与情形：□全体热烈参与　□普通　□大多数参与

□少数参与(只有一二人发言)

9. 团体中其他观察意见

注：本表是供团体内进行分组活动，每组分配一主题任务，再由观察员从旁观察记录，分析团体动力之用。

4. 团体成员

团体成员的评估包括对团体过程、团体效能、领导者行为的评估以及自身行为表现等方面。如可以评估自己的参与程度、目标是否达成、行为是否改善、有无防卫性行为出现以及出现的频率，团体内容是否恰当，团体过程中发生哪些印象深刻的事件，团体气氛如何，对团体领导者的满意程度等。团体成员评估所用的工具可以是量表、调查问卷、成员的日记、自我报告等。成员评估可以以个人前后测分数的差异情况来反应，也可通过文字或简短的量表来了解。有些团体领导者的做法是要求成员对每次聚会都进行记录，一段时间后收回整理。评估工具可以是开放式问题，也可以是量表（表4-15）。

表4-15　成员自我评估表

1. 团体的经验对你个人的生活有哪些影响？
2. 团体心理咨询给你留下最深刻的印象是什么？
3. 有什么特别的原因使你对于自己的生活、个人态度及人际关系更为了解？
4. 你生活中的哪些改变是来自于团体经验？
5. 当你想在现实生活中完成你在团体内所做的决定时，你会遇到什么问题？
6. 团体经验对你是否有负面影响？
7. 你参加这个团体对你生活中周围的人是否造成影响？
8. 如果你没有参加这个团体，你的生活与现在的生活会有什么区别？
9. 你喜欢团体的哪些地方？你不喜欢团体的哪些地方？
10. 你对领导者带领团体的方法有什么意见？
11. 如果要你用一两句话来于说明团体对你的意义，你将如何回答？

5. 团体成员相关的重要他人

团体成员参加团体心理咨询后，行为表现是否有改善，可以通过团体成员的重要他人，如家长、家属、老师、朋友、同学等反映或报告来评估。评估方法可以是正式的也可以是非正式的。正式的方法包括设计一个简短的评估表，重点放在成员的特别问题上，定期请与团体成员关系密切的人填写，不仅可以获得成员在现实生活的第一手资料，也可以使相关人员看到成员的努力与进步，并给予积极的反馈和建设性的期望。非正式的方法有面谈、电话、访问等，以了解成员的行为与表现(表4-16)。

表 4-16 团体成员相关者评估表

先生(女士)：您好!

为了协助__________同学自我成长与适应发展，热忱盼望经由您的协助，获得其生活表现资料，恳求惠赐意见，供本中心作为青少年辅导工作之参考。你所填写的资料绝对保密，也不做其他参考评量。敬请依据作答说明，逐项翔实填写。谢谢合作!

一、量表说明

(1)为使评量客观，当事人表现行为指在各种情况下(如校内外、家庭内)的观察

(2)评定分数时，请勿过于宽大或过于严苛，依照当事人实际行为表现即可

二、评量方工

这是一个评量当事人行为的量表，使用时应先了解句中数字评量所代表的意义，以4、3、2、1表示当事人达到所描述的行为程度：

“4”表示特殊优越的程度；

“3”表示平均以上的程度；

“2”表示平均程度；

“1”表示平均以下程度。

※请在合适当事人行为程度的分数上打√

1. 他是否诚实、真诚、可被信任 ………… 4 3 2 1
2. 他是否对自己的行为负责 ………… 4 3 2 1
3. 他是否完成师长、家人指定的工作 ………… 4 3 2 1
4. 在紧张的情况下，他是否保持情绪平衡与身体上的自在不拘束 ………… 4 3 2 1
5. 他是否保持适当的礼节 ………… 4 3 2 1
6. 他是否努力求知 ………… 4 3 2 1
7. 他平时是否心平气和地学习每项事务 ………… 4 3 2 1
8. 他是否对自己充满信心 ………… 4 3 2 1
9. 他是否主动帮助别人 ………… 4 3 2 1
10. 他是否行事严谨、考虑周详 ………… 4 3 2 1
11. 他是否尊重别人的权利 ………… 4 3 2 1
12. 他是否与其他人相处融洽 ………… 4 3 2 1
13. 他对现实的生活是否满意 ………… 4 3 2 1
14. 他是否准时上下课(上下班) ………… 4 3 2 1
15. 他是否遵守与别人的约定 ………… 4 3 2 1

三、请您就这三个月来，对当事人的了解(包括他的学习表现、生活情况、交友情形等)加以叙述。

……

资料来源：徐西森．团体动力与团体心理辅导[M]．北京：世界图书出版公司，2003。

二、团体心理咨询评估的评估模式

(一)陆弗的评估模式

陆弗(Luft，1969)认为，观察团体互动过程中成员的沟通形态，有助于评估团体的发展结果与成效。一般而言，有效团体的成员应能增进对自己与其他成员的了解，愿意开放自我，提高个人的心理健康水平及改善人际关系。如果团体互动过程中，成员只是有选择性地分享个人感受与经验；或只做表层次分享，缺乏中、深层次的自我透

露；或被动、拒绝给予其他成员反馈，自我防卫心重，则反映团体动力缺乏，团体凝聚力不强，团体信任感不足，团体的效果极其有限。乔韩窗口①是以“自我觉察程度”与“他人了解程度”两个方向来说明团体成员察觉自我的行为与感觉的程度，以及探讨对其他成员对自己行为与感觉的了解程度。针对“个人是否觉察”与“他人是否觉察”两个方向，交互作用产生四种团体内人际互动的状况（表4-17）。

表4-17 乔韩窗口察觉模式

	自我察觉	缺乏自我察觉
他人察觉	Ⅰ 公开区	Ⅱ 盲目区
他人无法察觉	Ⅲ 隐秘区	Ⅳ 未知区（潜能区）

公开区：当事人了解自我并开放自我，使团体其他成员也能了解当事人的想法、感觉和行为；盲目区：当事人对自我缺乏了解，由其他成员对其所观察的想法、感觉和行为反馈予当事人，促发当事人的自我探索；隐秘区：当事人有意识地隐藏自己内在真实的想法、感觉和行为，其他成员无法了解当事人，呈现表层次的人际互动；未知区：当事人无法了解自己的想法、感觉和行为，其他成员对当事人也缺乏了解。

基本上，团体内所有成员，包括领导者的人际沟通与互动关系可能出现在任何一区，团体动力与团体成效也可经由大多数成员沟通互动的属区所在来加以评估。有效的团体，其领导者与成员互动的属区较多呈现在开放区（Ⅰ）；在团体形成前，成员的开放度与互动性原来在未知区（Ⅳ）较多，经过团体运作后成员的状态发展至开放区。由此显示，团体动力发展与团体运作的结果，有助于成员的自我了解与人际互动，促进成员建设性、开放性的身心发展与行为反应。

陆弗模式较注重过程评估，但由于影响团体发展的因素相当复杂，只以过程及成员互动观察作为团体评估的方法，将影响团体评估的完整性。

（二）戴伊的评估模式

戴伊（Dye，1968）认为要评估团体效果或成员的个人成长，可采取多元化的方式，从人员、方向两个方面、四个部分来进行评估（表4-18）。

团体内自我报告：由团体成员通过各项书面检核资料及口头报告来作个人评估或团体评估。团体内他人反馈：由参加团体的领导者、观察员、督导者及其他成员通过书面检核资料及口头报告来作个人评估或团体评估。团体外自我报告：成员在参加团体之前或之后，通过书面检核资料及口头报告来作个人评估或团体评估。团体外他人

① 美国心理学家Jone和Hary提出关于人自我认识的窗口理论，被称为乔韩窗口理论。他们认为人对自己的认识是一个不断探索的过程。因为每个人的自我都有四部分：公开的自我、盲目的自我、秘密的自我和未知的自我。

表 4-18　戴伊的评估模式

项目	团体内	团体外
自我报告	①行为检查、个人行为与反应评估、Q排列等 ②团体经验的日记 ③自我成长进行的报告	①辅导前后有关问题检查、人格测验 ②自传 ③职业及生涯决定 ④个别向领导者、成员的咨询 ⑤团体的评估，问卷调查
他人反馈	友伴、领导者、观察员 ①团体成员行为、态度的评估 ②团体行为的评估 ③社会测量法 ④分析录音带、录像带	老师、父母、朋友等 ①评估及检查方法 ②非正式、开放性报告 ③亲友与教师的反馈 ④出席率、成绩、操行及勤奋情形等

反馈：参加团体之前或之后，由成员的关系人(教师、父母、朋友等)通过书面检核材料及口头报告来作个人评估与团体评估。这四种评估各有其特色、方法及优缺点。

戴伊评估模式或陆弗谋划评估模式可以合并使用，也可独立使用，但重点在于团体领导者或咨询研究者就将评估一项事先列入团体方案、团体计划书内，妥善规划且充分掌握团体目标与评估项目。

(三)卡尔卡的评估模式

卡尔卡(1985)提供的一个评估模式。他认为从不同的层面收集资料，可以获得更多不同反应的资料并运用于不同目的。这些层面包括：个人层面、人际层面、团体层面、社区层面以及组织层面。

评估如果放在个人层面，则目的在于了解个人参加团体心理咨询的获益或满意度。必须评估个人参加团体前、后的状况或行为。以参加团体前的状况作为一个基准线(baseline)，这个基准线供个人参考，决定要不要做改变，改变的目标是什么。所以，一般用以评估个人的方法常采用量化的研究法，如：①行为量化，即初试出现目标行为的次数，如表达情感情绪行为的次数、完成家庭作业的次数等；②自我评估量表；③目标达成量表；④心理评估工具，如标准化的人格测验。

评估如果放在人际层面，则目的在于了解团体对成员人际互动的影响。例如，Hawes(1996)的“父母—少年互动”(Parent-Teen Inter Action)方案，目的在于增进亲子间相互尊重的同理能力，并借此改善亲子沟通一互动，因为评估与目标有关，Hawes 建议量化和质化研究方法并用，收集学生与父母交谈次数，并对互动质量进行描述。

评估如果放在团体层面，目的在于了解团体方案对于团体情境影响，或对于整个团体进行记录并收集资料。前者指实施方案时团体内改变状况，可以使用团体记录收集资料。团体记录可分 3 种：

(1)过程记录，即记录团体过程最重要的一些事。

(2)重要事件，为节省时间，只就团体聚会中选择一件咨询师认为重要的事加以记录。

(3)摘要记录，咨询师就聚会中的主要事件简要描述。另外，咨询师也常用“社交测量”(sociometric measurement)方法了解团体结构改变状况。

(四)斯塔夫莱比姆的评估模式

斯塔夫莱比姆(1971)与其同事共同提出的一种评估模式，也称 CIPP 模式(Context Input Process Product Model)，包括四个阶段：背景因素的评估、输入变量的评估、过程变量的评估及实施结果的评估。前一阶段是后一阶段的基础，有因果影响关系；最后一阶段实施后再循环回到第一阶段，作为修改原始工作计划的参考依据。

1. 背景因素的评估

这一阶段的评估内容主要是探讨与团体工作前后相关的一些重要决定因素，其中包括团体工作的计划决定；团体工作的整体目标和个别目标的制定；设定团体工作计划的走向。

2. 输入变量的评估

这一阶段评估的内容是检视团体工作的输入变量，其中包括：团体工作计划决定的结构化；团体工作计划如何设计；了解所有可能会影响到团体工作的因素。例如：组织结构(organizational structure)、人员编组、权责分工；功能与服务项目(services)；团体领导者的专业素养(expertises)与胜任能力(competencies)；工作环境(environment)、必备的用具材料(materials)、相关的设备(facilities)；聚会地点(location)的选择；经费(fund)和预算(budget)的筹措。

3. 过程变量的评估

这一阶段的评估内容主要是检视团体过程中会影响到团体工作实施的各种因素，如有关团体工作的计划执行；找出团体工作计划的优、缺点；团体工作过程中会碰到的一些问题和困难；确认团体过程中的有哪些阻挠因素。

4. 实施结果的评估

这一阶段的评估一方面是了解团体工作计划实施后的结果，另一方面也可以为未来的团体工作计划提供改进的意见。其中包括：评估目标达成的状况；评估团体工作计划的效力、效率；可以为整个团体工作计划提供完整的成果讯息，以供继续、修正或剔除未来的工作计划参考；作出再循环的决定，以使未来的工作计划更完善。

(五)综合评估设计模式

上述四种评估模式主张从某个层面或角度来评估团体心理辅导的效果，有些学者认为这样不足以获得全面的评估结果，于是提出了综合评估的模式。

1. 固定式评估设计与涌现式评估设计

固定式评估设计(fixed evaluation design)是根据方案的目标产生具体的评估问题，将资料收集、资料来源、分析、统计均事先有系统地规划好。由于是正式的评估，因此采用测验、问卷、评估表、调查表等工具，并在研究方法、资料收集和结果的呈现上均采用量化研究方式。例如，在大学实施一个协助学生认识非传统生涯的团体心理辅导，可以事前选好评估的工具，在实施团体心理辅导之前先让学生填写该生涯调查表，待实施辅导之后再实施一次，并使用一个对照组，即没有接受这个团体心理辅导的学生，给予同一份调查表，以便比较在其他条件相同时，接受和不接受辅导的学生的生涯发展差异，用以了解该团体心理辅导方案的效果。

涌现式评估设计(emergent evaluation)则是去与评估对象沟通，重点放在观察方案的设计与对未来的探询，评估对象的反应决定重要课题和设计。所以评估的对象是继续成长、改变、对情境反应，不断调整以配合不断改变的问题和方案活动。因此，评估者通常使用个案研究法、观察法，或观察团的报告等较欠缺客观而严谨的资料收集方式，资料收集结果通常采用质化研究方式。

2. 形成性评估与总结性评估

形成性评估(formative evaluation)主要用于收集效益和为方案改进之用，评估者通常为方案工作的人员之一，以便密切与方案实施人员的合作。评估资料主要来自方案工作人员所辨识出来的需求和问题。任何资料收集方法都可以采用，重点在于将收集到的有效资料用于方案的改进。形成性的评估在设计方面，可以采用固定设计或涌现式设计，最好与方案工作人员共同讨论后修改，以配合工作人员的需求。因此，评估者一定要与设计咨询师或设计小组以及实施该方案的团体领导者密切合作，才能进行评估。

总结性评估(summative evaluation)，用于评估方案的成果，重点是在方案或决策者所重视的所谓“成功”的变量，作为认定该方案是否有价值的依据。所以，一个方案通常是既进行形成性评估又进行总结性评估。前者在于改进方案，以便方案得以继续进行，后者主要用于决定一项方案是否值得继续实施，两者目标不相同。

3. 实验设计、准实验设计以及严谨的询问法

实验设计(experimental design)或准实验设计(quasi-experimental design)都是很典型的研究方法，被试必须经过随机抽样获得，然后进行方案训练，并评估方案对其影响。采用这类研究方法作为方案评估，其目的在于判断方案的价值，看它是否有推广的价值。

严谨的询问法(unobtrusive inquiry)，可使用于不能够加以实验的情境。当方案已实施，然而却必须加以评估以便改进方案时，可采用严谨的询问法去观察并与方案有关人员交谈，以便收集评估资料。采取这种方法，评估者必须先阅读文献，分析已有的研究，以便知道如何去观察。最好采取多重评估策略和多种资料收集来源，以增加资料的可靠性。

实验法和准实验法主要采取标准评估工具，所以为量化研究。而严谨的询问法则采取观察、个案研究、观察团报告等策略，所以常用质化研究①。由于质化研究常常被支持量化的研究者质疑其客观性和可靠性，过去心理咨询与辅导的评估很少使用质化研究。然而，因其可以对于所研究的现象提供描述，提供具有深度性、丰富性和精致性的资料，作为形成观念、发展假设和产生反应的参考。因此，近年来，咨询与辅导方面使用质化研究有增加趋势。

三、团体心理咨询的评估方法

团体心理咨询评估可以采取多种不同的评估策略和方法，以配合评估不同的团体方案。由于团体心理咨询的过程非常复杂，人的行为多变，影响团体动力的因素甚多，因此团体心理咨询与辅导的成效评估程序、方法与项目力求严谨，必须以多元化的模式来设计，以不同的方法来进行。为此，团体领导者进行团体评估时必须根据团体的目标、特点制定一套适合的评估步骤与方法。

(一)选择评估方法的原则

选择方法时必须考虑：第一，评估方法是否适合团体方案目标；第二，是否是咨询师熟悉并了解掌握的方法；第三，方法是否适用于评估对象等条件；第四，所选方法是否简易、实用、客观。例如，评估一个改善学生课堂行为的班级团体心理辅导方案，在实施前，让各科教师在该班上课时记录下一周内学生发生行为问题的次数，再记录下实施方案期间和实施后的次数。将每周教师的记录进行统计，制成一个曲线记录图，便可以看到该团体方案对学生课堂行为影响的状况。

(二)评估前必须考虑的问题

豪斯(1987)曾提出“评估前的六问”，即评估的目的何在？评估要回答的是什么问题？评估者愿意或能够做到的“众意假设”(consensual assumption)是什么？评估的对象

---

① 质的(qualitative)研究，又称质化研究，是指研究者置身于研究情景中，运用观察、访谈和文献调查等方法去接近、体验和理解被研究者，并力求从当事人的角度去解释他们的行动及其意义建构的过程。

是谁？完成此评估之最有效的方法为何？评估是否已具备所要求的能力的技术？可见，在进行团体评估之前，需要认真思考一些问题，以便为之后的评估打下基础。尼沃(1983)建议在进行评估之前先做好下列考虑，才能设计出合宜的评估计划。例如：

(1)怎样界定这个评估？其特征何在？与研究或测量有何不同，是为决策者提供资讯还是用以了解被评估者的状况或其他用途？

(2)为什么评估？这个评估本身的目的何在？这个评估所提供的功能是什么？是用来作决策，用来作职责的验证，还是用以改变或改进方案？或其他原因需要作评估。

(3)评估的目标是什么？有什么应该或能够被评估？要评估学生、学校、机构本身或其他？

(4)一个目标的哪些方面是评估和调查的？哪些问题应要问到？应该收集哪类资料？目标的哪些方面该被评估，是资源、结果的影响、过程或应用、工作人员、学生、目标、计划、利益、需求、机构及学校特征，还是其他事项？

(5)用什么标准来判断目标？你将如何解释发现？如何认定收集的资料的价值？你将如何决定目标是“好”或“坏”？应该使用的目标就是方案目标，还是人所看到的需求或理想的目标、社会的期望？

(6)评估为谁而作？谁要听取评估？谁要评估收集到的资料？是学校咨询师为领导而作或为学生、教师、方案工作人员、政府或其他人？

(7)用什么步骤和程序来进行评估？如何开始评估和如何进行？评估计划有哪些主要阶段？有无更好的顺序来进行评估？

(8)应该用什么调查方法来进行评估？如何收集资料？什么的调查设计该用于这项评估？最好的方法是用测验、问卷、专家座谈、实验设计、调查法、个案研究，还是其他方法？

(9)该由谁来作这项评估？评估者应该具备哪些评估技术？评估者具有什么权威和责任？该由外来人士还是自己人评估？

(10)用什么标准来判断这项评估？你知道好的评估有何特征？如何评估一项评估？评估是否实用，可信、可靠，合法、合伦理，客观？

(三)评估方式的选择

评估主要有两种方式，即过程性评估与结果性评估。团体过程与结果的评估，依评估的层次区分为团体层次与成员个别层次两种；也可依评估的方式区分为对团体过程与结果客观的评定及主观自陈两种(表4-19)。

(1)对团体整体过程的客观评定。这是指对团体整体互动过程依其行为表现进行观察分析的评估方式，例如，将团体过程全程录像、录音，然后对于成员彼此互动形态

（沟通次数、团体沟通的形式等）进行归类、计数及类型的分析，或是对领导者的领导行为进行编码分析，以了解成员互动及领导者的领导风格是否影响了团体的成效。

表 4-19 团体过程与结果评估方式

评估层面	评估方式	团体过程	团体结果
团体层次	客观评定	团体成员互动分析 领导者的领导行为	成员行为改变程度测量 整体领导满意度测量
	主观自陈	团体凝聚力测量 单元团体满意度测量	成员对团体的满意度测量 成员对团体观感的陈述
个人层次	客观评定	个别成员的角色 个别成员行为改变历程	个别成员的行为改变结果 重要他人评定结果
	主观自陈	成员的心得报告 成员自评参与的程度	成员对个人心得的陈述 成对对个人表现的评定

（2）对团体整体过程的主观自陈评估。是指针对团体成员对团体过程的主观感受加以评估。例如，在团体进行中让成员表达他对团体的依赖度，用十点量表评定团体的凝聚程度，或在每次团体聚会结束前进行满意度的测量，或对团体观感的分享反馈等。

（3）对个别成员在团体过程中的行为表现进行客观的评定。例如，分析个别成员在团体中的发言次数、发言内容、扮演的角色类型（牺牲者、守门员、救援者等），并记录各次聚会个别成员的行为表现之变化（如由不说话到开口说话，由参与到退缩等）。

（4）对个别成员在团体过程中的主观自陈（自我陈述）评估。收集成员参与团体聚会的心得日志加以分析，或是每次团体聚会中要求成员对自己的参与程度进行评定等。

（5）对团体心理咨询的整体成效进行客观的评定。包括针对成员的困扰特质（如焦虑程度）改善的程度进行客观地评估，以及包括对团体领导者的领导行为满意程度进行评估。

（6）对团体心理咨询的成效进行主观自陈（自我陈述）评估。如成员对整体团体满意度的测量及参与团体的整体心得观感加以分析。

（7）对个别成员参加团体后的改变进行客观地评估。包括个别成员实际困扰行为出现频率与程度是否减小，重要他人的观察评定结果等。

（8）对个别成员参加团体后主观自陈的成效加以评估。如成员于参加团体后其个人心得感想的陈述及对个人的团体中的表现的评估等。

（四）团体过程的记录方法

完整而详细地记录下团体过程，一方面可以帮助领导者组织及整合团体的经验，对自己带领团体的优缺点有较为客观详尽的资料可以分析；另一方面也可以通过观察员的设置和寻求专业督导的过程，更有效地协助领导者察觉个人盲点所在，发展个人的领导风格，以提升带领团体的专业能力。

团体过程的记录方法很多，最详尽的方法是采用实况录像的方式，在团体心理咨询室4个角落装置4个可转动角度的摄影机及高感度的麦克风，在有经验的摄影人员操作控制下，将领导者和每一个成员的动作和声音实况摄录下来，这种方法可以将领导者和成员的口语、非口语互动历程翔实地记录下来，利于事后分析。但是录像所需设备、技术要求高，而且整理素材所耗费的时间精力太大。相较之下，设计良好的团体记录表显得更加方便、经济、实用。下面介绍一种团体单元记录表(表4-20)。

表4-20　团体过程单元记录表

<table>
<tr><td>第　　单元</td><td colspan="2">单元名称：</td></tr>
<tr><td>聚会时间</td><td colspan="2">　年　月　日　时　分至　时　分</td></tr>
<tr><td colspan="2">活动进行概况：</td><td>成员座位图：</td></tr>
<tr><td colspan="3">成员参与情况：</td></tr>
<tr><td colspan="3">重要事件及处理：</td></tr>
<tr><td colspan="3">观察员见闻及评论意见：
观察员签名：　　　　年　月　日</td></tr>
<tr><td colspan="3">领导者自我评论：
领导者签名：　　　　年　月　日</td></tr>
<tr><td colspan="3">督导意见：
督导签名：　　　　年　月　日</td></tr>
</table>

(五)适用于团体的评估方法

团体评估的方法和工具有团体内观察、聚会后问卷、团体目标达成状况、评估量表领导者评论量表、观察员日志、录音录像等。主要可以分为以下几种：

1. 行为量化法

行为量化法是要求团体成员自己观察某些行为出现的次数并作出记录，或者请成员之间与成员有关的人(老师、家长、朋友等)观察及记录，以评估成员的行为是否有所改善。例如，为脾气急躁的人开设的人际关系改善团体中，领导者希望通过一些团体活动减少成员发脾气的次数，让其学习以温和的方法与他人相处。为此领导者设计一份行为观察表，让成员记录他们在团体外与人交往时发脾气的次数，然后进行评估，有针对性地指导。

行为量化法除了可以用来记录外显行为，也可以记录成员的情绪和思维。如团体成员出席团体聚会的次数、流失成员登记等。记录方法可以用表格或图示。行为量化法的优势是具体、可操作，记录过程也是成员的自我监督过程，有助于行为改变；不足之处在于费时，准确度难以把握。

2. 标准化的心理测验

心理测验是一种对人的心理与行为进行标准化测定的技术。在团体评估中，运用信度和效度较高的心理测试量表，可以反映出团体成员行为情绪的变化，以评估团体心理咨询的效果。例如，为增强青年学生自信心而组织的自信心训练团体在开始时可以用自我评价量表测验(自尊量表、田纳西自我观念测验等)，了解成员自我评价状况。团体心理咨询结束后，再做一次自我评价量表测验，比较一下参加团体前后相关指示的变化。用心理测验来了解团体成员个人的变化，从而评估团体心理咨询的效果是常用的方法，但是要注意不仅要用标准化的量表，还要考虑文化背景的因素。有些国外学者认为行为或人格特质在短时间内难以有大的改变，咨询前后测得的结果不会有显著性差异，难以令人满意。

3. 自编调查问卷

调查问卷是指由团体领导者设计一系列有针对性的问题，让团体成员填写，收集成员对团体心理咨询过程、内容、成员关系、团体气氛、团体目标的达成、领导者的态度及工作方式等方面的意见。问卷内的问题可以是开放式的，也可以是封闭式的。自行设计的问卷虽然不一定科学化，但它的好处在于能让成员自由发表想法和感受，因此能收集到一些其他方法难以获得的、初来乍到的第一手资料(表4-21～表4-23)。

表4-21 团体成员自我评估表

利用下面的句子，以1到5的尺度等级估量你自己参与团体的状况。1代表“我绝不是这样”，5代表“我总这样”

在团体里，我是积极投入的成员。□□□□□

我愿意完全投入团体，并且与大家分享目前生活的问题。□□□□□

我认为自己愿意在团体里尝试新的行为。□□□□□

我愿意尽力表达自己的感情，就像其他人一样。□□□□□

在每次团体讨论之前，我总会花一些时间准备。结束后，我也会花一些时间反省自己的参与情形。□□□□□

我尽量以真诚的反应面对其他人。□□□□□

在团体里，我总是不断地追求澄清我的目标。□□□□□

我总是注意倾听别人在说什么，也会把我的感受直接地告诉他们。□□□□□

我会与别人分享我的想法，将自己如何看他们及如何受他们的影响告诉他们。□□□□□

在团体里，我尽量使自己做别人的模范。□□□□□

我愿意参加团体各种不同的活动。□□□□□

（续）

我常会想要参加团体的讲座会。□□□□□□

不必等他人开口，我就能主动帮助他们。□□□□□

在团体建立信任感的过程中，我是采取主动的角色。□□□□□

我是在没有防卫的心态下，坦诚地接受别人的反馈。□□□□□

我尽量把团体里所学习到的东西，应用到外面的生活。□□□□□

我会注意自己对团体领导者的反应，并说出他们是个怎样的人。□□□□□

我会避免标定自己和团体其他的人。□□□□□

我会避免询问别人问题和给予他们忠告。□□□□□

我对自己在团体里原学习负责。□□□□□

每次团体聚会结束后可以用来评估成员活动的反馈表也是采用七分法来了解成员的感受（表4-22）。

表4-22　团体活动反馈表

团体名称：　　　　次数：　　　　日期：　　　　成员姓名：

（一）我今天来参加这个团体是基于

1. 需要的　1　2　3　4　5　6　7　好奇的
2. 自愿的　1　2　3　4　5　6　7　被迫的
3. 愉快的　1　2　3　4　5　6　7　痛苦的
4. 迫切的　1　2　3　4　5　6　7　无奈的

（二）我觉得这个团体的过程是

5. 参与的　1　2　3　4　5　6　7　个人的
6. 渐进的　1　2　3　4　5　6　7　突然的
7. 有条理的　1　2　3　4　5　6　7　散漫的
8. 变化的　1　2　3　4　5　6　7　呆板的
9. 有目标的　1　2　3　4　5　6　7　无目标的

（三）我觉得团体的气氛的

10. 温暖的　1　2　3　4　5　6　7　冷淡的
11. 友善的　1　2　3　4　5　6　7　敌意的
12. 支持的　1　2　3　4　5　6　7　反对的
13. 信任的　1　2　3　4　5　6　7　猜疑的
14. 轻松的　1　2　3　4　5　6　7　紧张的
15. 尊重的　1　2　3　4　5　6　7　轻视的
16. 接纳的　1　2　3　4　5　6　7　拒绝的
17. 开放的　1　2　3　4　5　6　7　封闭的
18. 安全的　1　2　3　4　5　6　7　危险的
19. 自由的　1　2　3　4　5　6　7　限制的

续表

(四)我对这次团体内容的感觉是		
20. 有益的	1 2 3 4 5 6 7	无益的
21. 有趣的	1 2 3 4 5 6 7	无聊的
22. 适当的	1 2 3 4 5 6 7	不适当的
23. 有价值的	1 2 3 4 5 6 7	无价值的
(五)其他的感受		

资料来源：段秀玲．自我成长工作坊——团体领导者实务手册．天马文化公司，1993。

表 4-23　团体气氛评估表

说明：回想团体内其他成员互动的情形，在每一项目前面的括号内写下适当的字母。

A. 他们总是这样　B. 他们时常这样　C. 他们偶尔这样

D. 他们很少这样　E. 他们不会这样

我觉得和我同组的人：

1. (　) 诚实对待我
2. (　) 掌握到我说话的重点
3. (　) 打断或不理会我提出的意见
4. (　) 接受我
5. (　) 当我干扰他们的时候，他们很自然地让我知道
6. (　) 误解我所说的和所做的
7. (　) 对我感兴趣
8. (　) 提供一种气氛使我能表现真实的我
9. (　) 有事藏在心里不让我知道
10. (　)能洞悉我是怎么样一个人
11. (　)无论什么事都会考虑我一份
12. (　)对我采取判断式的反应
13. (　)对我完全坦白
14. (　)能觉察我的困扰
15. (　)不论我技术能力或地位如何，都充分尊重我
16. (　)如果我表现特异的话，即嘲笑我或不表赞同

其他意见：(请注明)

团体气氛问卷计分法：(分数愈高，团体气氛愈佳)

第 3、6、9、12、16 项是负向行为，先予评分，A＝0，B＝1，C＝2，D＝3，E＝4；其他的题计分方式相反，A＝4，B＝3，C＝2，D＝1，E＝0。然后按下述原则将各题分数想加，得出 4 种团体气氛的分数。

真诚(包括 1、5、9、13 四题)　了解(包括 2、6、10、14 四题)

尊重(包括 3、7、11、15 四题)　接纳(包括 4、8、12、16 四题)

主观报告法。除了上述三种主要方法外，还可以通过团体成员的日记、自我报告、领导者的工作日志、观察记录等方法来评估团体的发展和效果。主观报告法包括主观量表、开放式问卷、自我报告和他人报告法。在团体结束后，针对团体或成员所做的反馈时，使用的测量工具多是开放式问卷(表 4-24)。

表 4-24　团体领导者个人评估(设计：林孟平，2001)

日期：　　　　　　　时间：

第　次聚会　　组长姓名：

请于每次小组结束后，先完成个人评核量表，然后尽量就以下 8 个重点作出个人反思。若因时间所限，可考虑省略第四与第五项：

1. 又是一次小组聚会的完结，总的来说，你有什么感受？想一想：为什么？
2. 根据这一次的组员互动情况与小组特征，你会形容小组是处于什么阶段？原因是什么？
3. 回顾这一次聚会的小组动力是否出现了一些治疗与促进成长功能的因素？若答案是肯定的，请作出阐释。
4. 在这一次聚会中，可曾出现难以处理的组员？无/有

a. 请界定属于什么类型：

b. 你对自己的处理作何评估：

5. 试简单描述此次聚会中的一个特别/所用时间最长/有趣的过程：
6. 作为组长，请将你对此次聚会中的以下各项课题分别作出整理：

a. 长处/成功之处：

b. 不足/错失：

c. 新的尝试/突破：

d. 对自己的新认识、新的自我觉察：

e. 其他：

7. 带领小组体会与学习(亦可加上在以前聚会的体验)，在下一次聚会时，需要留意与改进的地方应该是：
8. 总结此次带领小组的经验。你最期望督导老师为你提供协助的课题/问题是什么：

(六)评估应注意的事项

团体评估必须考虑评估的客观性、验证性、科学及实用性，以获得真正的评估结果与有效的评估资料。Knmboltz(1974)在 20 多年前即注意到咨询效度问题的重要性。他提出 6 个指标：

(1)在规划咨询师的工作范围时，评估需得到有关单位的同意。

(2)所谓的“改变”“效果”或“成就”应该以可观察的行为作为评估依据。

(3)评估系统工程的建构的主要目的在于增进专业效能与自我成长，不应作为考试的替代。

(4)为求真正有所裨益，即使是失败的结果，也同样具有参考价值。

(5)参与者应有权参与此评估系统的设计。

(6)评估系统需要持续接受评估与修正改进。

趣味延伸：

一、团体心理治疗案例故事

A 女士，因多年的抑郁来参加团体心理治疗。服药多年，并住院治疗，但最终也无法让她好起来。夫妻关系几度走到分手的边缘，儿子正处在青春期，他们之间的冲

突不断。

她在最初两三次团体聚会中使用了很多时间来谈她自己以及她和家人的关系，她总觉得别人对她不好，挑剔她，利用她，贬低她。成员们耐心的倾听并且试图帮到她。但是，她似乎无法从他人那里接受到支持和关怀，而是用许多“但是”把别人的话推翻。逐渐的，她的回应使得成员们感到非常累、生气和受挫，甚至想要离她远一些。治疗师此时做了一个假设，让其他人想象如果是她的老公，和她一起生活会有怎样的感受。有位男性成员说，“我从未感觉到你真正听我讲话，你在自己的世界里，而我跟你在一起的时候也很孤独。”另一位成员说，“我们做了很多尝试，但不知道你想要的究竟是什么，好像怎么对你都不合适，我很生气。”还有成员说，“你让我一点点失去耐心，想要抛弃你，离开你。你既可怜又可气。”成员们真诚的回馈让她知道，她如何把别人推开，如何让别人受挫，如何让别人不想再靠近她。

她开始意识到“也许我就是这样把老公和孩子推开的，你们的感受也许就是他们的。”她清楚地看到如何在这里复制了自己的人际关系——把别人推开，沉陷在自己“受害者”的角色里，几乎无法与外界发生真正的交流。

接下来几周，她在生活中尝试做出改变，开始努力让自己保持倾听，对他人多了些容纳和耐心。她说在团体中感受到很多来自成员们的爱和支持，第一次感受到被尊重和接纳。在她心里那句“我不值得被爱”(早年生活的印记)的咒语也逐渐被消除。她发现，当她能够倾听别人的时候，很多情感也有了一个机会，一个入口传递到她心里。倾听即是爱，她开始用这样的方式来爱别人。

团体是一个微型社会，在非自然的环境里发生着自然的事。A 女士与他人互动的方式不知不觉的在团体中呈现出来。体验是一种身体的感觉，她不仅仅看到，而更重要的是体验到，当她在团体支持和安全的氛围中体会到被爱和接纳的时候，值得被爱的信念就成为一种滋养。她的爱被开启了，同时也有了勇气，可以让别人有机会靠近她，喜欢她(万生心语，2013)。

二、团体心理的起源和发展

团体心理辅导在西方最早起源于美国。1905 年普拉特(H. Partt)将肺病患者组织到一起组成了第一个团体，通过多种团体心理辅导形式鼓励患者战胜疾病，开创了团体心理治疗之先河。20 世纪 20 年代，维也纳精神科医生莫利诺(J. L. Morne)首创了以现实生活为模式的团体心理咨询方法——心理剧。真正促进团体心理咨询理论的发展是在第二次世界大战以后，由于战争的影响，人们的心理问题激增。20 世纪 40 年代后期，德国心理学家勒温(Kurt Lewni)认识到人际关系在现代社会中的重要性，认为个体的人际敏感性及对他人的理解接受态度可以通过训练而提高，成立了团体人际关系的训练试验室，即著名的NTL(Natoinal Training Laboratory)，也称“国家训练实验室”。20世纪60年代，人本主义心理学的兴起，其中心概念是人的自我实现，特别是罗杰斯的“会心团体”(Encuonter Gor Pu)受到社会各方面的欢迎，团体心理辅导理论从此进入日常生活。日本的心理辅导是从1946年教育改革开始的，现在，他的心理辅导的管理较美国更加严密。1991年6月，日本教授松原达哉应中国心理卫生协会大学生心理咨询专业委员会邀请来华讲学，中国的心理学工作者第一次接触了有关团体心理辅导的理论知识。随后团体心理辅导的方法由清华大学的樊富珉教授开始传播，主要在大学校园里兴起。现在团体心理辅导与治疗的应用范围也日趋广泛，它既可以被用于治疗各种神经症，如恐怖症、抑郁性神经症、神经衰弱症等。也可以被用于调节正常人的心理障碍，用于发展性目标，即帮助正常人解决其成长中遇到的种种适应问题。还被广泛地应用于企业的员工培训中，如潜能训练、拓展训练、成功训练、压力管理，等等。在医疗机构中，针对手术、透析、肿瘤、不孕症、糖尿病、脑血管病等患者和孕产妇的团体心理辅导的大量实践证明，对患者进行心理干预，可以使患者的恐惧、抑郁、焦虑等症状明显缓解，进而促进躯体症状的改善，有利于提高患者的生存质量(随心而行，2010)。

三、嗜酒者互诫协会（Alcoholic Anonymous)

美国1935年成立的为帮助个人戒酒的自愿自助组织。现在很多国家都有分支，这个协会的很多章程受着团体心理治疗法的影响。

嗜酒者互诫协会，又名戒酒匿名会(Alcoholic Anonymous，AA)，1935年6月10日创建于美国，美国退役大兵比尔和鲍伯医生是协会的共同创始人。嗜酒互诫协会是一个人人同舟共济的团体，所有成员通过相互交流经验、相互支持和相互鼓励而携起手来，解决他们共同存在的问题，并帮助更多的人从嗜酒中解脱出来。有戒酒的愿望是加入本协会所需具备的唯一条件。从它诞生至今的近80多年里，互诫协会的戒酒方案已经使二百多万的嗜酒中毒者得益于它的帮助，从嗜酒的泥潭中走出来，得到了全面康复。有资料表明，近年来嗜酒者互诫协会在亚洲、欧洲和拉丁美洲有较大发展。譬如，在印度的孟买，AA小组已超过100个。2000年大约150个国家有互诫协会的活动(包括中国)，分会超过99000个，会员总数在全世界已经超过100万人。

嗜酒者互诫协会共出版过4本读物，被会员们视为“教科书”，他们是《嗜酒互诫》《十二个步骤与十二条准则》《发展成熟的嗜酒者互诫协会》和《比尔的看法》，前者最早于1939年出版，又于1955年和1976年修订。该书记述了42个具有代表性的酗酒者，如何通过互诫协会第一次持续性地保持戒酒和头脑清醒状态的个人经历。在引言中指出，AA是一个团体，会员不分男女，彼此分享他们的经验、力量和希望，为解决共同的问题而互相帮助，以从酒精中毒中得到康复。对会员的唯一要求是要有戒酒的愿望。

AA 不收取会员费，只通过自愿的捐献以达到自给自足。AA 不与任何教派、宗派、政党、组织团体结盟。不介入任何争论。不赞成、也不反对任何运动。AA 的宗旨只在于保持我们戒酒和清醒，并帮助别的酗酒者也戒酒和清醒过来。这本书还记述了早期会员对戒酒的建设性步骤和原则，他们认为，正是这些步骤和原则使他们有能力克服强迫性的酗酒愿望。AA 程序还用于其他领域。AA 会员们改变行为的具体步骤称为十二步步骤(12 Steps)。而指导 AA 小组活动的原则称为十二传统/准则(12 Traditions)。

“十二个步骤”是互诫协会个人戒酒方案的核心。这些步骤不是抽象的理论，它是依据互诫协会早期会员经反复尝试后的经验得出的。这些步骤包括了一些理念和活动的内容，早期会员们认为这些内容对他们的成功戒酒极有帮助。AA 的十二步骤具体是：

第一步：我们承认，在对付酒精上，我们自己已经无能为力。我们的生活已经搞得不可收拾。

第二步：要相信，有一个比我们自身更强大的力量，这力量能够使我们恢复神智清晰和健康。

第三步：作出一个决定，把我们的意志和我们的生活，托付给我们所认识的“上苍”。

第四步：作一次彻底的和无惧的自我品德上的检讨。

第五步：向“上苍"，向自己，向他人承认自己错误的本质。

第六步：要完全准备好，让“上苍”除去自己一切人格上的缺点。

第七步：谦逊地乞求“上苍”，除去我们的缺点。

第八步：列出一份所有我们所伤害过的人的名单，并使自己甘愿对这些人作出补偿。

第九步：在不伤害他们的前提下，尽可能直接向曾经受到我们伤害的人士当面认错。

第十步：继续经常自我检讨，若有错失，要迅速承认。

第十一步：透过“祈祷”与默想，增进与我们所认识的“上苍”有自觉性的接触。“祈祷”中只求认识对我们的旨意并祈求有力量去奉行旨意。

第十二步：实行这些步骤的结果是我们拥有一种精神上的觉醒。我们设法把这信息带给别的酒徒，并在我们的一切日常事务中实践这些原则

互诫协会的“十二个传统”是为了保证这一团体成千上万个分会的生存和发展所提出的原则。这些原则出自于各分会活动早期的经验，当时这一活动正处于关键时刻。

十二个传统对老会员和新会员都很重要，因为这些传统能够使他们铭记，互诫协会是为了那些要使自己戒酒并帮助他人戒酒的嗜酒者而创立的团体。AA 的十二传统/准则具体是：

第一：集体的利益优先，个人的康复靠的是互诫协会的团结一致。

第二：对于我们集体来说，我们的最高权威只有一个，这就是爱我们的“上苍”，他是我们集体良知的体现。我们的领导人只不过是得到大家信赖的公仆，但并不是统治我们。

第三：作为 AA 对会员的唯一要求，就是要有停止喝酒的愿望。

第四：每一个 AA 分会都由自己管理自己，除非有牵涉到其他分会或整个互诫协会的事务。

第五：每个分会的宗旨只有一个，即把这里戒酒的讯息传递给那些仍在遭受痛苦的嗜酒成瘾者。

第六：每个分会都不能认可、资助或允许任何有关组织或外面的企业机构使用 AA 的名字，以免因为金钱、财产和声誉等问题，使我们偏离根本的目的。

第七：每个分会都应自给自足，谢绝外界捐赠。

第八：AA 应该永远保持其非专业性，但 AA 服务中心可以雇用专职工作人员。

第九：AA 就其性质而言，不应该建立组织体系，但可以建立服务理事会或委员会，直接向所服务的对象负责。

第十：AA 对外界事务不发表任何意见，所以 AA 的名字永远不应该卷入公众的纷争。

第十一：AA 的公共关系基本策略是吸引人来参加而不是推动别人前来。对于报纸、电台和影视媒体，我们恪守不透露个人姓名的原则。

第十二：匿名是我们所有传统的精神依托，它不断提醒我们永远把原则置于个人之上。

亚历山大·埃尔德(Alexander Elder)所著《以交易为生——心理学，交易技巧和资金管理》(*Trading for a Living—Psychology, Trading Tactics, Money Management*)一书中谈到，他从“匿名戒酒会”设计的一套 12 步程序中领悟到的交易经验十分宝贵，对形成健康的交易心理有极大帮助。

——来自 Canpic 的博客，2012.

第五章 高校辅导人员心理辅导能力的培养模式

想试着回答一下吗

- 高校辅导人员的培养需要经历哪些过程？
- 高校辅导人员的必备素质是什么？
- 高校心理辅导人员的职能范围？
- 高校心理咨询员的工作原则有哪些？
- 高校心理咨询员需要把握哪些“度”？
- 如何做一名合格的心理咨询员？
- 高校心理咨询师如何拥有自己独特的风格？
- 高校辅导人员的培养阶段需要注意哪些问题？

……

第一节 初级阶段：高校心理辅导员

一、高校心理辅导员的工作内容和职责

高校心理辅导员作为先锋力量，在促进大学生心理健康中发挥着重要作用。心理辅导员的工作内容和职责主要包括3大方面：建立学生心理健康档案、制订心理健康教育计划及利用朋辈进行心理辅导、进行多种形式的情感交流。以下对这3方面逐一进行介绍。

1. 了解学生，建立学生心理健康档案

做好心理健康教育工作，了解学生是关键。如果不了解、不知道学生们有什么共性困惑，不清楚有哪些存在心理问题的特殊学生，心理健康教育便无从谈起。了解学

生，首先要对学生整体有一个全面把握，对一般学生的共性问题有清晰的认识，如对大学生活的适应问题、对前途的迷茫问题、对感情的困惑问题等。把握好共性问题的同时，还要重点排查特殊心理问题学生。

在新生入学之时，辅导员就要认真了解学生，通过学校体检结果、心理健康测试反馈、和学生逐一谈心、由学生干部及宿舍长介绍相关学生情况等，发现问题、查找原因并建立心理健康档案。心理健康档案的建立，要尽可能翔实，不仅要以心理健康咨询中心的心理健康测试反馈为基础，还要结合学生的日常表现及谈心情况，对特殊学生要有更加深入的了解与跟踪观察。心理健康档案不能一成不变，要根据学生情况的变化不断进行更新、完善，这样不仅有利于全面把握学生心理健康状况，做好特殊心理问题学生工作，还可根据心理健康教育的开展与学生情况变化的关系积累心理健康教育经验。

2. 制订心理健康教育计划，利用朋辈进行心理辅导

当前大学生存在的心理问题，有一些是属于共性的东西，如新生适应问题、大学生感情困惑问题、就业压力问题等，针对不同年级的不同心理问题共性特征可以制订不同的心理健康教育计划，使同学们能够正确认识心理压力，正确面对挫折，防患于未然。

国内有关研究发现，多数学生遇到心理困扰，最先向朋友倾诉、寻找帮助，极少数人寻求专业的帮助。相对于专业咨询而言，朋辈心理辅导更能为一些有需要的群体和个体提供及时有效的社会支持和心理扶植。当前，这一辅导形式逐渐受到重视和运用，为我国高校心理教育提供了新的模式，其推广具有必要性和可行性。

3. 进行多种形式的情感交流

辅导员进行心理健康教育的一个便利条件是和学生接触较多，解决心理问题的方式也比较多，其中谈心尤为重要。通过面对面的谈心，可以排解学生成长中的困惑与烦恼。但有些学生不愿将心中所想真实地告知辅导员，而网络恰好提供了一个学生和辅导员老师对等交流的平台。辅导员可以利用 QQ、MSN、邮箱等网络工具和学生在网上匿名交流。老师在明处，学生在暗处，增强了学生的隐蔽性，有利于其将心中所想真实地告知老师。在这里学生可以责问辅导员，可以咨询一些政策，也可以尽情宣泄苦闷及不满、寻求帮助。面对这样一个完全暴露的心灵，是辅导员进行心理辅导和思想教育的大好时机。在对学生进行耐心引导的同时，辅导员应注意坚持正确的价值导向，可以借机向学生灌输在日常教育中学生听不进甚至抵触的教育内容。

二、高校心理辅导员的角色心理

辅导员队伍建设专业化，即辅导员要向成为以学生思想政治工作为职业的专业性人才，并向专家、学者型方向发展。当前国家鼓励辅导员成为思想教育、心理健康教育、职业生涯规划、学生事务管理等方面的专业人才。结合实际，笔者认为，高校心理辅导员首先要具备 8 种角色心理：

(1)爱心。指热爱教师、辅导员之职，并且要爱学生，把学生当做亲人和朋友来对待。

(2)仁心。爱护和了解学生的一切积极因素，包容学生的不足与缺点，帮助学生克服消极因素，这是做好辅导员工作的基础。辅导员培养了爱生情怀，便能正确理解自身承担的社会责任，正确理解“犯错误也是学生成长的一种方式”，以学生为本，设身处地地为学生着想，尊重成长中的学生的个人意愿与主观能动性。

(3)诚心。即诚恳无私，它是师生交往的根本，体现着双方的诚意，也是师生能否成功交往的关键。辅导员应率先向学生敞开心扉，公平公正地对待每一个学生，做学生的良师益友。针对高职生多疑、排外、不稳定等心理特点，辅导员要以诚为本，深入到学生中间去，多与学生沟通情感，倾听他们的心声，做学生的心海领航员，以此了解学生，赢得学生的信任与爱戴。

(4)达心。是指辅导员应具备开朗的性格、气度宽宏的心态。凡事要乐观向上，心态平和，遇事冷静，做到心中有数，掌握分寸，处理问题不偏不倚，学会用“爱心化解矛盾”，用微笑取代呵斥，用鼓励取代挑剔，用表扬取代批评，用大度取代狭隘，用真诚赢得理解。

(5)恒心。辅导员保持工作的持久毅力，靠的就是一颗恒心，它是虎头蛇尾工作态度的天敌。

(6)耐心。就是不急躁、能持久的心理状态，这是辅导员引导学生走出误区的关键，具体而言就是辅导员要战胜无聊、甘于寂寞、克服焦躁。

(7)责任心。责任心即自觉地把份内的事做好的态度，这也是做好辅导员工作的前提。辅导员是连接学校与学生的桥梁和纽带，是全班学生的组织者和管理者。辅导员的责任心体现在上对学校负责、下对学生负责两个方面。对学校负责是辅导员对学校忠诚度的体现，对学生负责是良心的体现，两者都是辅导员岗位职责与职业道德的要求。

(8)进取心。进取心即辅导员要积极提高自身修养，包括自身知识储备与教学技能方面的修养，以及辅导员工作方面的修养。利用空余时间向别人取经，利用假期涉猎各方面的书籍知识。

三、高校心理辅导员的专业素养

中央 16 号文件出台后，全国高校辅导员队伍建设工作会议相继召开，要求明确辅导员队伍的角色定位，确立了以专业化、职业化为目标建设高水平辅导员队伍的努力方向，鼓励支持骨干辅导员队伍向专业化、职业化方向发展。对此，笔者认为，高校心理辅导员专业素养的主要内容包括以下 4 个方面：

1. 人格

高校心理健康辅导员的人格条件是做好心理健康教育工作的最重要因素，也是心理健康辅导员应具备的首先条件。第一，他应该是一个心理相对健康的人，其健康水平至少要高于他的学生。一个合格的心理健康辅导员应当是一个愉快的、热爱生活、有良好适应能力的人，能比较妥善地处理好自己的心理冲突，排除日常干扰，从而保证帮助别人的工作顺利进行；第二，他应当是一个乐于助人的人。只有乐于助人的人才能创造一个安全自由的氛围，才能接受学生各种正性和负性情绪，才能进入学生的内心世界；第三，他应当是一个认真负责的人。能耐心地倾听学生的叙述，精力集中不分心，使学生感到对他们的困难有人关心，能诚恳坦率地和学生谈心，使他们愿意坦露内心的隐私和隐密，值得他们信任。

2. 知识

做好高校学生心理健康教育工作要有必要的理论知识。心理健康教育不是仅靠良好的愿望、热情和一般常识来安慰、劝说那些处于困境的学生。心理健康教育要求用科学的助人知识来帮助学生，使他们认识困扰他们的真正原因，从而改正或放弃不良的行为，使心理成熟起来。心理健康辅导员必须要有基础心理学、社会心理学、发展心理学、社会心理学、变态心理学和精神病学等方面的知识，才能理解学生的困难是怎样形成的、矛盾和冲突的根源在哪里，等等。在这里，掌握变态心理学和精神病学方面的基本知识是非常必要的。只有这样高校心理健康辅导员才可以果断地区分心理问题、心理障碍和精神病，把不适合做心理健康教育的学生及时转送至专门的治疗机构进行治疗，以免贻误出现心理障碍和精神病症状同学的治疗时机。因为适合进行心理健康教育的学生可分为两大类：一是精神正常，但遇到了与心理有关的现实问题并请求帮助的学生；二是精神正常，但心理健康出现问题并请求帮助的学生。

3. 专业技巧

高校心理健康辅导员要有熟练的助人技巧，其中包括怎样能在最短时间内收集学生的有关情况，如使他困扰的处境或事件，症状出现的时间及其发展变化因素，怎样适时地、机敏地提出问题，怎样发现学生不自觉地掩饰和阻抗，怎样引导他们逐步认识内心深处的症结，怎样设计一些相应的方法来矫正某些不良行为。

4. 对求助学生的接纳

接纳是高校心理健康辅导员的人生观和价值观的体现，接纳不是盲目的“乐观主义”，而是一种对求助学生处境的深入体验后的可理解并找方向的问题，这里不应该有伪装，不回避问题要坦诚地交流。这种交流会使很多求助学生更多地接纳自己并寻找可能的有意义的生活勇气。

四、高校心理辅导员的注意问题

来自不同学科背景从事心理健康教育工作的高校辅导员经过专业机构的培训，通过参加国家人力资源和社会保障部的国家心理咨询师资格认证考试，取得资格证书是提高专业素养的方法之一。但是要成为一个优秀的高校心理健康辅导员，我们不能仅仅以拿到证书为目的，而是要在工作生活中，不断学习和提高自己的能力。理论上，多读专业文章，多看理论专著，多向专家请教；实践上，要多锻炼，细揣摩；另外，知识面越宽越好，要博览群书，定期交流。只有不断学习与实践，用心总结经验得失，才能逐渐成长为一个优秀的高校心理健康辅导员。

第二节　中级阶段：高校心理咨询员

一、高校心理咨询员的工作内容和职责

根据高校心理咨询工作的有关条例，心理咨询员的工作内容和职责主要包括以下四个方面：

1. 职业操守

咨询员应热爱心理咨询事业，具有高度的事业心和责任心，具备良好的职业道德与健全的人格。教师咨询员应系统地学习过有关心理咨询的理论和技术，参加过全国或省级的权威机构举办的心理咨询培训班并获得结业证书和上岗证，并已实际从事心理咨询工作1年以上。学生心理咨询员也应系统地学习朋辈心理咨询的理论和技术，

参加过学校举办的心理咨询培训，并已实际从事心理咨询工作半年以上。

2. 保密原则

咨询员应与来访者建立良好的咨询合作关系，尊重当事人的人格与意见，有责任对当事人的姓名及有关咨询内容、测量结果、治疗方案等严格保密。若咨询资料被用于学术研究时，应确保当事人的隐私等民事权不受侵害。

3. 及时干预

当来访者的行为可能对其自己或他人造成伤害时，咨询员有责任采取充分的措施进行干预，并应及时告知有关部门或人员，采取相应的预防措施帮助当事人，防止意外事件的发生。

4. 中立原则

高校心理咨询工作者必须以心理学、社会学、教育学和医学等科学理论为指导，尊重事实，遵循科学方法论，摒弃个人主观之好恶，禁止采用迷信、宗教、神灵主义等一切非科学的理论和方法。在自身处于极度情绪波动状态时，应回避接待来访者。

二、高校心理咨询员的角色心理

在咨询过程中，咨询员就像一面镜子，要反照出来访者的矛盾、盲点、期待，或是需求、渴望，或是困惑、挫折、痛苦等，然后帮助来访者恢复其内心的平衡、行为的协调。只有来访者也“看到”了自己的问题所在，他才可能真正从困境中走出来，不断地战胜自己并最终实现“登天的感觉”。否则无论咨询员采用说服的、指导的或非指导的方式都是事倍功半的，甚至会引起来访者内心的反感与怨恨。可以想这一面镜子必须经常保持明亮，才能发挥其最大功能。所以咨询员在咨询过程中必须把握好自身的角色，一定要有“度”的概念。“度”就是限度，不超出限度地做任何事结果必然是好的，超过限度或达不到限度，工作效果必然不佳，所以咨询师必须对自己工作的“度”认真把握。

首先，咨询员必须明确自己职责的“度”。咨询员必须明白自己应该做什么，不应该做什么，自己的责任是有限的。如求助者可能认为咨询员应该为自己的心理问题负全部责任，这显然是误解。因为咨询员的责任，仅仅是协助求助者决策和提醒实施决策的注意事项。咨询员绝不能对求助者提供各种具体帮助，如求助者与领导关系不好，咨询员没有责任去调节他们的关系，更不能去说服他的领导；如果求助者因失业而感到痛苦，咨询员绝不能替他找工作；求助者因失恋后，情绪低落，咨询员绝不能帮他介绍异性朋友，等等。不对咨询员的责任加以限定，其效果肯定不好，严重时可造成咨询失败。

其次，咨询时间必须有限度。在咨询计划中，应明确规定咨询的次数、每次所用的时间。漫无目的无时间限定的咨询是盲目的低效的，作为一种职业活动是不可取的。时间限制对求助者也是一种帮助：必须抓紧时间与咨询员配合解决自己的问题，因为时间有限，机会难得；任何事情都是有限度的，不能自己想多谈就多谈，想不来就不来，咨询关系是一种心理契约关系。

再次，感情沟通要有限度。目前。在心理咨询工作中有一种流行的说法，即咨询员在咨询中要学会“共情”。且不说这个词汇在翻译上是否妥当，单就一个“情”字足以使咨询员不好把握。咨询员与求助者之间，必须沟通，但这种沟通是单纯的情的沟通，还是理的沟通或者二者兼有呢？其尺度又如何把握呢？对待这类问题，如果没有科学的度，“共情”的确会有不好的后效。在实际工作中，特别是异性间建立咨询关系后，情的过度沟通会使咨询关系中产生不应有的内容，从而破坏正常的咨询关系。所以正常咨询关系的主干应当是理，而不是情。情必须在理的限制下才能发挥积极作用。“共情”，只要能达到设身处地去理解求助者的不良情绪和情感就可以了。求助者对咨询员适度的移情是常见的，但咨询员应当时刻清楚这是什么“情”，尤其是咨询没有彻底结束之前咨询员不可与来访者有咨询室以外的交往。

最后，咨询目标的限制。心理咨询主要涉及心理问题和心理障碍。对于引起心理问题和心理障碍的种种原因，如躯体疾病、社会环境和各种规章制度等问题，心理咨询师不应作深入讨论。在不得不涉及这类问题时，也只能听取求助者的看法，而不加任何评论。充其量也只能表示理解，如此而已。这样便可把咨询目标严格地限制在协助求助者化解心理问题方面。咨询员是人不是神。既不是观世音更不是如来佛，千万不可把自己当做救世主，否则不仅帮不了别人，还会把自己给搭进去了。

三、高校心理咨询员的专业素养

作为一名合格的心理咨询员，必须具备一定的知识、技能与适当的人格结构，主要包括扎实的心理学理论基础、丰富的心理咨询专业知识、合理而多元的知识结构、熟练的咨询技能与一定的社会生活阅历，以及与心理咨询职业相匹配的人格特点；心理咨询员要实现个人成长必须时刻维护自身的心理健康，经常检讨自己的专业修养与职业道德，定期寻求和接受行业督导，在咨询中与来访者一起成长。

1. 良好的价值观和职业道德

追求服务于人的最佳效果是心理咨询最根本的价值观，是建立值得信赖的助人关系的前提，将尊重当事人的自我责任与适当的社会影响，理解当事人与咨询效果有机结合。并能真诚对待咨询者，严守咨询者的秘密和隐私；不计较个人报酬，热情，能奉献个人时间为咨询者服务。

2. 全面的专业知识和技能

高校心理咨询员应具备包括普通心理学、人格心理学、发展心理学、社会心理学、变态心理学、心理测验等内容在内的扎实的心理学理论基础知识；心理咨询基础理论、个别心理咨询、团体心理咨询、危机干预等心理咨询基本理论和实务。

3. 丰富的专业经验

良好的记忆力、敏锐的观察力、丰富的想象力以及创造性思维和应变能力是专业咨询员应具备的条件。

四、高校心理咨询员的注意问题

心理咨询工作是心理能量不断付出的过程，由于这一特殊性，心理咨询比其他工作更容易发生“职业耗竭”的问题。心理咨询员作为一名普通人，出现这一问题是非常自然的，但如果咨询师自己的心理问题得不到充分的自我认识并及时解决，就必然会影响他助人的能力，甚至会成为心理咨询的牺牲品。为了解决这一问题，国际通用的方法是心理咨询员需要一位经验更丰富的专业人士为自己做督导，一方面帮助咨询员解决工作中的一些难题，另一方面也是为咨询员进行心理疏导，不断为咨询员补充新的心理能量以面对新的来访者。

督导是一种借用外部力量来解决“职业耗竭”的方法，但是，咨询员的内部力量更加重要。内部力量主要来源于心理咨询师的职业化原则与职业化能力。一方面，心理咨询工作具有普遍性，它与其他所有职业一样，仅仅是个体扮演的众多的社会角色中的一个；另一方面，心理咨询工作又有其特殊性，也就是社会对该角色的期望与其他角色有所不同，主要体现在它是不断面对各种不健康与各种障碍的过程，咨询员既要能够与来访者共同经历那些负面消极的情感过程，又要能够使自己在这个过程中不要深陷其中而不能自拔。因此，职业化原则与职业化能力是咨询师能够从容不迫、进退自如地完成个体在所扮演的各种社会角色之间的转换，保持平衡心态，减少咨询过程中容易产生的孤独感、无力感、挫败感的前提与保证。

第三节 高级阶段：高校心理咨询师

一、高校心理咨询师的工作内容和职责

根据高校心理咨询工作的有关条例，心理咨询师的工作内容和职责主要包括以下8个方面：

(1)热爱学校心理健康教育工作。愿意为学校心理健康教育工作的开展奉献时间和精力，恪守心理咨询工作者的道德规范。

(2)须持证上岗。必须接受过系统的心理健康教育专业培训，且具备专业资质，能为学生提供个别心理咨询。

(3)遵循“尊重理解、真诚保密、助人自助”的咨询原则。认真做好来访者的接待工作，完成好咨询记录。对来访者有关资料、案例予以保密；单独保管，不列入学校有关档案，不将来访者的案例作为谈话资料。在因专业和教育需要进行案例讨论，或采用案例进行教学、科研、写作等工作时，应隐去所有可能会辨认出来访者的有关信息(在得到来访者的书面许可的情况下可以例外)。

(4)守时守信，热情服务。让自己的工作真正成为学生健康成长的需要，努力维护学校心理咨询的声誉。

(5)不断学习心理健康教育相关知识。提高自己的专业素养、辅导技能和服务水平，并推动这项事业的发展。

(6)认识到自身的局限性。对自己能力范围外的个案，应及时做好转介工作。

(7)实施必要的危机干预。在心理咨询过程中，如果发现来访者有危害其自身和危及社会安全的情况，心理咨询师有责任立即采取必要的措施，防止意外事件的发生(必要时应通知有关的上级主管部门)。

(8)保持自身情绪的稳定与身心健康。在自身处于极度的情绪波动状态时，应避免接待来访者。

二、高校心理咨询师的角色心理

在咨询与辅导过程中，咨询师须严格遵守心理咨询师的职业道德与伦理准则，遵

循心理咨询的保密原则、中立原则和平等原则。无论咨询师的个人风格如何，这些原则都应以某种方式体现并贯穿咨询与辅导的整个过程。

如果说上述原则是实现职业化原则的前提条件，那么职业化能力则是实现职业化原则的手段。职业化能力是指咨询师能够及时、真实、专业地扮演咨询师角色能力，同时在扮演咨询师角色时能够严格遵守心理咨询规则、规范与程序的能力。一个优秀的心理咨询师必须能够自如地进出并平衡于自己所扮演的各种社会角色，并且在咨询过程中能够完全了解并熟练运用心理咨询的规则、规范与程序。

咨询师不是救世主，他也会带着某种人生的残缺，而他还能够以这样的身份出现，并且将这个角色把握和拿捏合适，是因为他能够自知，并将这些问题与自己生命历程建立某种联系，能够像认同自己的价值一样去接受和认同自身不足，而不是遮盖起来，让它形成更大的隐疾。心理咨询师在帮助来访者成长过程中，带着真实的自我一起前行，这种与来访者共同成长的经历可以看成是咨询师的必修课。

三、高校心理咨询师的专业素养

在具备心理咨询员专业素养的基础上，心理咨询师的专业素养还应包括以下 3 个方面：

1. 精湛的业务能力

心理咨询是一门专业，它有自己的理论、方法与技术。咨询师必须潜心钻研心理咨询的理论，掌握心理咨询的方法和技术，同时积极参加心理咨询的实践活动，不断提高自己的业务水平。

首先，掌握心理咨询的专业理论。心理咨询工作在国际上已有半个多世纪的历史，心理咨询工作者已积累了不少经验，并进行了专业理论研究，形成了咨询心理学这一心理学分支学科。我国香港、台湾的心理学工作者对辅导与心理治疗问题进行了不少研究，并出版了有关的学术著作。我国内地的心理咨询起步于20世纪80年代，此项工作在高校尤为活跃。结合心理咨询的实践，学者们进行了心理咨询治疗与心理健康教育方面的理论研究，有关的理论著作也陆续问世。这些都为咨询师提高自身的业务水平提供了条件。其次，发展多方面的知识结构。在心理咨询过程中会遇到多方面的问题。如青年的人生观、世界观、价值观问题，人际关系问题，人格发展与社会适应问题，青年学生的专业思想和学习方法问题，青春期生理、心理问题，恋爱婚姻问题，等等。这就需要咨询师有全面的知识结构。只有从多方面发展自己的知识结构，才有条件给来发访者以正确的启发、教育和指导。第三，积极参加心理咨询的实践活动。

实践出真知。在心理咨询中可能遇到各种不同心态的来访者，遇到种种事先意想不到的问题。要丰富自己的心理咨询经验，提高业务能力，除了向书本学习以外，还要向实践学习。在咨询实践中总结经验，学习和发展前人的理论，提高分析问题、解决问题的能力，形成自己的独特风格。

2. 高尚的职业道德

心理咨询所遵循的基本模式是教育和医疗，因而心理咨询师应兼有师德和医德两方面的品格。

(1)热爱咨询事业，有助人为乐的高尚品格。心理咨询是一项助人的工作，从事这项工作需要付出时间和精力，需要有对来访者的理解、同情、关怀及耐心。来访者一般是在心理不痛快的时候，遇到麻烦的时候才来找你，你需要耐心地倾听他诉说，分担他的忧愁和烦恼，需要有一颗乐于助人的心。在一些发达国家，心理医生的收入颇丰，但在我国这项工作还没有完全被社会认可和接受，有时还要做出无偿的奉献。以盈利为目标的人，很难通过这项工作达到目的。高校心理咨询面对的是在学校接受教育的青年，他们是祖国和社会的希望，他们的身心发展关系着国家的前途和命运。因此，高校心理咨询师，要以强烈的社会责任感满腔热情地对待来访学生，为他们的健康成长倾注自己的心血。

(2)保护来访者的切身利益，尊重他们的人格和意愿。咨询师要以自己的态度和行为，使来访者确信他们的自我暴露不会使你感到震惊，而且绝对保密。尊重隐私、保守秘密是保护来访者利益的重要内容。绝不能拿来访者所谈的隐私与咨访关系以外的人随意议论取乐，这是咨询人员的起码职业道德。对待来访者要一视同仁，不管他们的性格气质如何，是否有生理缺陷或某种怪癖，都不得歧视和嫌弃，而要以诚相见、平等待人，尊重来访者的人格。咨询师要善于倾听来访者的意见，了解他们的需求，在可能的情况下尽量满足他们的合理需要。

(3)不在咨访关系中寻求个人需要和满足。心理咨询是帮助来发访者摆脱精神上的烦恼和困惑，咨询师绝不允许在咨访关系中寻求自身在爱憎、依恋、欲求等方面的需求和满足。心理咨询是在利他的意义上给人以帮助，在来访者的感情纠葛中，自己是局外人。咨询师不能把个人的情绪带进咨访过程中，不能向来访者宣泄自己的烦恼和不幸，也不对来访者在情感上寄托爱憎和依恋，对来访者的关怀和帮助应是无私的，不求回报的。此外，咨询师亦不应向来访者索求额外的物质回报。即便是来访者自愿奉送，也应谢绝。在正规的咨询机构中，如实行收费，也只能严格遵守规定，不能在规定之外另收金钱或物质馈赠。

(4)以良好的伦理道德观念指导来访者。排除心理障碍，恢复心理平衡是心理咨询的重要任务之一。但恢复心理平衡不能以损害他人利益为代价，也不能在咨询过程中通过对他人的贬低、诽谤来达到发泄自己怨气的目的。在帮助来访者克服心理障碍的时候，应以良好的伦理道德观念来加以引导。这对帮助来访者品德和人格的健全发展有重要意义。在高校学习的学生，正处于人生观、世界观形成的关键时期，他们对于人生、事业、友谊、爱情等许多问题的看法还不尽成熟，难免带有某些幼稚和糊涂的观念。咨询师在帮助来访者解除心理困惑的同时，要引导他们以积极的态度面对人生，指导他们正确处理在生活中遇到的各种问题，解决好理想与现实、兴趣与专业、个人与集体、个人与他人关系中所遇到的矛盾，使来访者在解除心理障碍的同时，思想境界和道德品质也得到升华。

3. 健康的心理素质

咨询师本身，应当是心理健康的人，因为咨询人员的心理健康对来访者的理解和技术指导方面起着支撑作用。胜任工作的咨询师应当具有下列心理品质：

(1)人格与心态是积极健康的。心理健康的人在精神上是积极向上的。能胜任工作的咨询人员在咨访关系以外的工作和生活中应是奋进、乐观和充满生机的。他们能把热爱生活的乐观心态带进咨询工作中，他们在进行咨询时，一方面能使心灰意冷的人重新唤起生活的勇气；而另一方面又不耗尽自己的能量。他们不会把咨询工作看作一种负担，因而能给咨询工作带来热情和活力。咨询师不仅要以高超的技术治愈人们的心灵创伤，还要以自己高尚健全的人格力量给来访者以积极的感染和影响。

(2)善解人意，能建立和谐的人际关系。心理健康的人能从客观实际出发去理解他人，能同各种不同气质、不同性格的人交往，能体谅人们的处境和困难并恰当地给予同情、支持和帮助。

(3)情绪稳定，没有明显的心理障碍。每个人都有喜怒哀乐、七情六欲，咨询师也和正常人一样有自己的欢乐和忧伤。但是，他们善于排遣，有较高的挫折承受能力。他们在咨询工作中避而不谈自己过去和目前所遇到的个人问题，不背负沉重的精神负担来会见来访者。他们自己爱憎、喜怒、欲求等方面需要的满足是在咨访关系以外进行的。他们自身不能有明显的心理疾病，他们同情来访者，但又不使这种同情陷得太深，在整个咨询过程中，他们始终保持自己的头脑冷静和心理上的独立性。

(4)头脑敏锐、感情真挚，有良好的心理素质。敏锐的头脑能使咨询师在咨询过程中通过来访者的言语和表情洞察他们的内心世界，从细微的表现中发现一般人不易发现或容易忽略的东西。有的来访者对心理咨询的性质、原则等问题了解不多，所以开始阶段很容易兜圈子，谈些枝节的问题，而对自己的真正问题有所掩饰。敏锐的咨询师能及时发现问题，将谈话引向深入。一个好的咨询师，感情必须是深沉、真挚的。

咨询师与来访者的谈话，应当是坦率的、认真的和真诚的。只有真诚，才能缩短与来访者之间的距离，使来访者产生信赖感，从而毫无保留地敞开自己的心扉。咨询师的情绪应当是轻松、愉快、自信和富于幽默感的，这样才能缓解来访者的紧张情绪，在宽松的环境中讲述自己的问题。咨询师良好的心理素质，还表现在他们高度集中的注意力、良好的记忆力、流畅的言语表达能力和处理各种意外事件的应变能力。此外，还需要有足够的耐心、灵活和机敏。

四、高校心理咨询师的注意问题

美国著名心理咨询师在其著作《少有人走的路》中提到："你能带领别人走多远，主要是取决于你自己能走多远"，准确说明了心理咨询师只有不断努力地实现个人发展，才能够真正胜任。

心理咨询是一项高度专业化的助人工作，如果从业者自身存在明显的心理发展问题，不仅会影响咨询的有效性，还会对服务对象及心理咨询工作者本人造成心理伤害。高校心理咨询师来源的复杂性、角色的混乱性及专业化程度低等特点使其心理品质的培养及专业成长显得尤其重要。

心理咨询师成长主要是心理成长和理论技能成熟两个方面。心理成长包括自我概念清晰化、价值观提升、个人未完成事件的处理、情绪处理、职业枯竭现象处理、提升专业伦理水平等。理论技能成熟主要是实现终身学习，研究不同历史条件下、不同教学条件下心理问题的共性，适应社会发展和教学发展的需要。

心理成长的途径主要有：内省和自我训练，接受督导和专业心理咨询与治疗，开展心理咨询员的心理互助，开展个人成长方面的培训，处理好各种角色的转换以避免枯竭，等等。此外，在实践中首先要勇于面对自己、面对生命，正视可能存在的困扰并及时处理，以免将困扰带进咨询中影响来访者，对他们造成不必要的伤害或被他们所伤害，和来访者共同成长。

趣味延伸：

一、向校心理咨询室咨询后，咨询情况被通知给辅导员了，怎么办？

虽然有问题，但我脑子相当清醒，咨询时选的老师是有处方权的医院医生，咨询后已有计划去医院咨询和门诊，并不讨厌辅导员，只不过我社交本来就比较淡漠，不喜欢和别人倾诉这种事情（只是在我看来出了这种事情应该问医生才对，别人不一定了解，沟通代价很大），更不习惯被盯着，而她现在正在向所有人打电话中，还以为我不知道啊，她这么做给我带来了很多麻烦。对周边的人要怎么假装没事。其次，要怎么蒙混过去。最后，辅导员找到我要怎么说才能化解这件事。因此，我现在相当郁闷，心理咨询不应该是保密的吗？而且，貌似我父母已经知道了，只是装作以为“不知道”而已，我妈情绪很不好。我现在已经在怀疑自己看医生的正确性了；现在，大家都知道了，我父母很伤心，我也听得出来，所以更难过，大家都在监视我，必须接电话，不接电话(往往是我忘记充电，或关闭静音)就回转接给我身边的人，(我的社交很普通，基本上和正常人一样的范围)“×××，又打电话给你来了”我的隐私，我的时间表暴露在别人眼前(我真的很在意自己的隐私)。明天，我父母甚至要赶过来，我已经想好要怎么屏蔽，怎么演戏以表示我很开心，我活的很愉快，但是我真的好难过。

关于心理咨询中的保密义务与保密例外：

1. 心理咨询有保密的义务。

2. 但也有一种情况，叫做保密例外。在学校这个场合，保密例外通常包括：自杀、自伤、伤害他人倾向、未成年人性行为、药物滥用、儿童虐待、家暴等情况。当咨询师知道这些潜在可能性存在时，通常需要向上报备。保密例外是非常必要的：一来保护来访者。心理咨询能做的毕竟有限，面对一个灰心丧气、满脑子都是自杀意念、已经想好自杀计划、即将采取自杀行动的来访者，比较起单一的心理咨询，更需要调动起学校、家庭多方面系统，才有可能更保护到来访者的生命安全。二来保护咨询师。咨询师只是一个人，一个人能够承担的责任有限，需要背后有强大的系统支持。

3. 在开始心理咨询前，上面这些，都是要告知来访者的。正式开始心理咨询前的第一次见面叫初谈(intake)，通常15～20分钟。在初谈中，会将上面这些(心理咨询的内容会保密、但哪些状况下是保密例外)告诉来访者。除了初谈，在第一次正式会谈时，咨询师也应该再一次强调这些内容。在得知哪些东西会被保密，哪些东西会被通报之后，来访者可以自己选择想不想说、说什么、说到什么程度。

4. 当来访者知晓以上所有后，依然准备告知咨询师保密例外中的事情时，通常，咨询师会先告诉来访者：“你现在要谈的这个事情，根据保密例外，我是需要向上通报的。”通常，在通报前，咨询师也要先和来访者讨论这件事。来访者可以理解通报最好，如果来访者依然不能理解通报，也要明确告诉来访者：“我理解你现在很不高兴，但是保密意外我们一开始就讨论过，所以这次会谈之后，我还是需要进行通报。”总之，通报前一定要告诉来访者自己会通报。

以上都应该是心理咨询中关于保密例外的基本流程。

学校心理咨询室在得知来访学生有自杀意念后通报，并没有什么问题。问题在于，关于保密例外，根本没有事先和来访学生说明！这个事例非常糟糕，给来访者带来了很大创伤，而且也混乱了学校心理咨询室的名誉。更多的学生因为害怕被告密，不敢来心理咨询室求助。结果心理咨询室形同虚设(雨夏，知乎，2015)。

二、“心理健康辅导员”与“心理咨询师”的区别

	心理健康辅导员	心理咨询师
适用人群	师范类在校生和毕业生，中小学校教师以及校外辅导员等儿童青少年教育工作者	具有心理学、医学或教育学背景的社会各类人士
工作对象	儿童、青少年	有心理障碍或心理问题，或者是希望通过心理咨询来解决学习、工作、生活中遇到的各种心理困惑的人群
工作目标	运用心理健康教育的理论知识和基本原理，有效开展心理健康教学活动；运用心理健康辅导的基本方法和技术，有效开展个体辅导和团体训练等活动；帮助学校建立完善的心理健康教育体系，促进儿童、青少年身心健康成长	运用心理学以及相关学科的专业知识，遵循心理学原则，通过心理咨询的技术与方法，帮助求助者解除各种心理问题
工作性质	以教育、预防和辅导为主	以咨询、诊断和治疗为主
专用教材	《心理健康辅导基础理论》《个体辅导》《团体训练》《学校心理健康教育体系建设》	《心理咨询师基础知识》《心理咨询操作技能》《职业道德》
教材编写单位	全国少工委办公室、中国心理卫生协会、中国青少年发展服务中心	中国就业培训技术指导中心、中国心理卫生协会
培训学时	网络培训53学时+面授培训24学时	培训机构自定，无统一标准
费用	中级：1800元/人	二级：4500元/人
考试通过率	中级通过率80%左右，未通过的可免费补考一次	二级通过率40%左右
证书	《心理健康辅导员资格证书》	《心理咨询师职业资格证书》 (2018年国家将取消该证书)
发证单位	共青团系统心理健康辅导员考核认证管理办公室、中国心理卫生协会联合颁发	人力资源和社会保障部职业技能鉴定中心
证书效用	《心理健康辅导员资格证书》是从事心理健康辅导工作岗位的资格凭证和等级凭证	《心理咨询师职业资格证书》是从事心理咨询职业的资格凭证和等级凭证
使用范围	全国通用	全国通用

引自：江苏心理健康辅导员资格认证培训网，2014。

第六章 高校辅导人员心理辅导能力实训

想试着回答一下吗

- 你听说过高校的“三级心理保健网”吗?
- 该从哪些方面对高校辅导员的心理辅导能力进行培养?
- 高校大学生这一群体的心理问题与其他群体有何特别之处?
- 在你的印象中，比较常见的大学生心理问题有哪些呢?
- 你认为同性恋是一种心理问题吗?
- 假设此时正有意图自杀者在你面前，你该怎么做呢?
- 你知道什么是心理危机干预吗?

……

第一节 心理辅导专项技能实训

心理问题是指正常人在日常、学习、生活中受到外界的不良刺激后，不能以健康心态或健康的思维、行为方式处理冲突，导致心理困扰进而产生不良情绪。心理问题是正常心理范围内的心理不健康的情绪症状，区别于异常心理范围内的精神障碍和精神病。

通过分析大学生的自我评估、普测以及总结来访者心理问题的类型发现，困扰大学生的常见心理问题有：环境适应、人际关系、情感状况、自我评价、学业及择业能力。如何对这些心理困扰进行自知，有这样一个标准可以用来判断，就是它们是否影响了你的学习和生活，是否影响了你对环境的适应，影响了你对工作的胜任程度。如果达到了这种程度，问题就有些严重了，需要寻求帮助。通过心理辅导的方式，帮助高校大学生解决心理问题，以下是大学生常见的心理问题案例。

一、环境适应

对于每一位步入大学校门的学生来说，都面临一个新环境的考验。无论是学习环境、生活环境还是自然环境，或多或少都有自己感到不适应的地方。如果不能及时学会自我调整，便会产生一系列不良情绪问题，如紧张、焦虑、无所适从或抑郁，从而影响自己的身心健康、学习和生活。

（一）我无法适应这样的学习环境

1. 案例介绍

人物介绍：刘某，女，19岁，某大学理科类一年级本科生。上大学前生活在南方一大城市，独生女，出身于一个经济条件较为富裕的家庭。父母是国家机关干部，爷爷奶奶也是退休国家干部，家庭氛围和家庭环境很好，性格内向、文静。

人物主诉：最近越来越烦躁不安，心情也不好，只知道心里十分焦虑，静不下心来学习，好像每天都在坐立不安的恐慌中度过，我是不是得了什么心理疾病？从上小学二年级起，我就一个人住一间屋子。父母和爷爷奶奶都非常疼爱我。当我做作业时，他们都小声说话，做事也尽可能地不发出响声，保持安静。在我上高中时，他们几乎不看电视，爷爷奶奶一吃完晚饭就出去散步或在他们的屋里，父母就更不用说了，每天晚上临睡前，他们总要变着花样的给我弄一顿可口的加餐。总之，从小学到高中，我的学习除了在学校听老师讲课外，在家里我都是在一个非常安静的环境中学习和复习功课。有了家人的关爱和安静的学习环境，我的学习成绩在班上一直是名列前茅。进入大学以来，课程不像过去那样塞得满满的，有大量的时间要让你自己去学习和复习。当我到教室自习时，周围有同学说话或发出响声，我就无法集中精力学习，便只好到图书馆去学习，但一有人走动。我又心神不定而无法集中注意力，晚上在宿舍里看书，同样地被室友们的说笑声而耽搁了学习。我知道，我只有不在意周围的环境，才能静下心来学习，可是越想不在意，也就越在意。现在学习受到影响不说，连吃饭也吃不下，觉也睡不好。久而久之，整天只想着在家学习时的那些情景，想着亲人给予我的一切关爱。另外在学习上，担心其他同学肯定都超过自己了。一想到这些，我就焦虑不安，十分着急，心理压力特别大，不知道该怎么办才好。

2. 案例分析

刘某从小学到高中，除了在学校的时间外，几乎大部分时间都在家里度过，而家人又给她营造了一个非常安静的学习环境，这不仅有利于刘某的学习，同时也造就了刘某习惯于家里安静的学习环境。

进入大学后，学习环境改变了，即没有了家里那种安静的学习氛围，同时也没有了家人的关爱，由于长期在固定模式中生活和学习的刘某，一时无法适应现有的学习环境。她知道应该不在意周围的环境，才能集中精力学习，而恰恰又总把精力放在注意周围环境的变化上，因而导致了注意力不集中、学习效率下降。

刘某把过去的学习成绩“名列前茅”与现在“在学习上其他同学肯定都超过自己了”来对比，必然会“整天只想着在家学习时的那些情景，想亲人给予我的一切关爱”，这是刘某学习环境适应障碍产生的主要根源，同时也是造成刘某心理压力的主要原因。

3. 案例建议

对咨询师而言，在咨询过程中，要做到如下引导：

(1)让来访者正确认识现有的学习环境。过去在家里有安静的学习环境，有家人的关爱和呵护，在长期的这样一种固定模式生活的刘某，现在由于学习环境的改变，一时不能适应学习环境，是能够理解的。安静的学习环境固然好，但随着学习环境的改变，人也要学会改变自己去适应现有的环境，如果一味地只想有“家里那样的学习环境”，等待有“家里那样的学习环境”，那么必然会造成受环境的影响，而“不能静下心来学习”，同时也给自己带来“吃不好、睡不好，烦躁不安”的消极情绪。作为一个有着强烈愿望“要把学习搞好”的人来说，是等待着“整天只想着在家学习时的那些情景”，还是改变自己去适应现有的学习环境呢?

(2)让来访者树立信心。其他同学也和你一样在同样的环境中学习，他们不是不会受到环境的影响，而是他们摆正了心态。尽快地学会了适应现有的学习环境。把注意力集中到学习上，自然也就“置若罔闻”和“视而不见”了。他们和你有着同样的学习环境，他们能学习好，我相信你也一定能学习得好。你把过去的学习成绩“名列前茅”与现在“在学习上其他同学肯定都超过自己了”来对比，必然给你带来更多的焦躁不安和巨大的心理压力。那么，我们也来形成一种对比，看谁能在嘈杂的环境中学习得更好?

(3)让来访者换个环境，换种心情学习。由于在学校里学习，已形成了“周围有同学说话或发出响声，我就无法集中精力学习，我只好到图书馆去学习，但一有人走动，我又心神不定而无法集中注意力，晚上在宿舍里看书，同样地被舍友们的说笑声而耽搁了学习”的一种心理认定惯势，再在同样的环境中来改变自己，对于刘某来说，会有一定的难度。因此，建议刘某到鸟语花香，绿树成荫的公园里走一遭，让赏心悦目的景色给自己带来愉悦、轻松的情绪时，再找一处有响声，有人走动的地方去进行学习，并要求她把精力、注意力放在学习上。

4. 案例总结

在来访者的叙述中，我们可以看到，刘某是因为无法适应现有的学习环境而导致的学习环境适应障碍。有适应障碍的人，总有不适应的人、事物或环境等特定对象。由于长期存在应激源或困难处境，往往表现出烦躁、抑郁和焦躁不安等情绪，同时有适应不良的行为障碍或生理功能障碍，如不能正常地学习和吃饭、睡觉等。

在三次咨询的过程中，由于刘某有强烈改变不利于自己处境的愿望，因此，在整个咨询过程中，刘某都是积极配合，态度十分诚恳。

本案例运用认知疗法矫正了刘某环境适应不良的认知，使她认识到：环境在改变，自己也要随之改变，改变才能适应新环境，有利于自己的学习和生活。并用娱乐疗法让刘某在公园尽情享受鸟语花香和赏心悦目的景色后，用激将法“比一比”这种新的认知对抗了原有的认知。首先，刘某去公园学习，已有了要到嘈杂环境中去学习的心理准备，并有了要和同学比一比，谁能在嘈杂环境中学习得更好的心理准备，所以，能在嘈杂环境中安心学习的效果非常显著。其次，当刘某能在公园里安心学习后，再回到学校学习时，她已经能够做到关注的是自己的学习，而不是外界环境。由于学习效率的提高，学习成绩也有了很大的进步，刘某的一些不良情绪也随之减弱和消失，学习环境适应障碍得以缓解。

认知疗法(cognitive therapy)是根据认知过程，影响情感和行为的理论假设，通过认知和行为技术来改变患者的不良认知的一类心理治疗方法的总称。认知疗法的基本观点是：认知过程及其导致的错误观念是行为和情感的中介，适应不良行为和情感与适应不良认知有关。认知疗法常采用认知重建、心理应付、问题解决等技术进行心理辅导和治疗，其中认知重建最为关键。认知理论认为人的情绪来自人对所遭遇的事情的信念、评价、解释或哲学观点，而非来自事情本身。情绪和行为受制于认知，认知是人心理活动的决定因素，认知疗法就是通过改变人的认知过程和由这一过程中所产生的观念来纠正本人的适应不良的情绪或行为。治疗的目标不仅仅是针对行为、情绪这些外在表现，而且分析病人的思维活动和应付现实的策略，找出错误的认知加以纠正。

(二)新生的困惑

1. 案例介绍

小敏(化名)，女，18 岁，大学一年级新生。刚到大学后不久，在一次训练中，老师选了一部分同学出来走正步，比哪一排走的好。正好该她那组走的时候，她突然冲过去就打了一位女生一耳光。事发后她一直在哭泣，要求给她处分，问她什么原因，她怎么也不肯说，只反复重复“你们给我处分就是了”这句话。辅导员老师拿她也没办法，经过与心理咨询室的老师协调，带她来到了咨询室。她来到咨询室的时候也一直在哭泣，这时离她打人已经有一个小时了，咨询员让她坐下，她也不坐，咨询员把纸巾递给她，她也不要，一副很傲气的样子。咨询员耐心地引导她，试图找出她打人的动机，刚开始她表现出来的是很抗拒的，后来咨询员对她表现出无条件的尊重和接纳，给她创造了一个安全、温暖的氛围，慢慢地她讲出打人是因为她走的时候同手同脚了，她感觉到对方在嘲笑她，所以就出现了刚才她冲动打人的一幕。

2. 案例分析

该生从小由爷爷奶奶带大，父母常年外出打工，家庭经济状况一般。上大学以前学习很好，在当地只要成绩好什么都好的观念下，她一直是老师关注的中心，也算得上是老师、父母眼中的优秀学生。进入大学以后，这种中心地位明显改变，优秀的人比比皆是，使她产生了明显的心理落差，并且她所在寝室的同学家庭条件都非常优越，让她觉得又羡慕又嫉妒。由于她来自农村且父母是打工的，觉得别人会瞧不起她，因此她也回避与其他同学的交往。至于学习方面，她仍抱着只要学习好就会获得别人尊重和喜欢的观念，很想在学习上获得一种满足感，但由于对大学学习方式认识不够以及入学以来的情绪困扰，她无法完全集中精力学习，因此感到非常痛苦。从该生的表现看是学校适应不良，也称为学校适应不良综合症，在大学新生中尤为常见。大学新生如果出现适应不良，往往累及学习、人际交往；如果不能及时发现和咨询，甚至可能发展成神经症，影响学生今后的身心健康发展。

通过与小敏的交谈，发现小敏由于父母外出打工，从小是隔代抚养。据研究发现，隔代抚养会给儿童的身心发展带来消极的影响，不利于建立和谐的亲子关系，儿童缺乏相应的安全感。同时由于爷爷的严厉要求，小敏自小学习成绩优秀，而且备受老师和长辈的关爱、同学的羡慕，致使小敏的优越感极强。可见，小敏在成长过程中缺乏一定的耐挫力的培养。在环境的变化过程中，小敏本来抱负水平较高，而大学又是人才济济，因此，落差感特别强烈。在这种心理状态下，同学的无意讽刺或善意玩笑使其觉得自尊心受到了严重伤害，从而也就成为了诱发小敏打人主要和直接的刺激源。她还自述不敢在公众场合说话，一说话就脸红且腿脚发抖，特别怕被别人嘲笑，与同学交往也觉得很别扭，觉得自己不会讨好别人，所以同学不喜欢自己。

从小敏的表现来看具体分析如下：

(1)情绪障碍。进入大学以来，小敏一直感觉到很压抑、厌烦学习、上课效率不高，但又怕学习落后；心理渴望与同学交往，但又不知道如何交往，内心产生了强烈的趋避冲突。

(2)行为障碍。小敏的行为表现方面存在以下问题：第一，学习困难。由于高中时学习成绩良好，进入大学后落差较大，出现适应不良，学习能力受到抑制，产生学习困难。第二，社会退缩。小敏以前的人际关系状况较好，进入大学后需要建立一个全新的人际圈，但小敏表现出退缩，与同学的交流很有限，对于学习以及学生活动也不愿意参与。

(3)人格缺陷。按理说小敏所面临类似的刺激源对于许多学生来说都可能经历，但多数学生能够顺应，产生适应性障碍者一般为适应能力不强或心理发育迟缓者。就小敏来说．她属于后者，其人格中包含的敏感、敌对、偏执、焦虑等特征比较明显。新生心理健康普查(scl－90)结果也显示，小敏在这些方面分数偏高。

3. 案例建议

对咨询师而言，根据小敏在首次咨询中表现出严重的阻抗，要深入探讨小敏适应不良的根源，咨询过程要做到如下引导：

第一次咨询：首先要尽快与其建立良好的咨询关系，于是咨询员开始从其日常生活中的相关事件着手，关心其生活、学习，了解其家庭状况。咨询员发现小敏的对立情绪并不是冲着咨询员来的，而是针对按照学校的规章制度她的行为会受到处分这一情况来的。咨询员耐心解释了心理咨询的宗旨和原则，慢慢消除了她对咨询员的顾虑，增加了她对咨询员的信任。

第二次咨询：主要采用心理支持疗法。引导小敏充分宣泄其消极情绪，同时，表现出对她的极大的关心和关注，对她在学校遇到的挫折感表示理解，并表示当她需要帮助的时候随时可以和咨询员联系，哪怕只是想找个人说说话也行。这样让她感觉到还是有人在关心她、关注她，让她觉得自己的情绪有发泄的地方。

第三次咨询：主要采用认知疗法。引导其重建合理的认知，抛弃一些非理性的思维。通过交谈，帮助她认识到大学与高中在学习方式、自我意识和人际关系等方面的不同，与她一起分析如何正确认识角色的改变、如何进行有效的自我评价、如何主动适应全新的环境、如何建立良好的人际关系等，纠正其不良的反应方式，以新的姿态来面对学校生活。让她学会一些自我调适的方法，使她在面对困惑的时候能有意识地进行自我调适，缓解心理压力。

——游永恒．大学生心理咨询案例集[M]．四川大学出版社，2005.

(三)失落的大学之梦

1. 案例介绍

小悦第一次来咨询时，十分紧张，眼神迟疑。她告诉我她很不开心。她家在内地，十年寒窗，终于考上了梦寐以求的S大学。然而，当她步入大学后，她的生活变得一团糟。她寝室8个同学中6个是上海人。她觉得自己和她们根本不是同一个世界的人，在她们面前，她自己像个几岁的孩子，什么都不懂。上课时，她总喜欢坐在僻静的角落里，许多人在一起时，她从不找别人说话，也没有人理她。

她感到十分痛苦，觉得自己处处不如别人。她的一个室友是上海知青子女，她也有苦恼，但她苦恼却是家境、操劳的母亲以及自己的生活责任。小悦觉得自己的苦恼都比别人狭隘。她的家人都很好，希望她能自己过得好一些，但她却把自己弄得痛苦不堪、生不如死。

这段时间，她经常想到死亡，她说她的生命中除了痛苦还是痛苦。她从没想过要轻易结束自己的生命，因为她知道她的生命根本不属于她，而是属于爱她的父母。她觉得人活着真没意思，考上大学之后，她已经找不到自己存在的价值与意义。她告诉我："只有我一个人，孤零零的，似乎被整个世界遗忘了。我害怕，我害怕自己要疯掉了。"

2. 案例分析

在倾听过程中，我判断小悦的问题是"大学新生适应不良"，考上了梦寐以求的大学，却给小悦带来无法承受的失落，是源于小悦入校之后面临的4大问题：

(1)她从内地考到上海，上海的生活习惯、文化背景和内地有极大的不同。这种差异带来了冲突，而寝室中6个上海同学的存在，更使小悦无可避免地感到孤立。

(2)小悦在进大学之前没有集体生活的经验，独立能力较差。

(3)小悦进入大学以前的学习，和同学相比学得轻松成绩又好，老师也喜欢她。进入大学后，周围都是优秀的学生，以往的优势不复存在，从而产生了心理落差。

(4)小悦性格较为内向，不善与人沟通。

3. 案例建议

第一次咨询结束的时候，我们约定以后每周1次咨询，直到她走出心理困境。

第二次来咨询的时候，那天晚上他们系在开迎新晚会，可是小悦坚决说愿意做咨询，不去参加迎新晚会。小悦表示，自己在一个人的时候最自在。人越多，反而越孤独，看着别人有说有笑、朝气蓬勃，觉得自己的整个生命都暗淡下去了。她说或许她不该读大学，不该来上海。我问她如果她真的没能考上S大学，没有来上海，现在的心情会是什么样？她愣了好久，说："可能我还是会感到遗憾吧？毕竟上大学是我以前的人生目标。"

我给她介绍了"大学新生适应不良"的一些情况，告诉她新生在适应大学的新环境时，多多少少都会碰到一些困难。但痛苦和失意很多时候是一种信号，告诉你自己需要改变和成长，当某一天克服了这些困难的时候，自身也就成长了。

小悦对这种说法感到新鲜(这种将烦恼痛苦化成成长动力的做法，我常常用在对大学生的咨询中，并且极为有效)。

接下来，我和她一起分析了她目前适应不良的各方面问题。

一是学习问题。大学的学习方法、要求、技巧都不同于中小学，她需要做出调整改变。

二是生活自理问题。她的衣食住行、理财购物，必须从头学起。

三是和同学的关系问题。刚开始住进寝室时，因为她们都说上海话，自己听不懂，就插不上话，后来就习惯了，同寝室的人常说说笑笑当她不存在一样。这让小悦很难过，又不知怎么去改变。

四是小悦的性格问题，她一直觉得自己内向、忧郁，很难适应变动的环境本来以为这是自己的命运，但既然来寻求咨询，可能的话也希望能有所改变。

在第三次咨询中，我们主要讨论了学习问题。我询问了小悦以前的学习情况，然后，我们一起按照目前开设课程的重要及难易程度，定了一个小悦能够接受并能执行的新的学习时间安排表。我还建议小悦去高年级的同学处了解一下任课老师的教学及考试情况，以便能有的放矢。当然，这样做的另一个目的，我没有告诉小悦，就是想让她能主动去接触些高年级同学，熟悉大学生活，并锻炼自己与人交往的技能。

第三次咨询后，小悦给我寄来的是她的一个日记。在日记中，小悦记录了她的痛苦、困惑、她的生活……而对我更重要的信息是，在她的日记里记录了对我的一种感情。我此刻显然碰到了小悦对我的移情。如何处理这种移情，有效利用这种移情，成了我必须解决的问题。

在对小悦进行咨询时，我正在研习 William Glasser 的现实疗法。最重要的是，现实疗法反对移情，拒绝采用移情的作用。现实疗法反对移情是基于让当事人自己对自己生活负责的人性观，而移情使当事人与咨询者之间联系太过紧密，甚至会助长当事人的依赖心理，在现实疗法中往往会起反作用。

在第四次咨询中，我感谢小悦以寄来日记的方式表示出的对我的信任。在这次咨询中，我们就她日记中记叙的一些事情进行了分析、讨论，对她的写作进行了充分的肯定，也留出时间对我们上次讨论的学习问题进行了回顾。

在后面的几次咨询中，我一直对小悦强调“doing(行动)”，而小悦是个不善利用时间的人，总也完不成自己的计划。我这时采取的策略是信赖和耐心。当事人在这时会有意无意给咨询者设置障碍，希望你放弃他，来证明自己真是不能改变的。而我不断告诉小悦我相信她的能力。一次，她的专业课成绩在全班拿了第一名，寝室中那些她以为非常优秀的同学成绩都比她低。她几乎不相信这是真的。那次成功的体验带给小悦很多东西！她身上开始发生一些微妙的变化，找到一种奋发向上的感觉，很少回忆过去，不再自卑，只是想，要尽量有计划，慢慢地什么都会好起来。

在小悦最后一次来咨询时，她告诉我，她已打算主动和寝室同学敞开心扉，她必须跨越这一步，或许在一开始她会做得很糟糕，但她必须面对，不能逃避。她会让自己的生活走上正轨，把自己的每一天都安排得充实、快乐。可能她暂时还做不好，生活中会不断经历痛苦失败，才能找到最适合自己的路，她会为自己拥有这么多的体验而感到庆幸。

4. 案例总结

小悦前后共进行了8次咨询。小悦一进校门，就从考上S大学的美梦中跃进承受心理危机折磨的恶梦中，情绪低落消沉，失去自信心。原因在于小悦从以前熟悉的环境进入一个几乎完全陌生的环境，生活、学习、人际交往及原有的性格都受到冲击和挑战，要求小悦重新去调整适应。对小悦来说，这是一场应激。而小悦在最初选用了不适当的方式对付此种状况：否认自己的能力、价值，蹈进情绪困扰之中。

我在咨询中采用了现实疗法的原则和思想，在给予温暖接纳的同时，一直坚持要小悦对自己的生活负责，强调“doing”，在生活、学习、人际交往及性格等诸多问题中，重点选择了学习问题，要求小悦采取实际行动，通过咨询，小悦从梦中醒了过来，并且更有信心和能力去面对现实的人生。

现实疗法的思路和原则：强调当事人的责任和力量；重视当前的行为，协助当事人拟定明确的行为改变计划并切实执行；以关怀和尊重为基础建立彼此的信任关系；强调当事人自身优点和潜能，帮助他发展成功认同经验。

——徐光兴．学校心理咨询优秀案例集[M]．上海教育出版社，2000.

二、自我评价

大学时代正处于青年中期，又称为“延缓偿付期”，在中学阶段，个体常常为紧张的学习、考试忙碌，没有时间思考人生，认识自我，只有进入大学，才有时间和精力真正用心思考自我、探索自我和确立自我。这一探索过程并不是一蹴而就的，所以刚开始时很多大学生会有诸多困扰，大都是与自我认识不清有关。

“我是谁?”与“我将走向何方?”是自我认识的两大问题，如果完成得好，就能化解危机适应新生活，达到自我同一性的确立；否则将出现自我同一性危机，迷失方向，与自己的角色不相适应，从而出现自卑、退缩等不良人格特征。

所谓自我意识的混乱是指个体无法完成正确的自我概念和适宜的自我态度，以致不能达到自我同一性的确立而获得安定、平衡的心理状态。大学生自我意识混乱通常表现为两种类型：一种是过高的自我评价，表现为自负；一种是过低的自我评价，表现为自卑。两者都是个体不适宜的行为方式，需正确面对，否则此类心理缺陷将衍生出其他的严重问题。

(一)“丑小鸭”的苦闷

1. 案例介绍

人物介绍：曾某，女，20岁，某大学理工类二年级本科生。家庭经济条件一般，父母都是工人，独生子女，家人十分宠爱。性格内向，人际关系也不好。

人物主诉：我小时候性格开朗，活泼好动，所以父母就送我去学习舞蹈，我也曾获得一些奖项，大家都为我感到高兴．当时我觉得自己是天底下最幸福的人了。上学后，我也一直参加学校的各种文艺表演，生活十分愉快。可是当我渐渐地长大后，我慢慢意识到自己长得不漂亮，个子也很矮，在班上，每次站队时我总站在最边上，自卑感也逐渐滋生。原来的笑脸和表演的天赋也逐渐消失，特别是上大学以后，我变得更沉默了，变得不爱表现自己，变得对别人的一举一动、一言一行都很敏感，甚至害怕看见别人的眼神，我总喜欢低着头，因为这样别人就不会看见我的脸，上课时，我也喜欢独自一人坐在教室的最尾角，这个位置是最不被别人注意的，我也害怕上课时老师会提问到我，我没有勇气站起来，我更害怕很多人同时看着我。我变得越来越孤僻，有时我甚至抱怨父母，为什么把我生成这个样子，现在我也从不和他们谈心事，脾气也变得有些暴躁、古怪。我会经常在晚上偷着哭，几乎到了崩溃的边缘，也曾经有过轻生的念头，这一年多来就这样痛苦地过着。原本在大一时，就想来找你们咨询，但始终没有勇气走进来，但最近发现周围同学经常小声说话，我知道他们是在议论我的相貌。老师，我该怎么办，我现在也没有心思学习了，一点斗志都没有，害怕到食堂，也不敢去上自习，整天什么事也不想做。

2. 案例分析

通过曹某的主诉，我们不难得出，她是因为生理方面的缺陷和不足(如生理残疾、身患疾病、身材矮小或肥胖、相貌丑陋等)而导致的自卑心理，而曹某的自卑感主要是源于自己的容貌和身材。

自卑的人往往表现消极，封闭自己，性格孤僻，缺乏自信，觉得自己事事不如人。曹某的自卑感起源于青春期后开始对自我的关注，与周围同龄人相比，没有出众的相貌和身材，进而曹某产生了否定自己、拒绝接纳自我的心理倾向。曹某最大的转变就是性格从原来的开朗活泼到现在的沉默敏感，对自我过分的怀疑，所以逐渐将自己封闭起来，并采取逃避的方式，回避一切可能与人正面接触的机会，如喜欢低着头、上课喜欢坐在教室的最尾角、不敢去上自习和害怕到食堂等行为表现，通过避免与他人交往的方式来掩饰自己的不足。并引发了严重的情感损伤和内心冲突，如对父母的抱怨、脾气变得暴躁古怪、经常晚上偷着哭、有过轻生的念头等。甚至对同学间的“小声说话”也十分敏感，怀疑他们在说自己的是非。这些事件已严重影响了曹某的日常生活和学习，使其严重缺乏自信，自卑感更加强烈。

3. 案例建议

我们对曹某的情况进行分析后进行调治。

(1)要求曹某给自己画一幅“肖像”：对自己做全面认识，通过对自己年龄、姓名、身高、体重、性格、优缺点等方面的描述和认识，帮助曹某正确认识自己。和曹某一起勾勒一幅较为全面的自我“肖像”轮廓，并指出其自我描述和认识中的偏差：“一个人虽有缺点，但也总有优点，人不是十全十美的，但也不是一无是处的”。让曹某在我们为其创造的环境中逐步发现自己的价值、优点。

(2)教会她做适当的自我改变，一个人的外貌虽不能改变，但内心实质可以改变，人有“外在美”，但那不会长久，人更多的应具有“内在美”。此外，也可以从修饰与服饰等表面来表现自己出众和才华的一面。最后，进行积极的自我暗示：“生活中不是缺少美，而是缺少发现美，我也有美的东西”“内在美比外在美更重要”……

(3)扬长避短，建立自信。曹某对自己存在不适当的自我评价，即过多的看到自己的缺点，很少看到自己的优点，觉得自己相貌丑陋，身材不好，总觉得自己比不过别人而否定自己。其实，这是与别人片面比较得出的结论。曹某有其长处——舞蹈表演，我们鼓励曹某尽可能发挥长处，使她充分展示所长。然后通过获取成功经验，在成功中让她深刻感受到自己的价值，从而树立自信心。

(4)利用系统脱敏疗法治疗曹某对他人眼神的恐惧。包括三个步骤：第一步，建立曹某对他人眼神恐惧的等级层次。其一，找出所有使曹某感到他人眼神恐怖的事件，并说出对每一事件他感到恐怖的主观程度；其二，将曹某报告出的恐怖或焦虑事件按等级程度由小到大的顺序排列，由小到大分别是与他人相隔 30 米以上时、与他人相隔 20 米左右时、与他人相隔 10 米左右时、与他人相隔 5 米左右时、与他人面对面且低着头时、与他人面对面且看到他人面部时、与他人面对面且看见他人眼睛时。第二步，进行放松训练。一般需要 6 ~ 10 次练习，每次历时半小时，每天 1 ~ 2 次，以达到全身肌肉能够迅速进入松弛状态为合格。第三步，分级脱敏练习。要求曹某在放松的情况下，按某一恐怖的等级层次进行脱敏治疗。第一，放松，通过训练，有意识地控制自身的心理生理活动，降低唤醒水平，改变机体紊乱功能；第二，想象脱敏训练，通过口头描述，要求曹某在能清楚地想象此事时，伸出一个手指头来表示，然后，让其保持这一想象中的场景 30 秒钟左右。想象训练一般在安静的环境中进行，想象要求生动逼真，不允许有回避停止行为产生，一般忍耐 1 小时左右视为有效。实在无法忍耐而出现严重恐惧时，采用放松疗法对抗，直到达到最高级的恐怖事件的情景也不出现惊恐反应或反应轻微而能忍受为止。一次想象训练不超过 4 个等级，如果在某一级训练中仍出现较强的情绪反应，则应降级重新训练，直至完全适度；第三，实地适应训练，也是从最低级到最高级，逐级训练，以达到心理适应。一般均重复多次，直到情绪反应完全消除，方进入下一等级。每周治疗 1～2 次，每次 30 分钟左右。

(5)积极与他人交往，多参加各类集体活动。采取避免与他人交往的方式来掩饰自己的不足，虽可一时缓解自己的心理压力，但会产生孤独的体验，形成闭锁性的性格，只有通过积极主动与人交往，多结交那些性格开朗、乐观、热情、善良、尊重和关心别人的人，才能跳出自我封闭的圈子。此外，通过鼓励曹某参加各类有益的集体活动，勇于表现自己，使她陶冶性情，稳定心绪，学会与人交往，感受来自集体、同学的温暖，逐渐融入集体中。

咨询在曹某的积极配合下完成，最后一次的咨询中，曹某走进咨询室的精神面貌与第一次来访时有了较大的改变。自从同学们知道曹某的舞蹈天赋后，她现已成为班上的艺术骨干，周围也多了许多朋友。现在她和父母的关系也有了较大的改善，认为都是因为父母对自己的关心，送自己去学习舞蹈，才会有现在的才能。

4. 案例总结

美国著名的心理学家埃里克森将人的一生分为 8 个时期，人从青春期开始就对自我不断进行关注、疑问、探索，整个青少年阶段的核心任务就是对自我同一性的确立，本质上就是解答我是谁的疑问，而大学生自我意识的发展也处于自我同一性的确立过程中。在此阶段，人对自我最先关注的就是自己的生理特征，所以当同他人的片面比较，便会对自己在生理方面的缺陷和不足(如生理残疾、身体疾病、身材矮小或肥胖、相貌丑陋等)而产生自卑心理。通过建立适当的代偿机制，扬长避短，淡化所谓的“缺点”，集中精力发挥长处，让来访者在展示长处的成功中体会自身价值，从而树立自信，这对于克服因生理方面缺陷而导致的自卑心理是很有效的。此外，鼓励来访者改善人际关系也利于克服此类自卑心理。

系统脱敏疗法对于治疗恐惧症、焦虑症和强迫症是非常适用的，其基本操作原理是，诱导来访者缓慢地暴露出导致神经症焦虑的情境，并通过心理的放松状态来对抗这种焦虑情绪，从而达到消除神经症焦虑习惯的目的。

——杨玉宇．大学生心理咨询案例分析与辅导[M]．云南民族出版社，2005.

(二)学会自我悦纳

1. 案例介绍

人物主诉：“在我们寝室，我一直是学习最努力的，我的目标就是考第一，拿奖学金，证明我比别人强。但通过考试，我却并没有考到第一，因此我感到很苦恼，觉得自己一无是处。现在，我感到别人对我也不像以前那么重视了。”

2. 案例建议

听完他所说的话，我对他的个性特点有了一个初步了解。首先，他具有极强的上进心；其次，他非常在乎别人对自己的看法和评价；第三，对自己要求苛刻，有完美主义倾向。

为了清晰地了解来访者的内心世界，我与他进行了更深入的谈话。

“你为什么希望证明自己比别人强?”我问道。

“因为在别的方面，如文艺、体育等方面，我自知天赋比别人差，不如人。为了不受人轻视，我就应该在某些方面比别人强。”

“因此，你就认为自己只有在考试中获得第一名才能证明自己的学习能力比别人强？以为通过这个途径，就能得到同学们的重视，从而满足你那强烈的得到他人尊重的心理需要，否则你就感到痛苦?”我问道。

“对，我是这样认为的。”

通过这段交谈，我意识到来访者具有强烈的被他人认可的愿望，并希望通过自己的努力能够不断地发展、成长。这当然无可非议，但来访者却在认识这两个问题时出现一些偏差。首先，来访者认为自己想得到别人的尊重，自己就应当在某些方面比别人强。显然，在现实社会中，通过常识我们都能认识到尊重应当是相互的，一个人只有在具有独立的个性并能真诚尊重别人的前提下，才能赢得他人的尊重；其次，来访者把“比别人强”与“在某些方面就必须得第一”这两个概念等同起来，看问题没有弹性，过于绝对化。绝对化的观念往往不能给人伸缩弹性的余地，而绝对化的目标又极易受挫。因为受挫，他们又极易从一个极端走向另一个极端，这两个极端的心理落差，往往给他们造成巨大的心理上的痛苦。

因此，我认为造成他目前这种不良心态的根源就在于他对以上两个观念认知的偏差所造成的，下一步的工作就是纠正他的错误观念。

“你特别希望得到你周围同学的重视?”我问道。

“对。”他回答说。

“那么你认为怎样才是真正受人重视呢?”

“受人重视就意味着别人很在乎你所说的、所做的，就是大多数同学都在乎你的一言一行。”

“那你想想，你们班学习成绩最好的同学，他的一言一行都是受到大家的重视?”

来访者思考了很长一段时间说道：“那倒不是。”

“那你认为哪一种人的言行受人家重视呢?”我接着问。

“有人缘的同学。”他答。

“哪种同学最有人缘?”

“有主见，尊重他人，善于关心、帮助别人，活泼热情向上，热衷集体活动的同学，他们的意见往往最受人重视。”

“对，人与人之间的情感交流是平等的、互利的。一个有主见、真诚尊重和关心别人的人，才能赢得别人对自己的尊重。而你以前所认识到的只有在自己比别人强时，才能赢得别人重视的观点，就好像小孩子认为只有自己打赢其他所有小孩，才能使他们都服从自己一样，是一种不成熟的观点。倘若你有意识地去观察、总结那些受人尊重的同学的个性特征，并有意识地去培养自己的这些个性特质，逐渐地，你将会受到越来越多的人的关注和重视。”通过这段交流，我向来访者传达了这样一种信息：人一般都有自我尊重和被他人尊重的需要。但这种尊重的满足往往不能通过征服和支配来实现，也许更多得是建立在彼此间的平等、互利、友好、尊重等基础之上。另外，我也向来访者表达了一种如何培养良好个性的方法，也就是观察和模仿。通过观察，发掘自己身边受尊重同学的一些良好和独特个性特质；通过模仿，不断完善自身的个性心理品质。

来访者静静地思考了一会儿，若有所悟地点了点头。到此为止，基本上帮助来访者认识了他在第一个认知上的偏差，使来访者有意识到若想赢得他人的重视，自己该沿着哪个方向去努力。

下面的谈话，则是帮助来访者纠正他第二个认知上的偏差。

“通过我们刚才的交流，我可以看出，你是一个有极强上进心的同学，你希望有过人之处。”

“是这样的。”来访者回答说。

“你认为自己其他方面，如体育、文艺方面，没有太大潜力，而自己的学习能力一直都还比较强，因而希望通过努力，来证明自己的学习能力的过人之处。”

“对。”

“那你过人的标准是什么呢?”

“就是每次考试得第一。”

“你能保证你每一次都能考第一吗?”

“不能。”他简明地答道。

“考不到第一，你心理感受如何?”

“我会很苦恼，就会觉得自己一无是处。”

“你认为谁能保证自己每次都考第一，或者说在你认识的人中，有没有谁一直考试都是第一?”

“没有。”他说。

“也就是说，你现在是把一个没有人能达到的目标强加在自己身上。显然，这个目标对你来说也是很难达到的；这个目标达不到，你就会苦恼，由此可知，这种苦恼是由你自己造成的。”

“我自己造成的?”

“对，这种苦恼是由你这种极端化的目标造成的。在你看来，过人就是超过所有的人。其实，即使你每次都在班上考第一，你保证你就是全国所有高校该专业的第一名吗？若不是，那么你超过的还是一部分人。”

通过这种与来访者的交谈，我的目的就是要使来访者意识到自己头脑中固有的“比别人强就等于要得第一”的观念是错误的。消除这种错误的认知，再建立一种新的正确的认知观念来取代它，并用这种新的认知观念指导行为，从而使自身的心理和行为沿着健康的轨道行进。

“老师，那你认为怎样才称得上过人呢?”

“在我看来，所谓过人，就意味着不断超越自己，不断向自己提出挑战，今天的自己比昨天的自己强。”

“老师，我懂了，最好的其实是不存在的，一个真正意义的上进就是在不断的追求。”

——丁成标：走出心理困惑：大学生心理咨询个案集[M]. 中国工人出版社，1999.

三、学习生活

大学阶段虽是学习掌握各种社会技能的阶段，但学习专业知识仍是大学生活的主旋律。高中阶段的学习基本取决于老师的讲解，而升入大学以后往往老师讲得很少，需要学生自己课外广泛涉猎，补充知识。自觉、自立、自主、创造是大学学习的特点。一些学生在进入大学后因未能掌握大学学习的方法而导致考试不及格，从而带来厌学、自卑、自信心下降等一系列心理问题，如学习不适应、不喜欢自己所学专业、学习动力不足以及考试焦虑等。这些问题都需要给予及时的帮助和指导，否则会影响学习积极性、妨碍专业知识技能的掌握，甚至导致神经症等身心疾病的产生，个别心理承受能力低的同学还可能产生轻生的念头，造成严重后果。心理咨询在这方面有着不可忽视的重要作用。

(一)学习“没劲”，根源何在?

1. 案例介绍

这里介绍两个案例，均属于学习“没劲”者，但“没劲”的根源各异。

案例一：李某，男，19岁，某工科大学二年级学生，优秀班集体班长。学习能力强、不吃力，但因所学专业与自己的志向不同。认为学了没用，所以学习“没劲。”

案例二；赵某，男，21岁，某工科大学四年级毕业班学生。曾担任系文艺部部长。在毕业前三个月来询。自己在大学四年学习成绩不错，为系里免试推荐研究生，但仍举棋不定，不知是该读研究生还是走向社会参加工作。认为学多了也没有用，学的越多适应社会的能力越差。因而学习“泄劲”。

2. 案例分析

案例一：

李某：老师，你说学习有用吗？

老师：现在学生中流行的说法是红路、黄路、黑路，请你分析一下哪条路不需要知识？

李某：的确都需要，没有哪条路不需要知识。可我学习就是没劲。为什么学？学什么？现在所学的每门课我不用上课，只需两三天就可考出较好成绩，剩下的时间没事可干，对生活中的一切都失去了兴趣。

老师：你最感兴趣的是什么？

李某：当警察，做侦探工作。我考大学时所有志愿都报公安学校，没想到录取工科院校学锅炉设计，真是一点办法也没有。

（所学专业与自己的志向不同，是这个学生学习没劲的症结所在，咨询必须从此处着手。）

老师：不是没办法。我这里就有两个，一是退学重考，不是公安学校不去。你看怎么样？

李某：我也曾这样想过，可左思右想不行，还得在这儿继续学。

老师：另一个办法就是面对现实，所谓“既来之，则安之”。通过跟你交谈，我感到你这个人头脑聪明，有很强的社会交往能力，只要你努力，今后肯定会成就一番大事业。但你现在所取得的成就只是靠着自己的聪明实现的，并没有坚实的基础。比如你每门课用二三天时间复习考的成绩比学了一学期的人还好，可你考完没几天就什么也不记得了，是不是？

李某：是。

老师：你要一直这样下去我看也很难真正获得知识，这也是你来咨询的主要原因吧？

李某：就是这样，老师你说我怎么办呢？

老师：你说今后不论从事什么工作都需要的知识是什么？

李某：外语和计算机。

老师：我很同意你的观点，咱们就以外语为突破口，制定一个学习计划好不好。

李某：好!

老师：咱们来定一个目标，近期目标是通过四级考试，远期目标是毕业前通过六级考试，并能听、说。你每天背5个单词，并练习听、说。你看行吗，

李某：行，我回去马上就开始。

老师：好，半个月以后请你再谈一次。

案例二：

赵某：老师，我感到最近心里很烦躁，什么都学不进去，什么都不想学。

老师：能请你谈一下为什么烦躁吗?

赵某：我们现在临近毕业了，我想了很多，心里很矛盾，有些想法也解决不了，就很烦。

老师：你都有什么想法?

赵某：我们同学都说社会很复杂，很难适应，我很担心自己的能力不行，适应不了社会。听说大学学得这点儿知识根本就不能解决问题，我们毕业之后怎么工作呀。我是免试推荐上研究生的，我想学得越多，适应社会的能力越差，现在我不知道是读研究生，还是找工作好。

老师：你是不是担心自己的能力不行，将来适应不了社会?

赵某：是的。

老师：大学期间，你做过什么社会工作吗?

赵某：当过系里的文艺部部长。

老师；组织过演出吗?

赵某：是的，每年都组织一次，我指挥的大合唱还获过学校优秀奖呢。

老师：你父母是什么职业，他们对你要求严格吗?

赵某：我父母都是行医的，长年在外地，我一直在奶奶和姑姑家住。他们对我要求很严，一直教育我要做个好孩子，小学到大学都很努力，尽量让他们满意。

老师：你是不是在内心深处有一种感觉，认为你住的毕竟不是自己的家，一定不能惹他们生气，便加倍地严格要求自己。

赵某：(略加思考)我原来也说不清，经老师一说确实有点儿那种感觉。

(从小没有父母做依靠，在做好孩子的驱动下，一直处于紧张状态之中，这是症结所在)

老师：从你谈的情况看，你的能力是很强的，你想想看，你们系有几个学生免试

推荐读研究生，有几个文艺部部长能组织起大合唱并在全校获奖。

赵某：(笑)是不多。

老师：所以你属于大学生中能力很强的那一类，如果你再紧张，那些不如你的人不就吃不了饭、睡不了觉了吗。我看你的问题不在你能力不够，而是你对自己要求太高，长期处于紧张状态所造成的一种焦虑。

赵某：老师，那我现在怎么办呢？

老师：建议你一周内少看些书，适当地放松一下，然后把自己想要学的书按轻重缓急排一下顺序，把必须学的而又马上用的放在第一位，其他的可以放在以后再说，你看怎么样？

赵某：行，我按您说的去做。

老师：请一周后再来一次。

3. 案例建议

(1)这两位学生来访时提出的都是学习没劲的问题，但是学习没劲的根源不同。案例一是因为所学专业与自己的志向不同，加上学习能力较强不用下工夫学习也可考得好成绩，养成了一种松散的习惯，既不满意现状又很难集中精力学习。所以对他的咨询是帮助他建立一个他自己认可的目标，并制订一个可行的计划，使他逐步养成良好的习惯。案例二的原因是从小对自己要求很严，对自己的期望值很高，在临近毕业时出现的一时焦虑。对他的咨询就不能像第一个案例那样也给他增加负担，让他紧张，而是重点帮助他放松。

(2)注意寻找(或称激发)来访者自身存在的积极因素，从而发挥他们的自身潜能来解决自己的问题，在案例一中，利用他是三好班的班长，对他身上的有点给予肯定，从而激发他的学习热情。在案例二中，利用他文艺部长的工作成绩和免试推荐研究生的事实，肯定他是大学生中的优秀者，使他对生活充满自信，缓解紧张焦虑的情绪。

(3)咨询中要注意用有效的语言引导来访者认可自己的问题，这样有助于提高咨询效果。

4. 案例总结

学习没劲，说到底是学习动力不足。相当一部分大学生身上不同程度地存在着学习动力不足的问题。造成学习动力不足的原因很多。从外因看，有家庭教育和学校教育的失误，如家长期望过高，不当的教育方法，社会不良风气的影响；从内因看，学习目的不明确，自制力较差，懒惰，放纵等。矫治方法，一方面要靠外部教育环境的改善，另一方面自身的调节和改变也很重要。因此，咨询主要使来访者充分认识到学习的意义；面对学习上的失败要进行正确的归因；全面评价自我，恢复自尊与自信；

扬长避短，重新设计，塑造自我。

——杨玉宇．大学生心理咨询案例分析与辅导[M]．云南民族出版社，2005.

（二）一个女大学生的考试焦虑

1. 案例介绍

人物介绍：吴某，女，19岁，某重点综合大学社科系学生。从一年级第二学期开始进行心理咨询，咨询已坚持了三个学期。学期初始阶段很少来询，每到期末复习考试前一个多月就主动来询，与咨询老师常有电话联系。主要问题是考试焦虑，并伴有睡眠障碍。

2. 案例分析

小吴的心理咨询开始于大学一年级第二学期。原因是第一学期期末考试数学不及格。小吴学的虽是社会科学专业，但要学习数理统计方面的课程。她在中学学习时数学就不是强项，因而报考了社会科学专业，没想到这个系也要学习数理统计，数学和统计学在大一、大二两个学年都要学，这就给她带来了沉重的心理负担。每到期末复习考试临近期间，她就紧张焦虑起来。小吴还伴有较严重的睡眠障碍。

一年级下学期开学初，因数学不及格进行了补考，情绪低落。她写了一封很长的信给班主任老师，诉说她的苦恼和焦虑。班主任老师告诉她，学校有心理咨询室，建议她前来咨询。首次来咨询时，咨询老师热情地接待了她，交代了心理咨询的原则，介绍了心理咨询工作的性质，建立相互信任的咨访关系后，小吴谈了自己的情况。

小吴原在某市的中学读书，父亲在市里工作，母亲是县里的小学教师，有一妹妹和母亲住在一起。平时她在市里读书和父亲生活在一起，假期回县里与母亲妹妹团聚。上高中时父亲因病去世，她自己仍住在市里父亲的住所坚持读书。她自幼学习上进，记忆力较强，深受老师的器重。但对数学兴趣不浓，不过也能在考试中得到80多分的成绩。每逢市里的一些学科竞赛，老师都选她去参加，因此增加了她的学习负担。参加竞赛前老师要对她个别辅导，布置很多作业，虽然对她的学习有所促进，但给她的精神压力也很大。老师深怕她在竞赛中考试失利，对该科的学习抓得很紧，使她比其他同学的负担更重了许多。她对这种竞赛性的考试很反感，但老师说这是一种荣誉是学校和老师对她的器重，坚持要她参加，她也不好违抗。在竞考的前几天她往往要背诵到深夜。有一个晚上，她正在宿舍背诵，强记第二天竞考科目的内容，恰逢隔壁几个青年人在宿舍娱乐，用音响放音乐、唱歌，吵得她无法看书。她又急又气，心里烦躁极了。她心头充满了怨恨：一恨老师总让她参加竞考为学校增了光，而她自己却疲惫不堪；二恨隔壁的青年吵闹，扰乱了自己的复习。在这种焦虑怨恨的情绪状态下，她一夜也没睡着。第二天抱着乏力的身躯来到考场，在考场上脑子很乱，原来复习过的内容也想不起来了，急得她浑身出汗，心慌意乱，勉强交了考卷，成绩可想而知。从此以后，她就出现了睡眠障碍，特别在考试期间，总是焦虑、心慌和失眠相伴随，为此参加高考失利。但她从小一直是学习较好的学生，不甘心考不上大学，所以又复读一年，第二次高考才被录取。因为在中学学习时数学是弱项，所以报考了社会科学专业，不想这个专业也要学习数学和统计学，而且难度不小，教学进度很快，每一堂课比中学讲的内容多很多，学起来非常吃力。第一学期期末考试不及格，心理负担很重。进入大学后，住在集体宿舍每晚大家都免不了要聊天，她高考前已经有失眠的病史，进入大学后睡眠状况也一直不好。每到期末考试来临之前，她的神经就紧张起来，越紧张越难入睡，白天疲劳乏力，复习效果不佳。但每学期前半段情况较好，因为学期开始还没有考试的压力，情绪比较放松。

首次咨询谈了两个小时，听小吴主诉后，咨询员与她进行了指导性的讨论。建议她加强体育锻炼，放松情绪，增强信心，培养良好的睡眠习惯。愉快地结束了首次咨询。

大一第二学期复习考试开始前，小吴主动来到了心理咨询室，谈她的不安和焦虑。她现在特别担心数学再次不及格，而且对其他过去认为没问题的学科也担心起来。最令她着急的是晚上不能及时入睡。考试前同学们都在抓紧时间复习功课，同宿舍有一个同学熄灯后还要打手电筒看书，这对她是一个很大的干扰。她很敏感，宿舍只要有一个同学没睡，她就睡不着……。她希望得到老师的电话号码，希望和老师经常取得联系。

一天晚饭后，小吴打来了电话说："老师我最近心里很乱，今晚能和您谈一谈吗?""可以"。于是，在校园里进行了第三次咨询。小吴又谈了她的苦恼和焦虑，心里还是为即将来临的期末考试着急。叙述了自己的焦虑心情以后，她向老师提出了一个要求："老师，您能不能和我们系的老师说一下，让我数学缓考。这学期我把其他几门考了，开学回来，我再考数学。"回答当然是否定的。咨询老师告诉她，缓考是不可能的，因为她躯体上并没有可证实的疾病，缓考没有理由，也没有先例。她的主要问题是心理负担太重。这种沉重的心理压力，使她情绪一直不能平静，反而影响了复习效果。又给她讲了情绪对智力活动的影响作用，良好的心境，充足的信心有利于增强复习效果，而紧张焦虑的心态使自己不能专心致志地复习，反而影响复习效果，鼓励她放下"包袱"，专心学习，勇敢迎接考试。万一考不好，补考也没关系，不必在考试前就这么紧张。她答应接受老师的建议，认真复习。结果一年级第二学期的各门课程考试都合格了。

二年级第一学期又来咨询过几次，并常通过电话谈自己的种种烦恼，每谈一次心情都好一些，但每当考试临近，情绪就又紧张起来。睡眠情况前半学期较好，后半学期较差，考试前经常很晚才能入睡，有时还伴有腹泻尿频等情况，这些都是心理紧张的表现。咨询中发现，小吴同学个性较为敏感多疑，在许多问题上都是顾虑重重，给自己增添很多烦恼。例如，考试前，她要准备好几支笔，怕考场上万一有同学向自己借笔而打断自己的思路，把复习好的内容忘掉影响自己，所以就多准备几支。外语考试往往要求自己准备耳机，她也顾虑重重，一会儿怕耳机发生故障，影响听力，一会儿又想万一有的同学耳机坏了向我借该怎么办？……这些说明她还有强迫型人格倾向。

3. 案例建议

吴某的心理障碍较为严重。中心是考试焦虑，但又伴随着睡眠障碍和强迫型人格障碍。矫正起来比较费事。我们从以下几方面进行了帮助和指导。

第一，从领悟认知入手，从思想上消除对考试的不必要顾虑。依照分析疗法的理论，通过谈话、回忆，寻找“致病”根源。从讨论中得知，在中学那次竞考失眠以前，她并不惧怕考试，因为她从小学习不错，记性好，所以深得老师赏识，过去的考试成绩一般都较好，考前亦无畏惧心理。中学竞考失利，与考前对参加竞考的怨恨情绪、隔壁邻居的噪声干扰等因素综合在一起使她在心理上对考试产生了畏惧。进入大学后第一学期又有一门功课补考，又强化了对考试的畏惧。通过分析讨论使她认识到，自己其他各门功课成绩尚属中等或中上，比较差的是数学，这是她学习中薄弱环节。对数学应加强平时的复习和练习，对成绩的期望值不要过高。迟一步说，万一有一门补考也不必惧怕，补考及格也同样可以升学、毕业。

第二，改善睡眠要从多方面入手。首先，加强体育锻炼，通过体育锻炼增强体质，调剂神经系统的活动，有助于睡眠状况的改善。同时要有意识地放松情绪，在考前不要人为地加剧紧张，考前复习也要有劳有逸，适时进行休息、散步。失眠严重时，可找神经科医生进行治疗，将心理治疗与躯体治疗相结合。

第三，帮助其分析自己个性中的优点与缺点。通过卡特尔16种人格因素的测验，找出自己的强项与弱项，有意识地克服敏感多疑、情绪不稳定等弱点，培养豁达大度的个性。

第四，在心理咨询室进行生物反馈治疗，学会放松情绪。考试期间也坚持了治疗，使疲惫的大脑得到松弛与休整。

4. 案例总结

经过长达一年多的心理咨询与治疗，小吴同学的睡眠状况有所改善。连续两个学期没有补考科目，对考试的紧张焦虑有所减轻。她主动与咨询老师进行了长期的咨询与电话咨询联系，心理问题能得到及时的帮助。

学习与考试焦虑是大学生心理咨询中常见的问题。特别是学习基础较差的同学、性格内向敏感、学习方法不灵活的同学更易产生此类问题，如伴有失眠和神经衰弱的症状，矫正起来就更吃力，需进行多方面、较长期的咨询和治疗。

——樊富珉．大学生心理咨询案例集[M]．清华大学出版社，2004.

四、人际关系

对于绝大多数大学生们来说，都要经历离开家庭到学校过集体生活这一转变过程。如何与周围同学友好相处、建立和谐的人际关系，是他们面临的一个重要生活课题。每个人从小的成长环境不同，接受的家庭教养方式不同，因而待人接物的态度不尽相同、人格特征也有差异，再加上青春期心理固有的闭锁、羞怯、自尊、孤僻和冲动，会表现为封闭心理、恐惧心理、自卑心理、自傲心理、敌意心理等不同的社交心理障碍，使他们在人际交往中体验格外深刻。

有研究显示，人际关系不适、社交不良和个体自我闭锁是困扰大学生人际关系的三个主要方面。大学生正处在步入社会的关键期，从内心渴望着与他人建立良好的人际关系，来调节身心、完成学业，而对交往的不正确认识和缺乏交往的技巧，又常常使他们陷入交往误区。因此，心理咨询和辅导在指导大学生如何正确处理人际关系方面负有义不容辞的重任。

(一)一位女大学生社交恐惧症的咨询与治疗

1. 案例介绍

郑某，女，21 岁，某大学三年级学生，皮肤白皙。害怕接近陌生人，特别是陌生异性。一旦有陌生异性接近时，她便感到恐惧、面红耳赤，在人际交往上感到很自卑。通过多次心理咨询和治疗后，能正常地面对异性。初中时在社交方面就有一些问题，但是没有现在严重，只是看到陌生男性很不自在而已。到初中毕业进入高中后怕接近异性越来越严重，陌生女性也会令我感到紧张不安，后来发展到，陌生人接近时，就感到很恐惧，脸很快就红起来，因为白，每次脸红的时候，脸上就便要渗出血来，令人感到诧异。“当时我感到很痛苦，曾经和妈妈说过想去看心理医生，但妈妈不能理解，说吃好穿好还有什么问题，因此那时很恨妈妈，想过自杀。上大学后，意识到自己已经成年，总这样下去是不行的，开始努力地和同学交往，希望改变这种现象，在熟悉人面前，能应对自如；晚上，陌生人接近时自己也不太害怕，但是白天，迎面走来陌生人特别是陌生男性，哪怕在街上擦肩而过也会令自己心慌、脸红，在食堂和图书馆等人多的地方，感到更恐惧。”

通过多次引导，郑某回忆起了社交恐惧的原因，在初一、初二的时候，因为自己皮肤很白，讨人喜欢，所以有的成年男子常常对她开玩笑，有时候也摸摸她的头，当时她觉得他们侵犯到了自己，心里很反感。但那时年龄小，无能为力，于是对男性比较厌烦、抵触。以后，见了男性就表情不自然、脸红。再后来，见了女性也紧张、脸红。

2. 案例分析

通过郑某的自述和对青春期经历的回忆，我认为郑某社交恐惧的原因，是青春期遇到一些男性有意无意地骚扰，使她潜意识里觉得男性会对她造成危害，因而害怕接近陌生男性。读大学后，郑某积极和同学交往．情况有所改变，但她很在乎自己脸红这一表现。在晚上，郑某并不害怕陌生人，是因为别人不会看到她脸红，所以她能泰然自若；在白天，她却担心别人看到她脸红，越担心越紧张不安，就越容易脸红。这是消极的自我暗示，使她形成了条件反射。

3. 案例建议

了解了郑某的情况，我对她做了咨询和治疗：

(1)认知领悟疗法。认知领悟疗法，是指心理咨询者对来访者进行暗示和启发，使其改变原有错误的认知结构，逐渐形成正确的认知，以解除心理障碍的方法。前几次咨询，我主要对她进行两方面的启发：一是启发她正确看待陌生人包括陌生异性。青春期的经历让她潜意识里认为陌生人特别是陌生异性会对她造成伤害。因为那时年龄小，不懂得自我保护，所以产生害怕心理。现在，作为一个成年的大学生，周围的同学和老师大多数都是善良的，他们不会对她造成伤害，即使有些人会对她造成伤害，她自己也能够自我保护。郑某自己也认识到同学们都是友好的，他们没有伤害过她，不用怕他们，那些与她擦肩而过的人和她没有更多的交往，更不用怕他们。二是启发她正确看待脸红这一现象。郑某对自己常常脸红感到很苦恼，每次脸红都让她异常难堪，恨不得有个地洞钻进去。我给她分析了生理特点：青年女性神经系统比较敏感，容易兴奋，一点小事就可能闹得脸上红一阵、白一阵，而男性却没有这一特点，所以，很少看到男性脸红。随着年龄的增加，神经系统的控制能力逐渐增强，脸红这一表现逐渐就会减轻。另外，我着重纠正了她对脸红难堪的认知：脸红并不是可耻的，它并不会影响你在别人心目中的印象。走在路上，和你擦肩而过的人，你在他们头脑中最多留下几秒钟的印象，即使脸红，他们只会多看你一眼而已，不会嘲笑你。在公众场合，你脸红，大家只会觉得有些诧异，不会因此瞧不起你。设身处地想一想，如果你周围有同学脸红，你也不会因此贬低她的人格，瞧不起她，蔑视她。脸红不可怕，也不可耻，关键是自己不要太看重它。郑某也认识到自己好强，好面子，追求完美，太在乎这一点了，越在乎脸反而越容易红。如果不在乎，脸可能没有那么容易红。

(2)自我暗示法和放松疗法。我教会郑某在紧张恐惧时用自我暗示法和放松疗法进行调节。首先是自我暗示疗法。我让郑某在头脑中经常保持一些语句，例如“今天不会脸红”“脸红不可耻”“不要紧张，他们对我没有危害”……并学会在和人接触产生紧张不安时，用这些语句进行自我暗示。如进入图书馆或食堂前，默想这些话，直到平静后再进去。其次，让郑某学会放松疗法：深呼吸，从头到脚让意识掠过全身，放松每一个紧张的肌肉群。经过多次练习后郑某能将这两种方法结合起来运用，在心慌、紧张时让自己平静下来。

(3)系统脱敏法。为了帮助郑某克服社交恐惧症，我采用系统脱敏法对她进行治疗。在使用这种方法之前，为了帮助郑某建立起对治疗的信心，我举例说明了系统脱敏法对社交恐惧症的良好疗效，要求她积极配合老师，坚持治疗，特别在紧张、不安时，要求她不能发生任何回避行为或意向。郑某对我做出了这方面的保证，并且有信心与恐惧抗拒到底。准备工作做好之后，我让郑某列出引起恐惧反应的具体刺激情景，并且根据引起恐惧的不同程度将刺激由轻到重排列起来，形成“恐惧等级”：①和一群熟悉的朋友在一起；②在路上，一个陌生人和自己擦肩而过；③在路上，一群陌生人和自己擦肩而过；④一个陌生男性和自己较长时间待在一起；⑤在食堂打饭或在商店购物；⑥在图书馆人多的地方看书。

进行治疗时，按照“恐惧等级”逐一对郑某进行训练。每次面对恐惧刺激时，要求郑某进行放松，一直到恐惧消除，前一项训练成功后再进入下一项训练，直到面对恐惧人物不再回避，能轻松应对时为止。面对第 1 级刺激，郑某的焦虑感很轻，通过几次训练很快就进入第 2 级训练。第 2 级和第 3 级的训练都在路上进行，训练的机会很多。刚开始，有陌生人从身边走过时，郑某感到紧张不安，但她能按照老师的要求进行放松形成松弛反应，并且目光直视对方不再退缩。经过较长时间的训练后，郑某走在路上感到比较轻松自在，于是进入第 4 级训练。在第 4 级的训练中，我有意识地做了安排，让郑某的一个朋友介绍一个郑某不认识的男同学，在校园里和郑某聊天，我预先将郑某的情况和让他这样做的目的做了说明，希望他在和郑某聊天过程中能创造和谐的气氛，并能适当给予她鼓励。刚开始，郑某紧张、脸红，慢慢地，同学的友好让她放松。经过一个多小时的相处，郑某已能和对方愉快地交谈。这样的训练进行了十几次。郑某发现，自己也是很健谈、很受异性欢迎的，于是她的自信心大增，恐惧反应也大大减轻了。第 5 级和第 6 级训练也是在自然环境中进行的。这两级的训练花的时间较长，中途有几次郑某对自己恐惧、脸红感到很沮丧，但在我的不断鼓励下，她终于坚持了下去，恐惧现象逐渐减少。在每一级训练中，我都很注重对郑某进行鼓励。郑某一旦取得进步，我就会对她进行表扬。这对增强她的自信心有很大帮助。

4. 案例总结

一年多时间的咨询和治疗，使郑某的恐惧症状大大减弱，增强了她人际交往的自信心，使她能正常地学习和社交。她今年毕业，在找工作过程中，多次到中学试讲，已能从容地面对老师和学生，现在她已经和一所中学签约。

——游永恒．大学生心理咨询案例集[M]．四川大学出版社，2005.

(二)如何消除流言蜚语引起的怨恨

1. 案例介绍

孔某，女，19岁，某学院文科二年级学生。来询前一段时间，宿舍出现过丢东西的现象，另外两个女同学常指桑骂槐，定罪于来访者。孔某非常气愤，欲制造事端，引起班主任老师注意，建议孔某来咨询。

一个周末的下午，孔某推开心理咨询室的门，问："老师，您有空吗？能不能找您谈谈？"

"有空，请坐下慢慢谈"。咨询老师热情地接待了她，并简单介绍了咨询的原则和性质。

"老师，我最近特别生气，真想好好整治一下那两个人！"

"哪两个人？"

"我们宿舍那两个'家伙'。"

"看来，你和她们很不友好。你们发生了什么矛盾呢？"

"前一段我们宿舍有人丢了东西，她们俩也说自己丢了饭票，但我什么东西都没丢。因为我住在上铺，自己的东西整理的井井有条，重要的物品都锁在柜子里，所以没丢过东西。我没丢东西不等于偷过别人的东西，可那两个人就嘀嘀咕咕，指桑骂槐，言下之意是我偷了她们的东西。指桑骂槐谁还听不出来？我就质问她们说谁？她们说：'说谁谁自己知道，谁偷了别人的东西我们就说谁'，我特别气愤就和她们吵了起来。后来隔壁宿舍的同学过来把我叫了出来，她们才算罢休。但我气愤不过，总想找个茬儿出出这口恶气。我曾想，要不找我哥的同学来揍她们一顿，但我哥不干。后来我就想，她们如果再欺侮我，我豁出去了，宰了她们，我再自杀，一个换俩也够本了！"

"你真的这么想吗？"

"还没下了最后的决心。气头上来时，真想这么干，气消了以后冷静想想也不值得。何必为她们而毁了自己呢？我说这话是和隔壁宿舍同学说的，后来传到老师耳朵里，老师说学校有咨询室，让我来咨询一下。"

"你和那两个同学别的问题上有没有矛盾？"

“刚入学时还行。大家住在一个宿舍在一起有说有笑，关系都还可以。我的性格很开朗，爱说爱笑，爱唱歌，见了男同学也不拘束。有时周末或节假日，男同学也常到我们宿舍来一起下下棋或打打扑克牌。”

“那两个同学也和你们一起玩吗？”

“有时候一起玩，但她们见了男同学比较拘谨，不像我这样自然和大方。而我却比较随便，和男同学也敢开玩笑。所以班上男同学和我也接触较多，学习上有了问题我也常找男同学讨论。他们对我有点妒忌和看不惯，所以慢慢就和我疏远起来。后来她们俩接触较多，经常在一起嘀嘀咕咕议论同学，在宿舍搞起了小集团”。

“你们宿舍其他同学和你相处的怎样？”

“我们一共6个人。除我和她俩外，其他三人中，一个同学独来独往，她家在本市，经常回家住。”

“你和其他宿舍同学的关系怎样？”

“还不错，她们很同情我。认为那两个人是妒忌我和男同学大大方方的接触才和我作对。我不爱在自己宿舍待着，上完课以后也常到别的宿舍坐一会儿。我和老师提出来想调换一下宿舍，但别的宿舍同学也不敢到我们宿舍来住。我在这个宿舍，少不了还要和她们吵架。我这个人性格直爽，脾气不好，惹急了我，没准控制不住自己，干出什么事来。”

“老师，还有些事没告诉您。”小孔接着说。“我爸是党员，经常嘱咐我要靠拢组织，这学期初我还交了一份入党申请书。那两个人为这事也私下议论，说‘就她那样，还能入党？’总之，她们处处和我作对。不过最不能容忍的是诬蔑我偷东西。这口气我实在是咽不下去。”

咨询老师进行了指导帮助，帮她冷静情绪。并约定了下次咨询时间。

2. 案例分析

从咨询谈话中可以看出，小孔是个性格外向、开朗直爽的姑娘。经气质测验，她是较为典型的胆汁质气质类型。其气质特点是热情、直爽、精力充沛、急躁易怒，情绪兴奋性多，易激惹，心境变换剧烈、不善忍耐。小孔咨询以后，班主任老师主动到咨询室了解情况。从班主任处了解到，小孔热情外向、爱说爱笑，但还能听从劝告，脾气过后，冷静下来能听进老师同学的帮助。她还有乐于助人的优点，同学有了困难肯于热情相助。但遇到不平，不顺心的事易冲动，不冷静。为防意外事件发生，决定分头进行帮助。班主任老师负责找小孔宿舍另外两个同学谈话，看她们说小孔“偷”东西有无事实根据，如果确有事实应与保卫部门联系，进行处理；如没有事实根据，不能捕风捉影背后议论和诬陷。咨询老师则负责在咨询过程中对小孔进行指导帮助。

3. 案例建议

在第二次咨询中，重点从以下几方面进行指导。

第一，帮助来访者对自己的个性进行分析，提高自我认知能力。第二次咨询谈话，咨询员首先肯定了小孔为人热情、直爽、坦诚等优点，并转告了班主任对她热情助人等优点的肯定。小孔听了很高兴。但是，“人无完人，金无足赤”，请她分析一下自己个性中还不够完善的方面。小孔认为自己脾气不好，在宿舍也爱发点小脾气，惹同学生气。自己爱说爱笑爱唱，高兴起来就不顾周围同学的学习和休息，也容易引起周围同学的反感。咨询老师对她的自我分析进行了鼓励。

第二，遇到误解时该怎么办?

人在社会中生活，会遇到告种人和事，有时也免不了产生误解，甚至受到冤屈或某种不公正的待遇。在这种情况下，感到气愤是自然的，但不能凭一时的冲动鲁莽行事，那样于人于己都很不利，而且也不利于澄清事实。就拿这次遭到诬陷后企图“宰了她们”的想法来说，这种莽擅的行动会带来严重的后果，使三个人都受到伤害，这种做法只能出出气而已，但并不能使事实得到澄清，从面证明自己的清白。正确的做法是设法澄清事实(必要时可请老师协助)，冷静对待。让事实说话，闲言碎语不攻自破。凡事都要学会冷处理而不要热处理，不能意气用事。

第三，要学会和自己脾气秉性不同的人相处。在今后的生活中你会遇到各种个性的人，要想和周围的人和睦相处，既要学会与不同观点、不同性格的人交往，求同存异。在集体生活中更要彼此关心照顾，不要因自己的行动影响了别人的学习和休息。要处处关心别人，与人为善。

第四，“谅解是友谊的阳光，妒恨是友谊的冰霜”。同学们在一起生活难免产生一些分歧或矛盾。当发现别人错了的时候，不能“得理不让人”，而应“得饶人时且饶人”。宽容和谅解是人的一种美德，也是一种高尚的精神境界。与人相处，学会尊重、宽容、谅解，朋友就会越来越多，心胸狭窄，嫉妒心重的人，很难有真正的朋友。

4. 案例总结

小孔同学对咨询老师的分析表示赞同，愿意以宽容大度取代“以牙还牙”。班主任老师也做了宿舍其他两位同学的工作，她们认识到没有真凭实据的猜忌是对同学的伤害。在三人都有了认识的基础上，班主任老师把她们找在一起进行了和解性的交谈，各自做了自我批评，小孔表示了对她们的谅解。

事后的调查证明，宿舍丢东西的问题，确实与小孔无关。问题得到了澄清，小孔也没有“得理不让人”的表现。宿舍人际关系融洽了许多。

青年人涉世不深，在生活中更不能忍受不公正的议论，特别是那些性格急躁有火爆脾气的人，在头脑发热的情况下，很可能引出一些恶性事件。因此，在心理咨询或思想教育中应重视正确处理人际关系的引导。如果遇到可能引发的不良事件，则应与班主任老师配合进行工作。但一般问题则应力求在咨询范围内解决。

（三）你不能改变别人的个性

1. 案例介绍

张某，男，20岁，某学院大二学生。男同学的关系问题。

来访者到咨询室坐定后即说，“我现在与人交往方面有些问题，情绪很差。”咨询员让其详细谈谈。他说，入学后曾与本宿舍一名同学（称为H）关系不错，这位同学是班干部，各方面比较能干。后来由于两人观点分歧，产生争执，不欢而散，自己感到受了伤害，慢慢地不敢与其交往，有他在场，自己就不知道该怎么做了，觉得心里很受压抑。但是在同一宿舍，低头不见抬头见，心里很不舒服。他虽经常主动找我说话，可我不愿理他，每当他跟别人谈得滔滔不绝时我就很生气，心想就你能，这时就想打消他的气势，好想与他争个高低，比如他说什么，我总想比他多说一些，而且讨厌他按我的话茬儿。来访者自述与没伤害过自己的人交往还比较自然，谈吐也很随便，但只要有H在场就不行了。

2. 案例分析

来访者父母均为大学文化，从小受家庭教育的影响，比较注重学习。来访者回忆说：“大概是从初中开始，我就很反感周围同学在我学习的时候讲话。到了高中，问题变得严重了，我注意力越来越难集中，以致于只要有同学说话我就不能学习了。后来，我换班了，新班级纪律比较好，我总算适应了。考上大学后。刚开始我与同学（H）还挺好的，可他总是认为自己的对，总对我指手画脚，后来就慢慢疏远了。现在我有些讨厌他，其实我知道自己并不比他差（来访者也是班干部），可是由于以前的伤害，我就不想理他了。在课间，当H成为中心，我就大声唱歌或大声说话，找到比他更上乘或自认为更佳的表现方式。

从对张某的卡特尔16种个性因素测验看，他性格偏外向，喜欢与别人共同工作，愿意参加或组织各种社团活动，但情绪易激动，易产生烦恼，怀疑不信任别人，以自己的动机、兴趣等主观因素为行为的出发点，这在日常生活中能反映出来。

他说，“宿舍都熄灯了，有的同学点着蜡看书翻书的声音，床的响声，使我睡不着，我看到别人都能睡着，这时我就会很烦。”

张某接着说，“比如，考试前20分钟，我坐在教室中，许多同学较兴奋，大声讨论考试情况，而我却较平静，周围同学又动又说，这时，他们的兴奋与我的平静不协调，他们会说我不善言谈，他们会把我抛到一边，没人理我，我也劝自己应该像他们一样，但我又没那样做的兴趣和习惯。”

3. 案例建议

咨询员初步诊断为人际交往障碍，人际关系问题在大学生的几种常见心理卫生问题中最为突出。

通过进一步与来访者的交谈了解到，造成其交往障碍的原因主要是认知障碍和人格障碍。认知表现为对自己、他人和交往本身的认知，哪一方面出现问题都会造成认知障碍。来访者主要是不能客观地看待他人，不能正确认识交往过程的本身就是双方彼此得到满足和需求的过程。来访者人格上的特点又是以自我为中心、猜疑心重、苛求于人。

基于这样的分析，咨询员首先对来访者进行解释性心理治疗，对有关人际关系的理论、原则及认知行为理论等做了介绍，以求其建立正确的理性认识，并让其写心得体会。

几次认知治疗的家庭作业之后，咨询员与来访者有如下的对话：

来访者：最近情况好多了，可还是有点不能处理 H 在场时的情景。他一在场，我就很厌烦，甚至在教室，我看到他在前面与某人指指划划地聊，我就厌恶极了。以前，我经常回避他：他在，我就走，但事实证明，回避他我心里也很不平衡。

咨询员：看来回避也不是办法。

来访者：有时我就想采取打击他的方式。

咨询员：结果会怎样？

来访者；我这时也许会说几句风凉话先打击他的积极性。如果奏效，还有几分满意，否则干脆不去理他。

咨询员：也就是说，这并不是解决问题的根本办法。

来访者；但他的存在，尤其是滔滔不绝地议论，别人又很认真地听的时候，由于我很烦他，就显得很孤立。

咨询员：这时你怎么想？

来访者；我就觉得就显摆他了，心里不平衡，我希望他少说些。他在我面前，也应该拘束些，他应该见到我也像我见到他一样有所畏惧，这才平衡。

咨询员：你凭什么要求别人少说话或不说话，并像你一样？

来访者：(沉默)。

咨询员：这就是我们常说的苛求于人，实际上你是觉得，他在场，表现突出，就觉得自己不如他，产生一种压力，心理不平衡，对不对？

来访者：是的。

咨询员：由于不现实地苛求于人，让别人按自己的愿望行事，就会给自己带来烦恼。应该改变这些事情背后的不合理信念，比如，别人不应该成为中心人物，别人应该按自己想的那样做，等等，从而形成合理的思维方式。这就要求自己首先接受现实，接受他的存在，也接受自己的存在，不要回避。其次，采取顺其自然的态度，不要强迫自己不去烦他，也不要强迫自己此时有意表现，情绪就会慢慢稳定下来。

通过几次作业及面谈，来访者在认知及人际交往方面有了很大改观。

在矫正来访者的不良心态中，咨询员教育他用“ABC 理论”来改变其错误的认知和人格障碍，ABC 理论的要点是通过对自己不合理信念进行辩论，来矫正错误的认知和习惯性的思维方式。

下面是来访者的一次作业：

诱因(A)：H 在宿舍，或大声说话、讨论，非常无拘无束，或发表意见，或指责他人。

信念(B)：(1)他不应该这样无拘无束。(2)他应该见到我，也像我见到他一样有所畏惧。

结果(C)：紧张、不快、想回避他。

辩论(D)：(1)我在时，他不应该无拘无束，这对吗?

答：好像不对。这是别人的性格，别人的自由。我觉得他以前伤害过我，所以我厌恶他，讨厌他的一举下动，看不惯他，他在我面前，就应该拘束些，但这毕竟是两码事，你讨厌他，但他并不会因为你讨厌他，就变得拘束。你不理他，但并不代表别人不理他，他在别人面前很随便，你虽然不舒服，但你改变不了他，又不可能总是回避他，应承认这是客观事实，适应它是最现实可取的。

另外，如果他说话，我参与进去，或我说话，他参与进来，偶尔指责我，轻视我了，这也由不得我，难道能因为我不理他，他就改变性格和习惯?不可能。怎么办?也要适应，不然，你总是想打击报复，难受的也是你。

(2)他见到我一定要有所畏惧，这对吗?

答：不对。别人要怎样做是人家的自由，我根本无法控制。原来我总是想，他在场或说话时，我就表示沉默，但我在场或说话，他却主动参与，我就很不满意。其实，是怕他滔滔不绝地与我争论，说服我或指责我，又怕他对我形成一种威胁。细想想，光怕不行，回避不是办法，关键是提高自己的认知水平和各方面的能力。

效果(E)：通过自己与自己辩论，可以减轻一些紧张情绪和对 H 的不满。对自己及对 H 的看法有所改变了，现在他在场时，我也能主动说话，并不再像以前那样畏惧和拘束了，但还不能做到像与别人那样自然地交往。

一个不合理的信念是个体成长过程中逐渐形成的，要改变它同样需要一个过程。一种认识只有在一遍又一遍地重复之后，才能成为一种信念。因此，必须多次反复做类似的作业，以合理的信念代替那些不合理的信念，从而建立正确的思维体系。

经过近十次的咨询，来访者在认知水平上有了较大的提高，纠正了一些“应该”或“不应该”的不合理信念，对处理人际交往中遇到的问题有了比较正确的看法。深刻认识并领会到当他人的观点与自己不同时，显然无法用自己的思想方法去改变对方，懂得了不能强制别人按自己意愿行事的道理。

通过咨询谈话，还使来访者认识到对 H 同学的厌恶，实际上反映了自己心理上的自卑感，觉得自己在人群不能侃侃而谈，与 H 同学在同学中滔滔不绝的高谈阔论形成了鲜明的对照，因而对 H 产生厌恶。其实，每一个人都有某些方面不如别人。但从总体上看，你自己又有许多比别人强的地方。因此，要树立自信心，全面客观地评价自己和别人。

半年后，来访者又来到咨询室，这次不是来提出问题的，而是来汇报成绩的。来咨询室说他现在能够比较好地处理与同学的关系，心情较好，学习成绩有所提高，感谢咨询员的帮助。

4. 案例总结

一个不合理的信念是逐步形成的，要改变它同样需要一个渐进过程。矫正一种错误认识，往往要经过多次强化。本案例采用了“ABC 行为矫正训练”的方法，通过多次反复做类似的作业，才使一种合理的信念代替了原有的不合理的信念，建立起正确的思维体系。

——樊富珉．大学生心理咨询案例集[M]．清华大学出版社，2004.

五、情感

大学生处于生理和心理发展的高潮阶段，也是最富激情的时期，情绪活动有其独特的特点。大学生的情绪、情感强烈，但自我控制力不强，而当今社会处于急速变革的时代，大学生怀着对未来强烈的不确定感，感受到强大的竞争压力和就业压力，再加上理想与现实的冲突，学习和恋爱上的挫折，人际关系紧张及生活事件的增多等原因，使情绪、情感障碍成为大学生心理咨询中学生来求询的主要问题之一。下面通过两个咨询案例来展现不同的情感障碍及其调适方法。

（一）失恋的背后

1. 案例介绍

毕某，男，22 岁，工科四年级学生。穿着整齐，有礼貌，主动前来。

初次面谈：来访者自述，该年四月初在外校学习外语时，认识了本校一女生，他对她印象不错，遂主动接近。该女生比他高一年级，已面临毕业。四月中旬的一天，他突闻姥姥去世，悲痛欲绝，便找到该女生向其倾诉悲伤的心情。该女生听后，非常感动，表示要与他交朋友。他像抓住了救命草，立刻把全部感情投入其中。可该女生自答应与他交朋友后，觉得自己欠考虑，十分后悔，加之她父亲非常反对他们之间的交往，因此多次表示结束恋爱关系。可他不同意关系的断绝，曾写过血书，表示过要断指、自杀。由于他的情绪一直极度不稳定，并把主要精力放在处理他们的关系上，致使其期末考试三门不及格。该女生毕业后，分到本地工作，表示与他只能做一般的朋友，希望他不再打扰她，并退回了他给她的所有信件。他一时冲动，到该女生的单位，动手打了她。致使该女生和其单位的领导找到学校。他当众流着眼泪表示不再与她来往。可他的内心仍觉得自己真心爱她，不想失去她，控制不住自己的感情。眼看已接近元旦，情绪更是难以自制，既怕作出失控行为，更怕考试再亮红灯。他已因为挂科拿不到学位证书，如若毕设再出问题将无法毕业，他感到内心痛苦至极，不知怎么办才好。他对心理咨询寄予极大期望。

2. 案例分析

初次会谈时，该学生显得有些激动。一直滔滔不绝讲自己的恋爱及失恋经过。咨询老师此时主要是倾听，并适时提些相关的问题帮他尽量宣泄，使其情绪暂时稳定下来。并给其留了作业，希望他较全面地写出对该女生及对他们之间情感纠葛的看法。

二次面谈：第二次该学生如约来访。在这之前他已提前将作业交给了咨询老师。作业完成得很好，共写了十几页纸，对咨询老师表示出一定的信任。自觉问题严重，期望能得到长期的耐心的帮助。这为咨询创造了较好的条件。从初步谈话和他的作业中可以看出，该学生比较善于思考问题和表达自己的想法，在认知上解决问题有一定的优势。

该学生失恋后的情绪反应比常人要强烈，持续的时间长。与女孩分手已近半年，他仍不能自制，情绪激动，这其中必有许多原因。因此咨询老师采取询问的方式，首先从各个方面了解到他的有关情况，包括成长经历，家庭情况，感情历程等，以寻找解决问题的症结。

该学生在其出生三个月以后，就被送到农村姥姥家生活，一直长到十岁才被接回城里的父母家中，在姥姥家只有他的姥姥和精神失常多年的姨妈两位老人，他与她们相依为命，小小年纪就承担起照顾两位老人的重任，感情至深。

小学到中学学习一直很好，在初中曾被评为省优秀学生干部。家中有一弟一妹。自从回到父母身边，他总觉有一种客人的感觉，觉得母亲对他总是严厉斥责，而对弟妹却非常疼爱，觉得从没感到过母爱、温暖与关怀，这使其对情感生活非常渴求。高三时曾喜欢上本班的一女生，却是单相思，并形成一种偏见，认为其失败完全在于自己相貌丑陋，注定没有一个人会喜欢他。加上由于母亲的严厉使其产生自卑，对上进的意义产生了怀疑。在大学学习时注意力难以集中，学习滑坡。对自己有点失去信心，但又想恢复中学时的好学生的形象。觉得存在两个自我，高中的自我和大学的自我。

3. 案例建议

从他的自述中可以看出，高中以前他本是个各方面都非常优秀的学生，而到了大学却发生了很大的变化。这主要是由于从小成长经历，使他的情感未能得到健康的发展，并且从知上存在许多问题，导致他难以从情感的挫折中解脱出来。因此，咨询老师采用以下主要方法。

方法1：改变认知

第一步是改变他对自我的认知。他缺乏剩自我的正确认知包括两个方面，一是对自我现状的认知，另一是对自我感官的认知。

首先是对自我现状的认知。他一直认为在他身上存在两个自我，高中时的自我和大学的自我，高中时的自我是个学习成绩优秀的学生干部，对生活充满积极向上、乐观的自我；而大学的自我却是个几门功课不及格，日渐消沉的自我。他总想以高中的自我形象出现在那女生的面前，而那女生又无法把两个自我统一起来。这不但造成她的多次反复，也引起他的经常性的情感波动。

在谈话中我发现其实该学生大学的自我，就是他的真实自我，感情上的障碍导致了他学业的下滑，高中时只不过是因为年纪尚轻，再加上高考的重压，问题还未充分暴露而已。他与她在大学的恋爱是在对自我和对方都非常不了解的情况下，一时感情冲动所为，恋爱本身缺乏一个牢固的基础。

在解决他对自我情感的认知问题时我发现该学生从一开始总是强调缺少母爱，也是一种认识上的错误，他在自觉不自觉以此作为自己不愿放弃爱情，无法专心学习的理由，同时也影响着他与别人正常的情感交流。同时该学生对于情感上的认知具有许多不合理性，他把母爱的获得与回报给以绝对化，并形成一固定的思维方式，用来看待和解决与异性的情感问题。

方法2：家庭辅助治疗

时至寒假，该学生的情绪还是不太稳定. 想先不回家，想让咨询老师找到那女生谈谈，看还有没有机会，或者自己直接找到她，最后谈一次，使事情有一个结果。他的这种想法显然是不合适的，总想把问题的解决归结到对方。

在谈话中我建议他趁这次回去，好好同母亲谈谈。将我们谈过的问题好好思考一下。你已经是成年人了，应该逐渐学会去理解自己的父母，想一想自己为父母做了些什么，在与母亲的沟通上自己做过什么努力。

该学生在最后一门考试的当天晚上就返回了家。征得他同意后，咨询老师给他的母亲写了一封信，将该学生的一些情况做了介绍，着重谈了他对自己母亲、姥姥的情感问题，希望在假期中能配合做些工作。这是一次非常好的机会，因为该生走之前已下决心尝试改善与母亲的关系。能与他的母亲有一个正常的情感世界，这也许是解决问题的一个突破口。

开学后，该学生来到咨询室，情绪不错，精神状态很好。他讲假期中，母亲专门同他谈了一天，向他讲了自己的经历，使他对母亲有了比较深入的了解。实际上他的母亲知道他在他的姥姥心中的位置，感到她若过多地得到他的爱，就会伤姥姥的心，而那又是她的母亲。这在一定程度上阻碍了她与他的情感沟通。而同时他母亲又不满意他姥姥的教育方法，因此对他也比较严厉，觉得是为他好。再加上他母亲因为家务拖累，事业平平，心情不好，也爱发脾气。通过与他的母亲的沟通，他感到与母亲的距离一下子接近了许多。

方法3：全身心地学习和工作是治疗感情创伤的最好良方

通过一段时间咨询谈话，该学生对自我现状，自我情感进行了深入思考，写了很多书面作业，逐渐学会用较客观、合理的观念去看待自己的情感问题。但同时又缺乏自信心，因为与那女孩相识，相爱，分手一年的日子就要到来，怕触景生情，控制不住自己的情绪。

在谈话中我告诉他要想真正战胜自己，就要全身心地投入到学习和工作中去。首先搞好毕业设计，要从自己的内心世界中走出来，不能只沉没在对过去的回忆中。他也给予了我正面的回应。

4. 案例总结

该学生在以后的几个月里，逐渐把精力投入到工作和学习中去，情绪也逐渐好转，毕业设计和班上的工作都有不少起色。咨询的时间由以前的每周一次也逐渐减少到两周一次，一个月一次，基本上能控制住自己的情绪。特别是在最关键的几个日子，也平稳地在计算机房里度过。临毕业前期，他被评为校优秀学生干部，毕业设计也获得了优秀。

——樊富珉．大学生心理咨询案例集[M]．清华大学出版社，2004.

(二)谁为我点盏希望的灯

1. 案例介绍

人物介绍：林某，男，19岁，某大学计算机专业二年级本科生。出生在一个知识分子家庭，父母都是某大城市一家大型国有企业的技术人员。由于这家企业规模很大，企业内部有学校、幼儿园、医院、食堂、娱乐设施，企业职工的衣食住行基本都可以在企业内部解决。形成了一个相对独立而封闭的小社会，林某就在这个小社会内长大。父母对林某很珍爱，对他的期望和要求也很高。林某是一个很帅气的小伙子，戴上一副眼镜，清秀、文雅，和同学相比，林某知识面广，写得一手好字，会吹笛子，可以说多才多艺，是许多女生心目中的白马王子。但林某性格内向，做事谨小慎微。

2. 案例分析

人物主诉：小学时我每年都是"三好"学生，但父母要求我每学期都要拿第一名，如果我得了第二名、第三名，回家肯定会受到父母的责备。初中的我学习成绩依然名列前茅，到了高中成绩开始下降，再也进不了班上的前五名了，父母失望而又焦虑，他们希望我能考上一所名牌重点大学，但以我当时的学习状况，名牌是没希望了，重点还可以拼一拼。但事与愿违，在高三，我开始谈恋爱，成绩一落千丈。最后，不要说重点大学，连本科线都没上。那女孩也没考上大学。两人的爱情之花没等到绽放就夭折了。自己很懊悔，父母的责备、冷眼，亲友吃惊的目光和不解的询问，压得我喘不过气来。痛定思痛，我决定复读一年。这一年我选择了住校，苦读了一年，但也只考上个一般院校的本科。

大一进校时加入了学生会，主要负责出黑板报、写宣传材料等工作。但学生会的工作任务很多，很费时间，对自己能力的提高却没有多大帮助，想辞职，却经不住老师同学的一再挽留。大学已经快过完两年了，我却还没有找到归宿感，我每天都很忙，很疲惫，做许多不得不做的事，有时候我想退学回家，闲一段时间，但想到回家如何面对父母，还是算了。我对学习、生活、工作都没有热情，感到大学生活很无聊，干什么都提不起兴趣，有时候我还想到死。唉……

我很少与同学交流。平时忙学习和学生会的工作，周末我就回家找高中同学玩。我在大学基本没有什么可交心的朋友。我周围的同学多数来自农村，和他们谈不来，许多观点、看问题的角度都不一样，一开始我们经常讨论问题，引发争论，我不喜欢和别人争个你死我活，但他们总是不争出个输赢不罢休，渐渐地我就不发表意见了，再后来就懒得听他们的谬论了。

以前的女朋友早已断了联系，想起她就会想起高考失利的痛苦经历，我一直努力忘记那段经历，忘记她。但有时梦中会再次体验那梦一般的经历，醒后还全身发抖。至于找新的女朋友，我从没想过，也提不起兴趣。

3. 案例建议

让林某填写一张抑郁自评量表，结果是中度抑郁状态。

林某的抑郁状态与高考失利有关，许多人都经历过高考失利，但此后长达3年的时间里一直处于抑郁状态的人却很少。多数人都能很快从高考失利的阴影中走出，而林某却没有。生活中重大目标遭受挫折，这在人的一生中难免会碰到，挫折感会让人对自己产生失望感，因为我们的理想和期望超乎了现实。如林某认为自己可以考名牌重点大学，却连本科线都没上，复读一年非常努力却只考上一所名不见经传的学校，林某对自己很失望，进而责备自己、攻击自己：我不应该谈恋爱，我应该更努力，没考上重点大学，我的前途给毁了，看看身边的同学都是些土包子。林某不留余地地责备自己，就像小时候林某没得到第一名时，父母责备他那样。要帮助林某走出抑郁第一步就是让林某停止自我责备，自我攻击，自我折磨，然后建立新的行为模式。

首先，抑郁的人应该去行动，应该多做事，似乎已成共识，但做事的目标在于这些事对你有帮助。做那些不得不做的事，只会让你疲惫不堪，心力交瘁。相对健康状态而言，抑郁时要少做点事，而不是多做，这是林某需要认识到的。

其次，建议林某停止自我责备，自我攻击。挑战他的非理性思维：我不应该谈恋爱，我应该更努力，我的前途给毁了。帮助林某用合理的思维代替以上非理性的思维：谈恋爱让我分散了时间、精力，所以我高考失利，这是正常的，谈恋爱需要花时间、精力，我没有必要一想起谈恋爱就担心，害怕。以前的女朋友和我都没有错，我应该勇敢地面对她；由于在复读期间我一直处于抑郁状态，所以尽管我很努力地学习，但结果并不理想，是因为抑郁状态会降低人的学习效率和学习能力，并不能说明我很差劲，没有希望；考上这样一所大学，前途完了，一切都完了。而正是这所大学里培养出某某一样出类拔萃的人，而清华、北大的毕业生中也有一般的人，今后的前途如何，关键看自己是否努力。

通过两个月的咨询，林某停止了自我责备、自我攻击，对高考失利有了一个新的态度，并开始和父母、同学、朋友谈论高考失利。而这是林某以前从不敢向任何人提起的，他也得到了父母、朋友、同学的理解和支持。林某第一次发现，别人并未因林某高考失利而看低他，认为他是一个失败者，一个没有前途的人。当林某最后一次走进咨询室时，林某的脸上已经有了浅浅的微笑，我知道虽然林某身上还有许多问题没有解决，但他已经迈出了走向康复的第一步，凭他的聪明才智，我相信他会将这些问题解决好的。

4. 案例总结

抑郁不仅是情绪不振，它还影响我们的感知和思维、我们的精力、注意力集中程度、睡眠状况、甚至性欲望。当我们处于抑郁状态，我们会感到自己态度冷淡、无精打采、对许多事情都缺乏兴趣，感到生活变得异常空虚，毫无快乐可言。我们还会变得脆弱，过去很容易应付的事情，现在却莫名其妙地令人恐惧，导致工作效率降低，学习能力下降。

如果你正像林某一样，处于抑郁状态，不要独自一人默默承受。在需要的时候向你周围的人寻求帮助；做对你有帮助的事，而不是不得不做的事，做事时可以将大事分解成许多小事，一件一件地完成，循序渐进；使用合理的、理性的思维方式挑战自己的观念，你越是同情自己，越能摈弃认为自己很糟糕、没有价值等观念，你越可能从病症中恢复。

——杨玉宇．大学生心理咨询案例分析与辅导[M]．云南民族出版社，2005.

六、就业

选择适合自己的职业，充分发挥自己的潜能，是每一个有进取心的大学生梦寐以求的事。大学生在择业过程中，有的面对众多择业机会，不知如何选择；有的不知道自己怎样才能抓住机会；有的由于缺乏对自己的认识和对社会的认识，所以既会遇到外部的社会障碍，也会遇到自身内部的心理障碍。面对选择与被选择的就业市场，大学生做好择业心理的准备就显得非常重要。

（一）工科女生就业难

1. 案例介绍

人物介绍：陈某，女，22 岁，来自农村，某大学理工科大四学生。家中子女五人，排行老三，家庭经济状况不好。为了供养家用和弟妹的上学费用，两个哥哥早年放弃了读书的机会，现在自己在上大学，弟弟、妹妹还小，在读初中和小学。

人物主诉：我从小生活在农村，家中子女较多，父母为了供养我们，已经非常不容易。父母比较开明，竭尽全力供我读书。为了实现父母的期望，实现我自己内心的“鲤鱼跳龙门”的愿望。我从小就树立了目标，努力学习。虽然没有考上自己理想的专业，但是能考入现在的大学，也感到幸运，并没有受到太大专业情绪的影响。

在大学里，早就听说，工科女生少，就业难。但是我始终保持乐观积极的态度，不管专业如何，认真对待自己的学习，努力提高自身综合素质，获得社会所承认的相关证书。大学期间学习成绩一直保持优秀，多次获得奖学金，英语四级、计算机等级都通过。学习在班级中较好，本想考研，但是考虑到家庭经济状况，还有弟妹要读书，在临近大四就开始积极找工作，就业中多次碰壁，自己所想去的单位都因是女生而被单位拒之门外，而同去比我差的男生，他们都要了，和用人单位多次抗争也无济于事。严重打击了我的自信心，出现了迷茫，没有了信心，就不想再找工作。老师，我该怎么办？

2. 案例分析

从陈某的叙述中，我们不难得出，这是因为面试多次受挫而导致的自卑心理和用人单位“性别歧视”导致的焦虑心理。

因为陈某读的是工科，客观因素决定了女生的就业面相对比男生狭窄些，这是不容忽视的外部大环境，这也是在短时间内不能得到改善的。在求职过程中，工科女大学生受到性别歧视也确实存在，许多用人单位宁要才华平平的男大学生，也不愿接收品学兼优、德才兼备的女大学生。经过多次面试失败，加之内心强烈的不平衡，便造成了女大学生自卑心理和焦虑心理。陈某本来家庭经济状况就不佳，为减轻家庭经济负担，才选择了就业，但因为就业多次碰壁，虽然她在大学各方面表现十分优秀，但是还是没能找到工作，促使她自卑感、焦虑感滋生。从与陈某的交谈中，我们发现，第一，陈某虽然谈及了提高个人综合素质的重要性，但更突出的是在其学习能力方面。试想：同去面试的男同学虽然学习成绩较差，但因为工科就业的主要方向大多数是工厂、企业，是实践性和操作性要求极强的单位，而这个男同学恰恰强在实践操作能力上，用人单位自然会选择男生。由此，我们可以看出陈某缺乏对用人单位需求的认识和对自身能力的认识。第二，“工科女生少，就业难”，因为大家都这么说，这一信念也根植于陈某心中，自然，面试几家单位后，更确信了对该说法的认同。第三，怀有自卑和失望心理的陈某在就业过程中因此更缺乏主动性了。

3. 案例建议

首先，帮助陈某全面认识和评价自我。即了解自己的优缺点、职业兴趣和能力、个性特点、学习情况。

(1) 自己的优缺点。一个人不仅有缺点，也有优点。自卑者往往只看到自己的缺点，而忽视了优点，陈某具有较强的学习能力和乐观积极的心态，这就是其优势，成功总需要在失败中不断地学习、实践，这就表现在适应力上，如何扩大这个优势，就需要陈某在多次的面试中总结失败经验：为什么没有选择我？我还缺什么？如何弥补欠缺？用人单位需要怎样的人才？我符合他们的要求吗？……当然在性别问题上，有些用人单位作出了明确要求，这当然受工种、实际要求等客观条件影响，这些是你所不能控制和把握的，你需要做的就是把握一切需要女生岗位的机会。

(2) 自己的职业兴趣。自己完全没有兴趣的职业是很难做得长久的，因此你必须对自己的职业兴趣有一个清醒的认识。了解自己的兴趣可以从自己日常喜欢的活动入手，还可以与熟悉自己的人共同探讨。此外，还可以进行职业兴趣的测验。

(3) 自己的职业能力。除了学习外，不同的职业还会要求其他许多方面的能力，如写作能力、交际能力、表达能力、想象能力和实践能力等，因为大四了，不可能让陈某在一两个月内加强各种能力，但做一些必要的准备是很重要的。

(4)自己的个性特点。不同的职业对人的个性特点要求不同，如会计需要个性沉稳、细心和耐心的人，而艺术类需要那种不拘一格、感情丰富、容易冲动的人等。因此，必须考虑自己的个性特点与该职业的适合程度。

(5)自己的学习情况。这是作为一名合格大学生所必需的，但也不是绝对的，很多学习优秀的大学生在就业时甚至比不上成绩平平的人，这取决于用人单位对岗位的需求情况，如何平衡二者的关系，这就需要你做一些必需的准备和练习。

其次，让陈某适当降低职业期望，做足面试前准备。好高骛远易导致失败。大学生的职业期望体现出“三高现象”：起点高、薪水高、职位高，想要几方面都符合自己的要求几乎不可能，只有适当降低要求，才能提高就业面。“先就业，再择业”的思想更能适合当今社会需要。此外，事先就应对你所应聘的职位和该单位的情况有所了解，然后作一定的准备，让对方相信你是一个合格而且理想的人选。

再次，用信念重建疗法帮助陈某改变“工科女生就业难”的信念，重拾就业信心，使陈某明白正是这一信念使自己在就业过程中缺乏主动性。女大学生在生理、心理、性格上同男生有一定的区别，有其自身的特点，这是女生身上存在的弱势。但女生仍有自己的职业能力优势，主要表现在四个方面：一是语言能力的优势；二是交际能力的优势；三是思维能力的优势；四是忍耐力的优势。只要稍加发挥，善于利用，仍可作为择业取胜的“法宝”。而陈某的职业能力优势便在于语言能力和思维能力上。此外，让陈某认识到择业过程往往不会一帆风顺，如果我们对自己有信心，就会激发进取的勇气，最大限度地挖掘自身的潜力。

最后，教会陈某一些自我调适方法，如自我暗示法，要经常对自己进行积极的心理暗示，比如说：“别人能做好，我也能做好”“我行，只要我认真努力就一定能干好。”等。当再次面临就业挫败时，懂得自我心理调适。

在咨询过程中，陈某的态度诚恳，乐于接受我们的分析和建议，同时也有强烈改变自己现状的意愿。因此，咨询后效果明显。通过帮助陈某重新认识自己，明确目标，使其对就业方向、要求等有了全面认识，加之自己积极主动收集外部信息，一个月后，找到了较为满意的工作。

4. 案例总结

在择业问题上，性格、生源地等客观条件易造成部分女大学生、外地生源学生等就业难的情况，经过多次挫败便会引发自卑心理，而造成自卑感滋生的最主要原因是这些学生缺乏对自我能力的了解，并缺乏自信心，这时大学生很容易产生消极心理。

作为女大学生要认识到，女生在职业之路上确实比男生更为艰辛，但最大的障碍还是自己。女生在择业时尤为注意，女生们只要能根据自身实际情况，淡化性别意识，积极面对社会、面对职业竞争，寻找自己的择业之路，天地自然更宽阔，才能最终获得成功。陈某来自农村，家庭经济条件不好，毕业立即就业的迫切心情是可以理解的。但是陈某操之过急，更缺乏对自我的认识和定位，以及对社会需要的盲目，当然会遭遇挫败。陈某全面认识决定自己就业的内外因，适时调整了自己的就业期望位，发现了自己的职业能力优势，并树立"先择业、再就业"的思想，经过坚持不懈的努力，自然能找到自己满意的工作。

（二）试工的烦恼

1. 案例介绍

李某，男，24岁，来自农村，某大学理工科大四学生，家庭经济较差，参加国家助学贷款。在校期间学习一般，无特别突出特长。性格较内向、敏感，不爱与人交际。

主诉：我在农村长大，家庭条件不好，父母都是老实的农民。考取大学后，因学习底子较薄，学习成绩一般，又来自农村，怕同学看不起自己，就不太注意同学之间的交往，变得十分孤僻。大学快毕业时，由于家庭条件不好，很想早点到单位上工作。正好有一个单位有意向，要求前去试工，我非常高兴，积极与用人单位联系，获得试工机会。但是，工作几天后，就到处碰壁，和同事、领导相处十分困难，常心绪不宁，生怕做事出错，越怕越出差错。对单位的工作环境和节奏感到不适应，越来越不喜欢单位工作，十分困惑。我很想离开，但是又怕就这么离开了，今后还会面临这样的困境，难道我真的这样没用吗？

2. 案例分析

从李某讲述的情况来看，我们不难看出：李某家庭经济较差，加上无其他突出优势，便形成了一种自我封闭的生活圈子，自卑心理油然而生，这也是导致李某性格内向、不善交际的根源所在。从李某的主诉中我们不难看出："怕同学看不起自己""生怕做事出错"，他解决问题的态度不是坦然面对，而是采取逃避。这便出现了"不太注意同学之间的交往""我很想离开"的说法。自卑感强的最主要问题是，一对自己缺乏认识，特别是对自己的优势的认知；二缺乏自信。这是解决自卑问题最需要关注的两个方面。此外，李某不能很好完成职业角色认识的转变，仍用学生时代的那一套来对待，在与同事相处、工作环境和节奏的适应都表现出了这一点。

3. 案例建议

首先，让李某认识到正确评价自我、保持适度的自信是克服自卑心理的关键。要学会扬长避短，以发挥自身优势。对于发挥优势，我建议李某从以下几个方面展开：

第一，寻找自身优势。一是你学习了什么，主要包括专业知识、社会实践活动等；二是你曾经做过什么，即已有的人生经历和体验。如担任学生干部、曾为某知名企业工作过等；三是你最成功的是什么？如何成功的？是偶然还是必然？是否能力所为？

第二，展示自身优势，把自己取得的成绩、具备的才学、特长等优势尽量地写出来、说出来、表现出来。

第三，积累自身优势，大学中参加的各类等级考试、资格考试、职业技能考试等都是为自身积累优势。通过与李某的交谈，我发现李某在大学期间曾取得过多项职业技能证书。当然，在发挥优势的同时，还要努力克服就业中的劣势。

其次，帮助李某认识职业角色的转变，确立职业成功目标。李某必须尽快适应从学生到职业人员的心理转变，克服不良情绪，缩短就业适应期。包括学习理解、把握适应单位的文化，承担适当的工作任务和职责，工作中谦虚谨慎，多学习多请教老职员，积极主动与其他职工领导交流，建立良好的人际关系等。并帮助李某确立职业成功目标。在立足岗位成才的基础上，锻炼多种能力，尤其要具备“目标”“勇气”“谦逊”“坚持”这四大心理要素，规划好自己的职业生涯。

再次，教会李某一些建立协调关系的技巧和一般原则。在工作环境中，和谐融洽的人际关系对个人的成长尤为重要。刚毕业的大学生要以诚待人，取信于人；以心换心，取心于人；以勤待业，取绩于人。为自身发展创造一个良好舒适的工作环境。

然后，让李某明白要克服恐惧心理，不要怕失败。因为失败并不代表你不如别人，失败更不代表你一事无成，失败只能说明你还有更多的东西需要学习和掌握，人都是在失败中成长起来的。另外，经常对自己进行积极的心理暗示，如“我一定行”等。

最后，帮助李某完善其个性。针对他的个性缺陷，给予其个性优化的指导和建议。如多参加各种集体活动，学会汲取他人的长处，克服自己的弱项，使自己的个性得到不断完善。

咨询结束一星期后，李某再次来到咨询室，告诉我，他决心签下这家单位了，和同事的关系改善后，觉得不管做什么事都很顺利。

4. 案例总结

不仅仅是试工，许多毕业生刚踏入工作岗位时，都会经历一个就业适应期(前三个月)。如何更好地完成这个过渡，客观认识自我、寻找自信、及时转变角色、懂得待人接物是非常重要的。李某在调整自己的职业角色、发现自己并非一无是处，以及改善与同事的人际关系后，开始的不如意自然烟消云散了。此外，克服自卑心理的关键还是需要来访者正确认识和评价自我，并保持适度的自信。

此类案例，一般一次咨询就能帮助来访者解决问题，属于发展性咨询，也无需长程，否则反而会让来访者觉得自己问题严重，造成心理压力。要让他们知道他们不是没有能力克服学业工作中的难题，而是缺少认同，缺少自信。咨询员如果能给予充分的鼓励和肯定，帮助来访者挖掘自身优势长处，克服恐惧与自卑，就已经达到了来询的目的。

第二节　心理咨询专项技能实训

临床上将范围广泛的心理异常或行为异常统称为“心理障碍”。心理障碍有狭义和广义之分。狭义的心理障碍，是指一个人受到来自自身和社会外界影响产生心理异常，其行为方式不符合社会常态，对本人和对社会都是不适应的。其中，没有能力可能由于器质性损害导致，或许功能性损害的结果，或两者兼而有之。不是因为缺乏实际能力，而是由心理因素导致。例如，害怕蟑螂不是因为打不过蟑螂，而是因为心理恐惧；恐高也是如此。

判断一个人是否患有心理障碍或疾病的标准可概括为 3 条：第一，反常行为，即这些行为是否违反了社会文化及道德规范，或这些行为的次数高于或低于平均水平；第二，适应不良，即一个人的行为严重影响了个人的社会活动、学业、工作或生活；第三，个人的忧伤和烦恼，即根据人们的一些主观感受(如焦虑、悲伤、烦恼等)及其持续时间和严重程度来判断。

本节选择几个典型心理障碍的优秀案例来呈现，以供参考。

一、大学生典型心理障碍

(一)我是个同性恋吗?

1. 案例介绍

大一女生，来自南方某城市，家庭条件较为优越，父亲是一企业经理，母亲是家庭主妇。独生女，与父亲的接触较少。

主诉：小华一直是个快乐的女孩子，但自从在社团中认识一位学姐后，小华就开始忧心自己是“同性恋”。因为小华发现自己每天都会期待与学姐相处的时光，学姐的一颦一笑都让小华怦然心动，小华甚至有股冲动，想去抚摸学姐细致的皮肤……我是位同性恋吗?

2. 案例分析

一般来说，同性恋倾向有轻重之别。重时对异性基无兴趣，只对同性有兴趣；轻时，对异性有兴趣，可以结婚生子，但仍有爱慕同性的倾向。目前有所谓“潜伏性同性恋”。即虽然还没有与同性发生性行为，但明显讨厌异性之间的性行为，而且对同性有特别的好感，有性幻想、性兴奋的现象。如果小华除了爱慕学姐外，也真的讨厌男性，觉得与男性有亲密行为非常“无法接受”，那就要考虑是“潜伏性同性恋”的情形了。

过去大家常把同性恋视为“性异常”的一种，但目前认为这只是一种性行为的变型，并非变态。近年来的医学研究，更发现同性恋可能与遗传有关，是生物学上的原因，不应再视为“变态”，而以不屑的眼光去歧视他们。虽然生物因素可能是基本原因，但心理因素也不能忽略。

3. 案例建议

面对同性恋问题，最重要的是观念要正确，不要将这种现象视为瘟疫或变态。如果自己发现有同性恋倾向，又不愿接受自己，从而苦恼(我们称为“自厌性同性恋”)，才需要心理医师的协助，能自我悦纳者不需要寻求帮助。

4. 案例总结

个体在不同的人生阶段都有性的需求，不同的阶段又有不同的性需求，也有相应的、恰当的满足方式。比如五六岁的男孩女孩通过在游戏中扮演爸爸妈妈来满足，十几岁的孩子在很大程度上通过想象来满足，成年人通过性行为本身来满足，等等。性需求的压抑不仅是反人性的，还可能导致很多身体上的和心理上的疾病，并最终会影响一个人的成就感和幸福感。

学习不仅仅是学习书本知识，还应该包括学习人际交往的知识，特别是与异性交往的知识。交往的能力和经验应该从小开始培养，一个人不可能在成年那一天突然就变得能够老练地跟异性打交道了。父母也不能怕孩子早恋过度干涉青春期的孩子与异性的交往，有些需求就像皮球，背道而驰的干涉就像打压，打压越厉害，皮球要么反弹越高失去控制，要么被拍炸彻底毁掉。两者都非理想结果。

给自己一个良性的心理暗示，想象自己是一个优秀的人，你就会变得越来越优秀；如果你不断暗示自己是个同性恋，事情就会向你想象的方向发展。

——刘晓明. 学校心理咨询百科全书——案例分析卷[M]. 吉林人民出版社，2002.

(二)为什么大家都不和我说话了

1. 案例介绍

程某，男，21岁，某大学理工类三年级本科生。独生子，家庭经济条件较好，父母均为高学历，父亲是某公司高层干部，母亲是某国有企业干部。自小懂礼貌，内向敏感，做事仔细谨慎，有条理，爱整洁。

主诉：老师，我很苦恼，我觉得自己的问题已到了比较严重的地步。我的童年时光是十分美好的，家人的关爱，使我感受到了家庭的温暖，周围也有许多玩伴，也交了许多好朋友，我感觉到自己是天底下最幸福的人了，无忧无虑地过着。随着年龄的增长，我发现自己周围的朋友逐渐开始疏远自己，大家都变得不爱跟我说话了。有朋友曾给我指出："你不要总是问同一个问题嘛"。的确，从上高中开始，我总喜欢反复对周围的人确认同一个事情、同一个问题，我生怕他们没有听懂，我也知道这似乎没有必要，但我总是无法控制自己，有时我会一直不停地重复十几遍，我也怕别人反感。所以还会经常需要询问别人，获得他人的证实，是否反感自己。此外，我对整洁的要求也比较高。所以对周围的不整洁的情形，也会试图改变他的不整洁状况。特别是对待寝室同学的不整洁问题，他们确实太不讲究卫生了，臭衣服、臭袜子满屋子乱放，我也会经常清洁打扫，但他们还是那样，实在难以忍受，我有时就会反复思索：为什么他们总不讲卫生呢？为此，我也会不停地说他们，可能因为这样，我和他们的关系十分不好。我总觉得他们很脏，所以，每当手或身体触摸到他们的东西时，我总会反复的清洗，洗上数十遍后，还老是感觉自己的手或身体不干净，有时还会不由自主地想到怎么会触摸这么恶心的东西，又会重新回忆那段触摸经历。不仅如此，我还从不上公共厕所，我觉得更脏，所以宁愿忍住回寝室。我也试图想改变，认真听取朋友的意见，但强忍了一段时间，结果又……前些天我在网上看到强迫症的介绍，觉得很多方面和自己很像，但又不确定，老师，我是不是真有强迫症啊，我现在很害怕．又没有人肯听我倾诉，似乎大家总是躲着我。

2. 案例分析

从主诉来看，我们可以初步断定程某患上的是强迫症。程某按要求完成了《SCL—90症状自评量表》的测量，结果显示其强迫性症状的10项因子分数均达到"偏重"以上程度，故可确定为强迫症。程某最典型的强迫观念有：第一，强迫性穷思竭虑，如对室友为什么不讲卫生的思索。第二，强迫回忆，如对触摸到脏东西，感到无法摆脱。最典型的强迫动作和行为有：第一，强迫询问，因为对自己的不相信．为消除疑虑，所以常常不厌其烦地重复解释。第二，强迫清洗，程某具有清洁打扫这一最多见的强迫行为，同时程某也表现出反复清洗手或身体的强迫行为特征。这些表现已经严重影响程某的人际关系，并为之带来了苦恼。在与程某的交谈中，我们了解到他已经认识到强迫症状的来源在于自身，也有试图加以排除或对抗。基于此，我们将结合森田疗法和思维阻断法，对程某进行治疗。

3. 案例建议

首先，采用思维阻断法对程某进行强迫观念治疗。第一阶段治疗程序如下：

一是指导程某进入放松状态。

二是让程某关注那些使自己烦恼的想法、念头或思维活动，对自己言行的反复怀疑、室友为什么不讲卫生等。

三是告诉程某，当让其“停止”时，来访者也同时大声命令自己“停止”，并停止想那些东西。

四是让程某在自己有清楚的想象活动时就竖起食指示意。

五是在程某竖起食指时，咨询员大喝“停止”，程某也随同大声命令自己“停止”，在进行这一步时，将使用一些辅助手段，如用一块木头敲击一下桌子，发出强烈的响声等，这种意外的刺激能让程某从自己的强迫性思维观念中拖回来。

六是重复上述步骤。在这一阶段中，治疗的进展可根据程某进入想象潜伏期的延长来确定。所谓想象潜伏期，是指从让程某开始想象那些东西到他竖起食指示意所经过的时间。如果治疗有效，潜伏期应该延长。第一阶段的“阻断”次数，应根据这种潜伏期的变化来确定。在咨询员发现潜伏期变长了，且程某觉得想象那些东西没有困难时，即可进入第二阶段。

第二阶段的治疗程序与第一阶段的程序大体相同，只是在第五步中，咨询员不要使用任何辅助手段，仅是大喝一声“停止”。如果这一阶段的治疗也有了效果，治疗可进入第三阶段。

在第三阶段中，咨询员不再大喝一声“停止”，而是由程某大声命令自己“停止”。

在第四阶段中，咨询员让程某改用小声命令自己“停止”。

在最后的第五阶段中，当思维意象清楚时，程某在心里对自己下命令“停止”。

在上述每个阶段中，最好进行20次阻断，从而保证治疗产生效果。

其次，利用系统脱敏疗法对其强迫动作进行治疗。程某的强迫动作和行为主要表现在强迫询问和强迫清洗。治疗主要集中在设立目标、建立焦虑等级和使用暴露与阻止反应技术上，即逐渐让程某暴露在令他强迫询问和感到不洁的地方，同时让他忍受随之而来的焦虑，逐渐地使焦虑感自然消退。当程某对某个行为的焦虑减轻后，就让他面对下一个能引起更大焦虑的事物或场景。

最后，告之程某森田疗法的原则，让其按森田原则进行自我调适。森田疗法的原则就是顺其自然，就是在你躯体出现不适感、思想出现不受自己支配的念头时，能听其自然。如出现强迫询问或强迫清洗的念头时，应告诉自己，这是常有的事情，每个人都会遇到，我要继续做我该做的事，看它能把我怎样？久而久之，症状会明显减弱乃至消失。强迫症的一个特点就是纠缠感，你越想摆脱，它缠得越紧。

经过几次的系统脱敏疗法，程某的行为强迫症状逐渐好转，利用思维阻断法的治疗和森田原则的自我调适，其强迫观念也有所减轻，人际关系也有了较大的改善，特别是与寝室的关系。

4. 案例总结

强迫症是一种神经官能症，主要表现有：①强迫动作，即重复出现一些动作，自知不必要而又不能摆脱。常见为反复洗手、反复检查、反复询问等。②强迫观念，常见强迫性穷思竭虑、强迫想象、强迫回忆等。强迫症的特征是；患者明知这些强迫想法和仪式行为没有必要，但不管怎样都要去完成。患有强迫症的患者常为那些持续的、重复的想法或强迫动作感到烦恼，并引起毫无根据的、过分的、不必要的焦虑或恐惧。他们对自己的行为不断产生怀疑，经常需要询问别人，获得他人的证实。对强迫症的判断我们可以从以下三个问题入手：①“你是否反复出现一些让你感到焦虑但无论如何努力都无法摆脱的想法?”②“你是否把东西都弄得非常干净或者频繁洗手?”③“你是否过度地检查东西?”如果三个问题中有一个问题是肯定的答案，回答者就存在强迫症可能。

思维阻断法又叫思维中止法，这是通过对内隐行为进行阻止而达到消除不良情绪和行为的方法。例如，当脑子里有不良想法时，就用手抓臀部。此方法对治疗强迫性思维等症状比较有效。其理论假设是：如果人的外在行为能通过抑制来加以阻止，那么，内在的行为也能通过抑制来阻止，直至消失。强迫行为的产生往往也是受到强迫观念的支配，思维阻断疗法对于治疗强迫观念是十分有效的。而对于治疗强迫动作的理想疗法是系统脱敏疗法。

——杨玉宇．大学生心理咨询案例分析与辅导[M]．云南民族出版社，2005.

(三)再见了，我的强迫思维(强迫性学校恐怖症案例咨询)

1. 案例介绍

面前这位身穿红呢大衣的少女芳滔滔不绝地倾诉着。芳芳经受两年多的精神折磨，多处求医均小治，普通医院说是精神问题，而服用精神科医生开的药不但毫无起色，反而抽搐、恶梦不断。她有个幸福的家庭：父母同在一个镇上的一工厂工作、父亲是厂长助理，母亲是后勤人员。芳芳的爷爷是乡里一小学的校长，奶奶是贤惠的家庭主妇。芳芳是家族中的幺女，长得水灵灵的，最惹人爱。童年的生活充满着田园诗般的悠闲与浪漫。虽然不在父母身边，芳芳却从未感觉到爱的缺憾，特别是一直未成家的驼背叔爷爷更是与芳芳形影不离，是芳芳最忠实的童年玩伴。

转眼到了小学5年级，芳芳到了镇上念书，她很高兴能够与父母团聚了。妈妈照顾芳芳的饮食起居，芳芳刻苦读行，成绩相当优异。5年级期末前的某一天，一次小便过后芳芳突然觉得下腹疼痛，看医生却查不出任何原出；待回到爷爷家，叔爷爷询问了原因，芳芳如实告知。叔爷爷爱怜地对芳芳说："小便是不能忍的，芳芳，否则肚子要爆炸的。"最听信叔爷爷话的芳芳从此不敢大意，隔一定的时间就要上厕所一次，这样平平安安度过了几年。

初中毕业时，芳芳以优异的成绩考上本地区一所师范学校，芳芳带着荣耀和期待远离厂家，开始了学校的集体宿舍生活，不久，曾一度被芳芳忽略的小便问题又困扰着芳芳！在上课时、宿舍里、无时无刻，芳芳想"如果我控制不住自己的小便怎么办？快上厕所吧。"明知道一节课前刚刚上过厕所，但这种想法挥之不去，实在让人难以忍受，更不幸的是每当考试时往往因此读不懂考题而无从下手，让一直好强上进的芳芳甭提有多痛苦。

从此，芳芳走上了求医之路，先在本地区某医院。后去了精神病防治所，先后被诊断为强迫症、抑郁症、恐怖症、神经官能症，服用了不少抗精神病药物，但用药效果均不好，反而产生了众多的副作用。祸不单行，小学 6 年级初潮之后一直较有规律的月经，在芳芳上中专半年后忽然变得毫无规律，4 个月之前还发生过一次血崩，差点危及生命。

2. 案例分析

用有关的心理学诊断量表并结合芳芳的主诉对芳芳进行诊断与分析，芳芳属于较严重的强迫症并伴有歇斯底里症状。强迫症状以担心小便思维强迫为主，还伴有担心被人打，被人诽谤的被害思维强迫。

"太多约束使自己内向，看人脸色使自己敏感"

"芳芳，你对小便的问题如此关注，是不是身体上真有不舒服之感，比如说下腹疼痛、小便困难、小便时疼痛？""身体上没有什么不舒服的感觉。"

"你认为是自己的身体有毛病，还是仅仅是一种心理问题？""我不知道。"

"芳芳，我建议你去条件和设备好一些的医院去做一次泌尿系统与生殖系统的彻底检查，以便我们来确定你问题的实质。"

接下来，我与芳芳又谈了有关于女性的生理卫生以及异性交往问题，她都没有出现任何异常反应。我们在初期咨询所建立的良好关系，我能够断定，在意识层面上芳芳是完全坦诚的。如果医院的诊断书证明芳芳没有器质性的问题的话，芳芳的心理症结也许要从人际关系方面来探讨。

医院的诊断书证明芳芳没有器质性的病变。现在要做的是让芳芳学会放松。学校的环境不是休息养心的最佳处所，学习压力不利于症状的减轻。所以第一步是与芳芳及其父母商议让芳芳请假回家休息。在强迫思维出现时，采用音乐放松法让她主动地自我放松，与症状作斗争；芳芳的脸色较苍白，旋转一圈后感觉头晕，表明体质较虚、头部供氧不足，针对此，建议芳芳早上出门去呼吸新鲜空气，下午与要好的伙伴一起进行体育锻炼。

1 周之后，再见到芳芳时，发觉她有了较大的变化，脸上重新显露出了少女特有的红润，一方面是因为停了药，另一方面也因为各方面的情况都在好转。她的眼睛内也没有了血丝，休息比较好。本月芳芳的月经也较正常了，最重要的是，芳芳告诉我，那些扰人的强迫思维也减少了许多！据此推断，芳芳在家休息保养得很好，没有给自己施加压力，放松了情绪，也使神经系统得到了放松，因而因紧张造成的内分泌失调也得到了缓解。这种轻松使与压力和紧张相连的强迫症状得以缓解。

芳芳依据我的要求把1周内所做的梦记下交给我，虽然只记了一个梦，但梦捎来了芳芳潜意识的讯息。“我在梦中编织《新射雕英雄传》，这是一个爱情故事，没有激烈的打斗场面，梦中的男女主人翁相亲相爱，别的人也与他们和和睦睦、相安无事。然后下起了大雪，房屋倒塌厂，我们全家均幸免于难！”

芳芳的潜意识已经感到了人间之爱，而“下雪”“房屋倒塌”“幸免于难”表明了不幸的事情有了转机，最危险的时刻已成为过去。芳芳的潜意识提醒我，症结也许在于人际关系——人与人之间的关爱与否。

“芳芳，你的知心朋友多不多？你与班上、宿舍的同学相处如何？”

“小学时有 6 个知己，初中时有两个好友，性格都较内向。读师范后，8 个人住一间宿舍，大家性格各异。王与我关系较好，但她与李也很好，李的性格有些大大咧咧的，与我们差异较大。我有时候觉得奇怪，为什么王能同时与我和李都保持较好的关系呢？刚上师范时，我睡上铺，与我睡同一边上铺的是沈。我有时半夜起来上厕所，沈经常埋怨我上下床晃动得厉害，影响她休息，我就这样惶恐得住了 1 年，直到第二年换到另一边的上铺，这样上课的座位也调动了，后来换成了李，李粗鲁、外向，与她在一起我就更内向、更弱小了。在班上与别的同学关系还不错，但是大家都是与本室同学交往较多，所以我一回到宿舍就难受。”

“考试时也挺难受的。我们考试的座位都是固定的，我前后的同学都想抄袭我的答案，我很为难：给他们看就违反了考场纪律；不给看的话，又担心他们对我有意见，真是烦透了！”

“我感觉到这些年来太多的约束使自己内向、看人脸色使自己敏感，活得真是辛苦！”

“芳芳，如果与自己朝夕相处的人性情不相投，那的确是很令人难受的。我能体会到你的心。那么你所说的，太多的约束是些什么约束，能不能具体谈谈？”

“我希望能得到别人的肯定。如要得到老师的肯定就必须做一个听话的学生，各个方面都要表现出色，但有时候又会受到一些差生的干扰；要得到同学特别是同宿舍同学的喜欢就更不容易了，她们经常有各种要求和抱怨。我从小就学会了看人脸色行事。看到别人不高兴，我很惶恐。所以我很多时候就会少说话，少与人接触。就使自己变得内向了。”

“你从小就学会了看人脸色行事?”“小时候，我经常和叔公玩。叔公是个胆小、多疑的人。他带着我玩，又怕被责备，所以我们都是偷偷玩游戏。他会经常看爷爷、奶奶的脸色，如果他们有不高兴的样子，叔公就会心情很坏，现在我自己也学会像他那样敏感、胆小。”

看来芳芳在人际关系方面的确存在问题。这个问题是否是受幼年时代家庭教养环境的影响而形成的自卑敏感、多疑的性格造成的呢？接下来让她做份性格问卷。做好 Y－G 性格问卷之后，给芳芳布置了以下家庭作业：芳芳喜欢唱歌，让她邀请同学到家里来唱卡拉 OK，最好同学间的水平相当，这样有竞争能激发兴趣；芳芳生日时，一定要邀请同龄朋友、同学来家里庆贺；养一只温顺的小动物，好好地呵护它；坚持运动和深呼吸。布置这些行为作业的目的是人为地给芳芳创造一个良好的人际关系环境，让芳芳感受友情的温暖，学会与人建立良好的关系。养小动物的过程也是学习关心照顾自己以外生命的过程。

“放弃学校生活真残忍”

当芳芳及陪同她前来的父母走进了接待室，我感觉到气氛有些不对，有一股担忧的气氛在空中弥漫。一待坐定，芳芳便开始诉说了：“因为我担心功课的问题，所以周一就去了学校。一回到学校就开始想小便的问题，怎么也控制不了，周二紧张得大腿抽搐：然后就只好回家了。这些天一直呆在家里，奇怪的是，一回到家里，心情就好了，也不会去想那些乱七八糟的问题了。”看来芳芳是学校环境不适应。“放弃学校生活，真残忍!”

“真残忍?”“我很喜欢小孩，最大的愿望是做一名好老师，但是现在我一去学校就出问题。如果很难毕业，我只能找一些别的事情干了。”说着，泪水就在她眼眶打转。

“我知道你是一个有理想有追求、好学上进的女孩子，而且也具备做一个优秀教师的良好素质和能力。现在这个讨厌的小毛病让你的理想和现实生活发生了冲突，令你紧张、烦扰:”说这些话的同时，我把手轻轻地放在了芳芳的手上，并握住了它。芳芳的泪滴滴答往下掉。

“你能够不压抑自己的情感，能哭出来，这样很好。”我轻轻地搂着芳芳，她的肩膀开始随着哭泣而抽动，我拿出纸巾耐心地为她拭泪。

芳芳的 Y—G 性格测试的结果是 A 型性格，介于各项特征均很不明显、向性、情绪稳定性、社会适应性都呈一般的性格。值得庆幸的是，芳芳的性格并非多疑、胆小、抑郁，受其叔公的影响并不大。学校人际关系不适应可能是由于第一次离家过集体生活，最初适应阶段的小摩擦没能得到有效的疏导所致。芳芳当前应远离这些引起情绪紧张的刺激，应在一个舒适环境里，使强迫症状和歇斯底里症状得以消除。但是芳芳又放不下自己的学业，怎么办呢？从她父母处了解到，芳芳母校的校长与芳芳的父母较熟，于是，一项新的治疗措施形成了。

“芳芳，做一个好老师不仅要学习成绩好，更重要的是要具备其他的作为教师必备的能力和素质：爱学习，表达能力强，有较多的爱好和特长，如普通话、书法、音乐等，这些素质你都具备，还有一些能力是要在实践中逐步培养的。既然现在 x 师范学校的环境不利于你的身心健康发展，我建议你先去你的母校 x 小学去见习，堤内损失堤外补，你看如何？”

芳芳点头同意。于是我们与其父母一起商议联系学校及见习内容的一些具体事宜。之后，芳芳满意地离开了心理治疗室。

“我的劳动竟然可以换一碗饭吃”

1 周后，芳芳交来了她的见习日记。

×月 18 日：“今天是我去 M 小学的第一天……面对这熟悉又陌生的校园，我有些惊喜。因为好多小朋友以为我是一位老师……来到办公室，原班主任 × 老师为我作了介绍。一会儿校长过来了，因为他为人温和可人，使我得以稍稍放松。……。我跟老师们的关系还算轻松，在这过程中，我为班主任 × 老师批改了一些作业，摘录了 M 老师写的全年教学计划等资料。中午，我很荣幸地被校长邀请留校吃饭，校长还幽默地对我说：‘芳芳，钱是无，但饭有得吃。走！’我很高兴．一则是为校长竟如此看得起我，二则是为我的劳动竟可以换一碗饭，这可是有生以来最大收获了！”

×月 19 日：“下午，王教导听说我的字写得挺好的，便让我写好了一份全校的年度荣誉记载，我很顺利地完成了任务，自我感觉还可以。在下午 2 点钟多一点，感觉心情不佳又有点紧张，想了不该想的问题，于是，我匆匆回家了。回家唱唱歌，吃吃东西，好过了一阵。”

×月 20 日：“当我走进班级时，同学们马上就安静了，等待我这位小老师发话，这种感觉真好！……吃过中饭，我请几位作业做得较差的同学列办公室补一补。下午，我帮校长批改了作业，并布置了 3 年级的回家作业。同学们总体上对我还是信任的。”

×月 2 日：“在 M 小学这些天里，我感触很深。我感到教师工作量很大，竞争很激烈。我想：做一个好老师的确要付出很多。相处了 1 个星期，我对于每一位老师都有所了解，他们都对我挺好的，我不懂的地方就耐心给我讲解。在这儿，我很快乐，办公室里常常会传来许多笑声。他们有许多优点值得我去学习，无论是在教育事业上，还是在自己的身体上，他们都保持着一种乐天的态度。我的心情刚到时比较紧张，害怕，后来一切都很顺利。”

芳芳的见习工作开展得很顺利，人际关系也处理得很好。她说是因为M小学有安全感。

“说穿了，你在×师范易紧张，是因为没有可依赖的人，没有安全感。接下来你可以继续在那儿见习，直到放寒假。这次要注意观察那里的老师、校长是怎样与人相处的。”

“这一段时间，师范的书暂时放一放，不要去接触。可以先收集一些优秀的教案为下学期实习作准备。”我担心师范的书会成为消极的刺激物引起她的不良反应。在新的积极的条件反射形成巩固之前，她应尽量回避旧的消极的刺激物。

“原来，我也可以做一名好教师”

芳芳在见习学校做得很好，得到了校长、老师的好评。她的优势特长全部发挥出来了。她得到了一种“顶峰体验”。寒假过后，师范学校安排了实习。芳芳一组10人被安排到了同一所小学。由于她喜爱当名师，口头表达能力强，受到了学生的热烈欢迎，寒假前的半个多月的见习使芳芳积累了很多经验，比起同行的9位同学，芳芳强出了一大截！

“没有想到我实习能够取得这种效果！这真让我太开心了！”“这个消息也让我很开心。祝贺你！我想你跟学生的关系一定处理得很不错吧！”

“学生们都喜欢我，课堂上认真听讲，课外又喜欢找我谈心，能够把知心的话都告诉我。”“他们对你很信任！”“是的！这种信任使我有一种神圣的责任感，我是一个大人、老师，我应该对学生负责，也应该有能力对学生负责。”

“你所说的对学生负责不仅仅是指在学习上，也指在生活上，对吗？”“是的。在生活上对他们关心更重要，这使他们对我产生了好感，对我所上的课程更感兴趣、更努力了。我也学会了怎样去关心人。没想到我能得到这么多的好评。原来，我也能做一名好老师！我感到很充实、很幸福！”

又一次“顶峰体验”！在此基础上，我乘胜追击，一面夸奖她继续向周围老师学习处理人际关系的技巧。

“生活，原来可以这样轻松”

实习过后，芳芳回到×师范学校继续学业。

“通过这次见习和实习，我体会到能实现自己的人生目标，体现自身的价值是多么地幸福！我现在能够把主要精力放在学习和工作上，就像校长和指导老师对我说的那样，每个人都会有心情不愉快的时候，别人脸色不好，说话冲动并不一定是针对你的，大可不必斤斤计较。也没有必要为了讨别人的喜欢，事事小心翼翼，这样更会被别人瞧不起。”

“当我懂得了这些道理时，觉得放下了压在自己身上的包袱！生活变得如此轻松充实！”

3. 案例总结

本案例主要借鉴了“行为治疗”的方法。“行为治疗”一词最早是由斯金纳等人于1954年提出的。“行为治疗”强调通过对环境的控制来改变人的行为表现。其理论基础是巴甫洛夫的“经典条件反射”和桑代克、斯金纳的“操作性条件反射”。其中还较多地融入了倾听、同感、探究、心理支持的心理咨询技巧，使患者不断地自我探索以达到对自己问题的领悟。

芳芳的强迫思维主要是为逃避因处理不好学校的人际关系而在内心产生的较严重的矛盾冲突而引起的。芳芳所在的X师范学校的环境是一个消极的条件刺激物，在这个消极条件刺激物的作用下，芳芳的强迫思维不断地恶化。因此，建立一个新的积极的条件反射来代替旧的消极的条件反射是治疗的关键。芳芳极其热爱教育事业，她见习的小学发挥了她的特长，满足了她自我实现的需求，而这所小学的教师和学生对芳芳的和善和关心，使芳芳不再恐惧人际关系。这样，新的积极的条件反射就形成了。因芳芳有了见习时获得的经验，加上她自身的良好素质，后来实习的成就感成为一种正强化，使新的积极的条件反射不断得到巩固。在新的积极的条件反射建立之前，给芳芳布置的行为作业（如听音乐、体育锻炼、离校回家休息等）起到了放松作用，为后面的新的积极的条件反射的建立、巩固奠定了基础。芳芳康复速度之快既归功于所建立的良好的新的积极的条件反射，也归功于芳芳在见习和实习时的“顶峰体验”。当然，良好的医患关系、芳芳的不懈努力、芳芳自身的良好素质也是治疗成功的关键因素。

——徐光兴．学校心理咨询优秀案例集[M]．上海教育出版社，2000.

（四）一个胖姑娘的烦恼

1. 案例介绍

李某，女19岁，工科大学一年级学生。

主诉：小李胖胖的身材，圆圆的脸庞，梳着一头短发，是一个很可爱的姑娘。可是她来找我的时候，一副没精打采的样子。脸上有些浮肿，面色苍白，眼圈出现淡淡的青灰色。问她哪里不舒服，她回答说：“我已经好几夜没睡好觉了，有时眼睛发花，觉得精神恍惚。上课人坐在教室里，可脑子发空。”我问她饮食怎样，她说：“看见什么东西都不想吃，遇到比较油腻的饭菜，就觉得恶心。”根据上述情况，首先应分析是否躯体疾病，进行了相应的体格检查，抽血做肝功能等，结果各项化验指标都正常。于是我开始认真地询问了她的病因。

2. 案例分析

原来她小时候是一个可爱的小胖姑娘。家里有什么好吃的东西，都尽着她吃。大人们亲切地叫她“小胖子”。到了初中，她开始了青春发育期，身体发生了一些变化，食量也开始增大，性格变得内向起来。平时总喜欢一个人躲在家里看小说、画图画，不大喜欢外出活动。

有一年暑假，她的妈妈从工作的食品厂里买回来两箱内部出售的饮料，全是些可乐、甜汽水、甜果汁之类的。她在家里足足喝了一个夏天。开学后，到了学校，觉得同学们都用异样的眼光看着自己。后来有一个男生干脆给她起了个外号：“秤砣”。这下子她才发现自己成了一个胖姑娘。从那以后，好像身体与自己作对一样，越是希望瘦一点，越是瘦不下来。看见别的女孩苗条的身材，自己真是又羡慕，又生气。自己走到哪里，就好像听见别人在说，“秤砣来了”。于是她变得很怕见人，除了上课之外，更多的时间是呆在家里。体力活动越少，体型就越胖。眼看着考入了大学，自己已经成了一个大姑娘。下决心减肥吧。于是她开始强迫自己每天早晨坚决不吃早饭，中饭和晚饭也尽量少吃。经过一段时间，减肥的效果并不很明显，却越来越觉得身体发虚，上午上课时觉得头脑发空，尤其是接近中午的时候精力支持不住。再后来，皮肤也松弛了，红润的脸色变得苍白，还经常感冒，月经的周期也不规则了。同学们建议她要多吃些东西，因为她太虚弱了。可是当她想到应该多吃的时候，却什么也吃不下去了，尤其是带肉的饭菜。并且又开始了失眠，身体越来越不支持。

根据她的情况，因为她过度限制饮食进行减肥，而使身体正常的需要得不到供给，开始时仅是精力与体力的不足，然后出现了机体抵抗力的下降，以及各个系统的功能紊乱，并出现了神经性厌食症的症状。因此，必须对小李进行心理与生理两个方面的指导与治疗。

3. 案例建议

第一步向她进行了心理方面的疏导工作。使她对人们的审美有所认知。我告诉她，青年人喜欢和追求美的东西，这是正常的现象。由于人们的时代背景、文化背景、民族传统等方面的差异。不同的时代、地区，人们的标准也就不一样。就拿中国来说，历史上有记载的一些“美女”，在当时的时代和社会里，应该是能够体现一般人的审美心理的。一想到古典美人，似乎就会首先想到中国文学巨著《红楼梦》里的林黛玉，那是一个典型化了的艺术形象。汉朝的皇后赵飞燕，一个体态轻盈、腰细如柳的典型，然而她的妹妹赵合德，就是一个体态丰满的姑娘，她同样也受到皇帝的宠爱。再拿西方的情形来说，尽管现代我们所看见的许多服装模特儿，都是又瘦又高的身材。实际上，从欧洲文艺复兴时期的艺术作品看，包括许多油画和雕塑，其中许多裸体妇女，她们都是肌肤丰腴、胸满臀圆的形象。而近代西方健美比赛中的女选手，更是身健力强、肌肉发达。由此可见，对于体型美的心理感受，是随着时代和环境而变化的。女性的体型美并不是一个抽象的东西，它应该符合生物学及社会学的要求。

从生物学的角度来看，女性要完成生育和哺乳等做母亲的任务。所以，体型也应符合这种生理要求。女性应该具有匀称的体态，宽大的臀部和丰满的胸部。相反，过于消瘦的身躯，干瘪的胸部和狭窄的臀部，是不具有女性特征的。因为它给人一种不成熟和缺乏优生优育能力的感觉，因而也就失去了女性的吸引力和美感。

从社会学的角度来看，现代女性应该适应社会的需要，体型也应该体现出健美、活力的特征。体型美首先应该以健康为基础。因此，过于“苗条”的体型并不能体现新时代女性的美感，过于苗条的体型会给人一种不健康、缺乏活力、甚至是病态的感觉。

第二步，使她对发胖—减肥—神经性厌食等生理现象有所认知。一般来说，处于青春发育期的姑娘，由于身体各个方面的生长突增和雌激素的影响。身体显得丰满一些，这是正常的情形。如果在这个阶段如果食量过多，又不注意体育锻炼，体型可能就会发胖。如果这时为了身材的苗条，单纯一味地进行节食，就可能出现神经性厌食症，结果是越来越不想吃东西，体质逐渐地下降，内分泌及各种生理功能明显的紊乱，严重地影响了身体的健康，不仅不能坚持正常的工作与学习，有的还会危及生命。

那么，为什么会出现这种厌食症呢？根据对动物的实验表明，如果动物下丘脑的某些部分受到损害时，就可导致其食量下降，有的还会出现自动绝食现象。人的下丘脑也具有类似的功能。当姑娘受到心理因素的困扰，比如总是顾虑自己的体型是否美，自己是否具有吸引力，一味地追求身材苗条，对自己施行强制性限食。所以，只要是自己的身体健康，精力充沛，就不必过多地考虑身材的胖瘦问题。何况女性的美感和吸引力，并不只取决于体型。一个姑娘自身的修养、具有个性的风度和得体的打扮往往更能体现出魅力。

当然，如果身体过于肥胖，不仅影响了体态的灵活，而且也会使某些生理功能下降，影响到身体健康，也就谈不上美感了。应该按科学的方法进行减肥。体型的美是与健康联系在一起的，所以首先应该从加强体育锻炼入手。因为体育活动能消耗身上多余的脂肪，同时还能使身体的各项生理功能、体力、体质增强。实践证明，体育活动是最有效的健身途径。

至于饮食方面，我告诉她应该多注意饮食的质量与进食的时间。每天的早餐是很重要的，决不能马虎，甚至不吃。俗话说：“一天之计在于晨”。用餐也是如此。相反，晚餐要适当的少吃一些，或食用一些清淡、易消化的食物。在食物质量方面，首先要保证蛋白质的摄入量，而减少一些以淀粉、酸类和脂肪为主的食品，多增加一些蔬菜和水果，这对减肥也是有效的。

4. 案例总结

一年以后小李成了一名体育活动的积极分子。跑步和做韵律操成了她每日生活的需要。她那圆圆的脸又恢复红润，全身洋溢着青春的活力，体形也变得健美而匀称。自从解除了心理压力，科学地进行饮食、锻炼后，她的体力恢复了、精力充沛了，学习成绩也不断地提高。

怕胖的心理在由于经济条件已得到较大改善的现代社会，存在于不同年龄不同性别的社会成员身上，其中年轻女性更甚。本咨询之成功，乃是咨询员充分理解小李的爱美之心，从阐述女性美的知识入手，使小李调整了原有的认知结构，改变了错误的观念。咨询员采用的是领悟疗法。在此基础上，对其行为方式的改变提出了建议。来访者由于领悟而自觉进行科学进食及科学减肥，使其克服了由于身材过胖而产生的种种苦恼，生理和心理都得到了健康的发展。

——樊富珉. 大学生心理咨询案例集[M]. 清华大学出版社，2004.

第三节　心理危机干预处理技能实训

危机是面临压力性事件时，个体惯用的问题解决方式运用失败，产生内心失衡状态，如不能及时缓解，危机会导致情感、认知和行为方面的功能失调，如混乱、绝望、沮丧、迷惑与痛苦。因此，危机是危险的，它可能导致个体严重病态，如自杀；但危机也是一种机遇，因为他带来的病痛会迫使当事人寻求帮助，如果当事人能利用这一机会，并介入危机干预这一积极主动地影响过程，则会促进个体的成长和自我实现。

一、走出生与死的徘徊

1. 案例介绍

李某，女，20 岁，文科二年级学生，来自少数民族地区。曾自杀未遂。

年前的一天，一封来信引起了我的重视，陌生的地址、字迹。打开一看，署名是“一个绝望了的大学生”。我心头一紧，职业的习惯使我一口气读完了这封求助的信。

写信的是一位女大学生。她因为自己说话声音发颤，写字右手发抖而焦虑、自卑，对今后的生活失去信心，担心自己将被社会遗弃，多次想到自杀。看完信后我的心情沉甸甸的。挽救一个生命的强烈责任感驱使我放下手中的一切工作，立即给她回了信，约她来心理咨询中心面谈。为了防止不测，在信中我告诉她理解她此时的心情，希望在她手里，我愿和她一起去把握希望。我期待着我的信带给她一线希望，能支持到见面的那一天。

主诉：她按信中约定的时间准时来了。中等个子，温文尔雅，只是满面愁容。请她坐下后，她开始向我诉说心中的苦恼和绝望的心情。

“我是一个来自北方的女孩，从小体弱多病。家人因担心我的身体，总让我呆在家里养病，从不让我和小朋友们到外面玩耍。直到上小学我才参加集体活动。因此，我生性害羞、胆小。不过，我很努力，所以上学后学习成绩一直名列前茅，曾多次参加过各种数学、外语竞赛，并取得了较好的成绩。我还担任过班级和校学生会的干部。所以，我是一个邻里皆晓的乖孩子，老师喜欢的优秀学生。可令人悲伤的是，不知道从什么时候开始，我发现自己有严重的心理障碍。说话声音发颤，写字时握笔的右手发抖，尤其在陌生人面前更厉害。严重时连胳膊也一起发抖。起初，我以为是自己性格太内向的缘故，我一方面找开朗活泼的同学做朋友改变自己；另一方面大量阅读名人传记。其中最喜欢读西奥多·罗斯福的奋斗故事，他不怕自己有生理缺陷，不懈努力的经历深深打动了我的心。从此，我想方设法来锻炼自己，多次去参加演讲朗读比赛，去当家庭教师、推销员。功夫不负有心人，好多人都说我变得勇敢，说我开朗，说我能干。但是，那恼人的毛病并没有改掉。因为高考临近，忙得暂时忘掉。

但是，上了大学以后，我发现这里人才济济，对我的心理压力不小。他人各显才华，而我成天为这些毛病而烦恼。这几个月来，我的心越来越沉重、郁闷、孤寂，脑子里头常常是一片空白，想以死来解脱恼人的一切。但我又不敢死，因为有养育我 20 多年的父母，有关心我、爱我的兄姊，我知道我的死会给他们带来的打击和悲痛是不堪设想的。可是，活着又是那么痛苦，我越来越害怕跟人打交道，甚至害怕说话，因为一说话就结结巴巴，语无伦次；我越来越忧郁孤僻，常常失眠，同学们渐渐疏远了我，我真不知该怎么办才好。如此软弱的我将来能适应社会吗？我还有什么发展的前途呢？这样下去学业受影响，人际关系搞不好，我怕由此而被淘汰掉。老师，你帮帮我吧。”

2. 案例分析

从会谈中了解到李某出生在一个 5 口之家的少数民族家庭。父亲是医生，母亲是职员，上有一兄一姐，她排行老小。家庭关系比较紧张，父母不和，常有冲突。父亲有药物依赖，发作起来的样子对她有很大的刺激。姥爷、舅舅、母亲都曾有过神经衰弱的病史。母亲对其期望很高，寄托了她的全部希望。为了保持自己在父母眼中那个品学兼优的出色的好女儿形象，她的压力不小。小时候体弱多病而常独自在家缺乏与同龄人交往的环境，加上家庭气氛不和谐、不开放，因此形成了她内向、敏感的性格特征，容易自责。离开家乡上学，对新的环境缺乏心理准备，在精英荟萃的大学校园里，自我认知出现了失调。

从主诉和观察分析可以初步诊断她目前的问题属于抑郁状态。而导致她抑郁的主要原因是注意到自己说话声颤、手抖，担心治不好而自卑，进而自我否定，所以想一死了之。根据她的问题，在咨询中我主要采取了支持疗法和森田疗法。

3. 案例建议

支持疗法是心理咨询中是基本，应用最广泛的方法。它通过倾听，让内心有痛苦和哀怨的人有机会合理宣泄其内心积压的消极情绪，从而减少其心理负担；通过支持与鼓励，使面临困难而情绪抑郁的人看到希望. 恢复自信；通过解释与指导，使受不正确观念影响或缺乏科学知识而产生各种烦恼而忧心忡忡的人调整改变原有的观念和认知结构，形成合理的观念。该治疗目的是尽可能激发来访者的自尊和自信，使他看到自己的优点和长处，鼓起战胜困难的勇气，提高适应能力以便消除心理障碍，度过危机。

森田疗法是日本学者森田正马创立的一种治疗神经症的方法，其基本思想是主张“顺其自然”，指导患者接受自己的症状，而不刻意去排斥它。这样症状会慢慢淡漠直至消失。

在咨询过程中，我首先鼓励她尽情地诉说自己的苦恼，适时地提问，使她边说边整理思路，认识自己的问题。可以明显感觉到她的情绪渐渐稳定下来。从诉说中可以了解到引起她情绪忧郁的主要原因是手抖说话颤，她认为这是不治之症。为了了解她写字时手抖的情况，我让她作了“大学生人格健康调查”，她不知道我的用意，因此注意力全都集中在调查项目上。整个 10 分钟，我没有看出她的手发抖。这说明她的手抖不是疾病所致，而是心因性的，即与紧张有关，在陌生人面前由于心理过分紧张而使症状明显。另外，从观察可见，她说话速度比较慢，但口齿很清楚，表达很明确，未发现声音发颤现象。由此可见，她的声颤手抖是心理因素所致，并不是所有的情况下都出现。其实别人根本不会去注意这些，而她生怕别人看出而刻意去控制，结果加重了症状。我告诉她声颤手抖不是不治之症，是可以通过心理调节治愈的。我们每个人由于各种因素影响都会有这样或那样一些症状，不必太介意。

接着，我们重点讨论了如何评价自己。李某追求完美的倾向比较明显，想一直保持品学兼优、出色的好女儿形象。但在新环境中她发现自己并不那么出色，还有一些恼人的症状，从而夸大了自己的不足，走向了自卑，甚至走向自我毁灭。为此，我请她作了一个练习“我喜欢我自己的十条原因”。我给她一个前提，就是她喜欢自己，让她说出喜欢自己的十条原因。开始她说不出来，在我启发之下，列出了文静、学习努力、有教养、体贴人等长处。接着我又让她说说父母为什么喜欢她，邻里常夸她什么。这样，她列出了许多自己的长处与优点，发现自己并不像想象的那么糟，有许多值得自豪的长处，脸上露出了笑容。她告诉我，前些日子想的净是自己的缺点，担心朋友们鄙视自己，取笑自己而没有信心面对生活，通过咨询，让她找回了自信，我们又讨论了如何客观评价自己，坦然地接受自己，宽容自己，不为有缺点和不足而沮丧，扬长避短，确立现实的生活目标。这时，她的话多起来了。

随后，我们又一起讨论了自杀行为的后果，她不好意思地说“现在我明白了，自杀是弱者的选择。对亲人、老师造成的伤害是巨大的，我曾割过腕，但想到父母兄姐就住手了。生活中的强者应该正视生活，有勇气克服困难。老师，您放心，我今后不会轻视生命了。”

最后我们又一起探讨了如何走出自我封闭的圈子，优化性格的问题。我鼓励她多关心周围的同学，多参加集体活动，丰富生活。并推荐她看几本心理保健的书。咨询会谈经历了两个小时。愁容满面、压抑消沉的她变得轻松开朗。在结束会谈时，我告诉她有时间再来，进一步讨论她关心的问题。但赶上期末考试，接着放寒假，她暂时没有再来。

咨询后一周，我收到了小李寄来的一张精美的贺卡，上面写满了她的感受和体会。

××老师：您好！

那天从心理咨询中心出来，在回学校的路上，我想了好多好多，心里头好像轻松了很多。谢谢您老师。虽说走出心理困境要靠自己，但是我想如果没有老师的帮助，其结果是难以想象的。我回来后，按您的要求，给自己列了优点和缺点，发现自己的优点还是挺多的。我又开始开朗起来了，脸上的笑容也多起来了，又开始找同学聊天，讨论问题了。要知道这几个月以来，我一直处在自我封闭的状态之中。

回顾走过的一个学期，我像做了一场恶梦，患得患失，昏昏沉沉，就像我手腕上的伤疤一样，给了刻骨铭心的教训。总之，一言难尽。心理咨询让我懂得了人生真谛。

告诉您一个好消息，元旦我将参加学校的晚会，参加与兄弟院校的联谊会。

此致

敬礼！

学生：×××

4. 案例总结

在这个案例咨询过程中，咨询员采用了人本的支持疗法，森田疗法的思想，运用询问、倾听、共情等摄入会谈技术和解释、情感表达、内容表达、建议等参与性技术针对来访者自杀倾向，提供了有效的帮助，从而有效预防自杀。但咨询并没有完，来访者症状形成的原因需要进一步探讨，说话声音发颤、写字手发抖的症状的减轻或消除不可能通过一次咨询解决，需要运用认知行为的理论方法进行系统的心理治疗。咨询员在处理这个案例时，首先注意来访者有自杀倾向，把咨询的重点放在唤起来访者自信心、接受自己、容忍自己的缺点和弱点，成为来访者自我支持的力量。从这个案例中我们可以受到这样的启发：来访者往往是多种问题交织在一起而苦不堪言。而每次咨询 1 个小时左右，不可能解决所有问题。因此，咨询员要透过现象看本质，抓住主要问题。

——樊富珉．大学生心理咨询案例集[M]．清华大学出版社，2004.

二、我还有几个三年

1. 案例介绍

(1)人口学资料：男，21 岁，某大学学生，来自农村，独子，父母都是农民，经济一般，汉族，目前母亲陪伴在校外租房。

(2)个人成长史：因处于城镇，地少，母亲经常在外务工，父亲在乡镇有职务经常很忙无暇照顾，从小就和奶奶生活在一起，与父母的沟通很少。奶奶对其疼爱有加，所以和奶奶关系好。从小学习成绩很好，聪明懂事，能理解父母的辛苦。与同学老师关系也很好，能替别人考虑。但容易多愁善感，喜欢小说中林黛玉类的人物，欣赏海子等诗人。用其语言就是他们活得很唯美。因为独子，时常感到孤独。因为聪明勤奋，优良的成绩一直保持到大学。在大一下学期查出患尿毒症，随即休学住院治疗，换肾后又在医院治疗静养几个月，期间每天要吃很多排异药物，点滴不断，很是痛苦。因为病魔的突然袭击，他无法承受前后生活的变化，中间拿小刀划破过手腕，但不严重。回到学校，老师们发现他变得情绪低落，担心他出问题，就建议他过来咨询，他没有立即答应，但几周后他主动来访。

(3)精神状态：意识清晰，思维正常，有些紧张，情绪低落，言行一致，人格稳定。

(4)身体状态：需要服用大量排异药物，掉发严重；因为忌食，身体消瘦；情绪低落，导致睡眠不良。

(5)社会功能：学习不能集中注意力，在退学与不退学之间矛盾纠结。

主诉：生病以前睡眠还是很好的。生病之后睡眠一直不好，入睡困难，睡眠浅，总觉得没有睡着一直清醒着似的，处于迷迷糊糊朦朦胧胧状态。脑袋里胡思乱想不能控制。12点多才基本入睡第二天早上六七点就得起来，担心睡眠不够更影响学习。因为在吃排异药物又不敢吃助睡眠抗抑郁等药物，只能这么熬着。

因为吃药头发掉得厉害，有时就想剃光了算了。因为要忌讳很多食物，一直吃清淡饭菜，觉得生活没有什么滋味了，与同学聚餐也只能看着别人大吃大喝，自己却不能尽情享受欢乐气氛，也觉得同学们因为他在场而避讳很多话题，别人越小心翼翼，自己越难受。担心自己的这颗新肾的寿命，不知道自己还能活多久，哪天它出问题，自己也就结束了。所以对将来也没什么打算与计划了，本专业本来就不是自己喜欢的，因为又生病了，现在浑浑噩噩就是浪费生命，就想尽快结束这种生活，觉得人生能有几个三年，不想浪费在这个较封闭又无所作为的空间，想退学回去做自己喜欢的事情，但又担心没资本没阅历没技术到社会上一时半会儿没什么作为，也是枉然。所以一直处于退学与不退学的矛盾之中。

自己的身体状况将来也不能干体力活，也难有女孩子喜欢自己愿意与自己共度余生。想就此了结，自己是独子又对不起辛辛苦苦养育自己照顾自己的父母亲人。活着也是负担，因为治病也借了很多钱了，每天还要吃那么贵的药，在外租房月租也很贵，母亲因此在照顾自己之余经常在学校周边捡些废品卖钱，想到这些心里就痛苦不堪。想尽量考出好成绩获得奖学金来弥补，现在心思又无法集中，经常走神。

与父母亲之间也不愿沟通，虽然与母亲住一起，一天也难得说一句话，最多是以“恩”“好”“知道了”等回应语来回应母亲。父亲经常打电话来关心，都是通过与母亲交流，不直接打给自己，自己也不想和他说话，觉得没什么好说。父母也很无奈也很难受，这些自己都能感觉出来，但自己就是开不了口主动给他们安慰。自己在生病期间学了古琴，每天学习之余就弹弹，经常是自己弹着弹着母亲就在一旁哭了，自己也就忍不住哭了。

2. 案例分析

老师：情绪低落，少言寡语，又有退学念头，知道他生了重病怕他胡思乱想，就建议他过来与咨询老师沟通疏导。

母亲：（在一次咨询时陪同他来，单独会谈时了解的内容）孩子很懂事也很刻苦，也挺聪明，成绩一直不错，亲戚朋友老师同学都夸他。生病后就不爱说话，晚上也睡得很晚，每天都学习到很晚。这么小的年纪经受这么大的打击，做父母的都能理解他的感受，自己的苦也不比他的少，宁愿自己得病不愿看到他这么痛苦。自己尽量不让他看到自己难过，在他面前都是鼓励他安慰他。他说掉头发，自己就说掉了还会有新的长出来的，实在不行就戴帽子。每天都小心地注意他，怕他有什么想不开。不爱和自己说话也不奇怪，从小很少在一起生活，沟通本来就少，加上他人也比较内向，话就更少了。他刚开始学弹古琴，自己还建议他学点别的，因为听到那琴声就悲伤，大家心里都不好受，但他学得快也喜欢，就没有阻止他的理由了。这次是因为他看到自己水盆里的头发太多，一气之下要拿剪刀剪掉，自己不知缘由，还以为他要做傻事，最后没依他硬是被挡下来了。

咨询师的了解和观察：求助者相貌清秀，个高消瘦，第一次咨询可能有些紧张手一直在颤抖(部分因为药物的原因)。诉说睡眠不好，吃饭也没什么胃口，都是些清淡的饭菜，也没有其他特别想吃的，饭量很小了。感觉前途无望，现在也谈不上什么忧郁悲伤，感觉已经麻木了，谈话中有瞬间的微笑也饱含无奈与勉强。总结他的情绪状态是从开始生病时的愤怒绝望到现在的麻木低落。社会关系没有受损。素质较好，与其沟通很融洽顺畅。走路不敢抬头看人，有自卑心理，对体貌不自信。敏感细腻，属于黏液并偏抑郁气质。

3. 案例建议

(1)咨询关系建立。第一次咨询，告之咨询师已经了解他的一些情况，再让其尽情诉说，一室之内的谈话绝对保密。因为来访者情绪低落，话很少，咨询师就做适度的引导，让他说出最困扰他的事情。用尊重、真诚、同感的态度倾听了解其生病，睡眠不好，学业矛盾，掉发等困扰后，及时给予了反馈和积极回应。表示在他经历并度过了那么艰难的时段后，咨询师愿意陪伴他一起走过这一段的心理感冒期。并解释咨询不是一蹴而就的事情，就像生病不能一粒药就见效一样，与其预约长程的咨询。并让他向咨询师保证，不会有自伤行为。一次负性事件不会涵盖生活的所有方面，人是很有能量的不是那么容易被打倒的，每个人都有很多潜能有待开发，很多事情需要完成，生活还将继续。

(2)第2~8次咨询。鼓励赞赏他从疾病中走过来的坚强与勇气，要完全接受它是需要一个过程的。现在的每种情绪反应与行为方式都是可以理解的，如果换做其他人可能还做不到这么好。虽然情绪低落可以理解但毕竟不是合适的，要慢慢做出调整。

第一，睡眠问题。睡眠不好，是心理问题在躯体上症状表现，是事实，但还没到自己想的那么严重，因为并没有影响到第二天的上课状态。躺倒后可以任其思维奔驰，没必要刻意控制，到一定时间自然睡着，即使是朦胧状态大脑也是在休息了。正常人每晚保证6小时的睡眠就够了。通过自我暴露与其分享了睡眠不佳的感受和对策。在咨询室伴随音乐情况下模拟了一次放松训练。并给他一份全身放松训练的步骤指导录音，在睡眠不佳焦虑不安的时候可以试着跟着录音引导放松。

第二，掉发问题。自己过度关注了，不会有那么多人来评价自己头发少了几根。站在旁观者的角度来审视自己，如果是别人生病了掉了一些头发，自己会关注他谈论他嘲笑他吗？优秀气质是由内而外的，不会因为头发少了些形象就毁了的。在一次忍无可忍要剪短头发之后，咨询师支持了他。短发显得很精神，天冷刚好带上帽子也不觉得奇怪。并对咨询师反馈说，换位思考让他心里平静了许多。

第三，退学问题。帮助其分析了退学后的利弊和不退学的利弊。鼓励他继续学习钻研他的业余爱好——弹古琴。还跟咨询师分享了他的想法，以后想从事古琴教学或开琴行的事业。支持肯定了他的想法。暂无退学的想法了。

第四，与父母关系问题。理解他与父母关系不融洽的原因，主要是内向的性格，从小形成的习惯，农村孩子特有的淳朴羞怯，再加上年代的隔阂和生病的打击都导致他不能在这种情境下与父母畅所欲言。鼓励他每天与母亲多说一句话，简短的也可，回答也尽量用长句。让父亲直接给自己打电话而不是通过母亲来传达关心，这样自己也可以直接反馈给父亲信息，对他们来说会是很大的安慰，看到他们心情好，自己也会受感染。行动是很有力量的，迈出一步可能会有意外的收获。

在之后的几次咨询中，求助者的态度自然了很多，不再像前面那么紧张。谈话形式很轻松也相对随意，这样他觉得更自然更舒服，更愿意把心里话倾泻出来。一学期的咨询结束了，咨询师做得最多的是陪伴、倾听、共情、鼓励和支持，加上适当的引导和解释。求助者反馈说“从没与别人这么深入的交谈过，整个过程感到的是安全、放松。”让其对自己的心情愉悦评分，由原来的 4 分上升到 7 分。

来访者自己的评估：过了一个还算开心的寒假。走亲访友也自在了一些。古琴方面也在继续进步。期末考试获全系第一名，全年奖学金很有希望。与母亲的对话多了一些。

老师的反馈：成效显著。考试成绩绩点很高。学习不易走神，情绪状态稳定。

咨询师的评估：开学初又过来咨询了一次，主要是提供反馈的。爱笑了，主动帮咨询师解决了几个关于咨询室的小问题。不易紧张了。

咨询师后续的追访：因为身体的疾病一直存在，他的情绪也有反复，但不会再有轻生的想法。学业也一直在继续下去，并和同学一起申请创办了古琴协会，很多同学慕名而来跟着他学习、切磋古琴技艺，也是一种情感寄托的好方法。

4. 案例总结

此案例一开始的咨询属于危机干预性质，编者也将危机干预步骤有意识的运用其中。

首先，从求助者的角度、确定和理解求助者所认识的问题，并通过咨询师敏锐的洞察力发现本质问题，本案例中该求助者的一切问题都是身体疾病诱发的，咨询师可以帮助其认识并解决求学、脱发等一系列问题，但最终要让其面对自身疾病，不回避、从容面对身体疾病才能重新鼓起勇气面对生活。

其次，要保证来访者的生命安全，本案例中编者让来访者亲口向编者保证不会有自伤行为，出声的语言具有约束力。

第三步，是给予支持，编者以无条件的积极地方式接纳了该求助者，给予最多的是倾听和鼓励，编者最大的感受是，哪怕只是用心地倾听对来访者都有积极的影响作用，让他知道面前的这个人是理解他的、关心他的、了解他感受的，能让他尽情倾吐自己的委屈与哀乐的，这倾诉本身就是一种治疗。

第四步，是提出应对方式，在鼓励之余，要对来访者过于消极的认知和理念给予适当矫正，这就需要后期咨询中认知行为疗法的介入，并要让他了解矫正并不是否定他本身的气质特点和行为方式，而是针对他目前的身体健康状况而言，换一种乐观积极的态度对自身疾病更有帮助。要让他看到同学师长父母亲朋的关心和支持。

第五步，是制订计划，鼓励他的古琴爱好，让他自己制订学习和古琴业余爱好之间的协调计划。咨询师与辅导员、父母沟通，做到共同配合，让他感受到关怀，但又不能感受到过分关心，过分关心会让敏感、细腻的来访者认为自己是一个需要同情怜悯的病人。

最后是得到承诺，如果前面几步都进行地很顺利的话，最后一步算是一个来访者和咨询师的共同总结，对之前的感受和计划有一个整理和回顾，做到条理清楚，为之后计划的实施有章可循。

三、一例自杀案例的反思

1. 案例介绍

李某，男，20 岁，某大学理工类二年级本科生。母亲不能生育，李某是养子，父亲是转业军人且是孤儿，母亲年龄比父亲大，夫妻关系不好。父亲十分溺爱李某，而母亲却……李某几乎没有得到过母爱。家庭氛围极不融洽，家庭条件一般。

李某上大学后，交了一个女朋友，感情一直保持很好，随后在校外租住了一套房子(当时学校允许学生校外租房)，过起了“居家生活”。一年后，女友以“性格不合”为由，向其提出分手，李某起初无法接受，坚决反对。但女友一再坚持，并搬离了两人租住的房子。“是我哪里做错了吗?”“是我哪里不够好吗?”李某一再自问自己。接下来的一段日子，李某意志更加消沉。一再逃课，身心受到极大的重创。一晚，他给父亲打了一通电话：“爸爸，我对不起你，我觉得人活着没什么意义……”流露出了自杀念头，但父亲并没有警觉。次日，再次约见女友，同意与之分手，独自回到租住房后上吊自杀。

2. 案例分析

自杀主要有两种类型：一是冲动型自杀；二是理智型自杀。李某的自杀行为是自身经过一段时间的评价和体验，充分判断后萌发自杀意念，有计划有目的地进行自杀准备而采取行动的，所以属于理智型自杀。此类自杀发展慢、周期长，便于危机预防。

对李某自杀原因分析，可以从以下几个方面进行：

首先，社会生活环境的影响，主要是指家庭生活、人际关系、个人性格等。特别是李某畸形的家庭氛围和家庭教养方式的不健全对其人格发展的影响，如缺少母爱和父亲的过分溺爱、父母关系不合等，形成了他耐受性差、性格柔软、意志薄弱等不良的个性心理品质。

其次，人生观和世界观的影响。因为从小缺少家庭温暖，为了感受这份温暖，所以把恋爱、追寻“家庭”放在了至高无上的位置，女朋友成了他唯一的精神支柱。当女友提出分手后，犹遇重挫，最终产生厌世念头而走向自我毁灭的道路。

总的来说，导致李某自杀的原因远期事件是由于长期不良的亲子关系，近期事件是恋爱关系问题。

3. 案例建议

自杀者有被周围人抛弃的孤立感，心理上有严重的孤独感。像李某，本来就是被收养，加之养母对其的态度，已使原本被人抛弃的他，心理上的孤独感更加强烈。本以为与现在的女朋友能“长相厮守”，但最终还是“抛弃”了自己，所以经过了一段时间思考后，选择了自杀。他的自杀过程可包括三个阶段。第一个阶段是自杀动机或自杀意念的形成阶段，因为女朋友的“抛弃”，使自己心理上的孤独感达到了极致，已经超出了自己的承受范围，为解脱自己，逃避现实，准备把自杀作为解决问题的手段。第二个阶段是矛盾冲突阶段，虽然有了自杀的意念，但因为人的求生本能使李某陷入生与死的矛盾冲突中，此时也表现出了一些求助信号。但是因为李某是在校外租房住，无人能够了解到他预言、暗示自杀的征兆，这也使李某更坚定了自杀意念。第三个阶段是自杀行为选择阶段或平静阶段，此时，李某已经从生与死的矛盾中解脱出来，坚定了自杀念头，情绪也已经恢复，主要表现在两个方面：一是与父亲的通话，这已是自杀的征兆，对唯一牵挂人的最后嘱咐。如果父亲的警觉性高的话，并及时与学校取得联系，也许这场悲剧可能不会发生。二是由刚开始的极力反对到平和地同意与女朋友分手后，解决了未了之事，了无牵挂的离开人世。

4. 案例总结

“唯求一死的反面是希望被救助的愿望。”一旦被救助的道路被堵住、封闭，孤独感便会更强烈，所以应采取积极的心理预防找寻这种“被救愿望”。

自杀首先是一种心理危机的表现。如何发现这种心理危机，是找寻“被救愿望”的关键之所在。自杀者常常会有的一些征兆：第一，语言上，如突然的沉默或突然开始写日记，不上学，与朋友道别或莫名的向周围同学道歉，对周围的人暗示自杀企图“真想一死了之”“死了干净”“活着没意思”等；第二，身体的预兆，如体重减少、失眠、情绪持续低落抑郁、缺乏食欲、有疲倦感、自律神经失调、生理紊乱等；第三，行为的预兆，如有与平常行为不相符的行为，行为突变(如内向性格的人突然变得热情)，无缘无故送礼，突然收拾东西，回避与他人接触等。此外，对那些口口声声扬言要自杀的人我们更应认真对待，并不是只有“沉默”的人容易自杀。

自杀预防常采用的方法有：第一，建立危机干预机构，如开通生命热线、希望热线等，使处于危机中的人知道求助机构的存在，并给予自杀者心理支持，帮助他们稳定情绪；第二，心理咨询的介入，使有心理障碍的人能及时得到心理援助，并做好转化工作，及时反映给所在学院、家长和社会；第三，开设相关指导课程，教会学生心理调适方法和介绍相关救助机构，了解如何早期诊断、如何进行干预；第四，关心那些在生活中突然遇到打击和受到意外刺激的人；第五，通过心理健康普查，了解自杀倾向并及时干预；第六，加强大学生受挫教育，增强挫折耐受力；第七，加强学校与家庭的沟通，及时了解学生的家庭状况，尤其对特殊家庭结构(单亲家庭、贫困生家庭等)的学生给予关注。

危机干预案例对于学校心理咨询工作者来说要求很高，它和一般心理咨询案例的处理模式既有共同点又有区别。共同点是它们都强调确定问题、选择解决方式、制订行动计划、得到求助者的保证等。不同点是心理危机强调时间观念的重要性，面对一例危机事件，我们不能再像心理咨询一样先全面了解求助者的背景资料，然后制订长程的咨询计划，可以布置家庭作业，可以回顾每次咨询效果。危机干预没有这么充裕的时间，也不能罗列所有问题，这就要求危机干预工作者必须要在很短的时间内确定某一主题、提出可替代应付方式、制订计划并保证实施。

危机干预虽不简单，但危机干预工作者仍有相对直接和有效地方法来处理危机。这里参考季建林主编的自杀危机与危机预防的六步法。

第一步，确定问题。从求助者的角度，确定和理解求助者本人的所认识的问题。

第二步，保证求助者安全。将他人的生理和心理危险性降低到最小可能性。

第三步，给予支持。工作人员必需无条件地以积极的方式接纳求助者。

第四步，提出并验证可替代的应付方式。包括环境支持；指导求助者利用积极的防御机制；帮助求助者以积极地、建设性的思维方式来改变看问题的方式，减轻应激、降低焦虑水平。

第五步，制订计划。计划重点是求助者能接受并能自主控制，让求助者体验到自尊与权力。

第六步，得到承诺。让求助者复述计划，并作出不放弃生命的承诺。

除此之外，在危机干预过程中，工作人员首先要进行自我分析，认识到自己的躯体与情绪状况、价值观、人生观，从而客观地面对求助者。其次，要保证求助者的安全，一切围绕求助者的问题进行，为求助者提供帮助，而非过多地讨论自我态度等，以利于争取时间为求助者取得效果。最后，如果工作人员感到无法胜任，在无生命危险的前提下必须要尽早转诊，以免贻误治疗。

在此列举人们对自杀的一些误解，希望能帮助危机干预工作人员对求助者潜在的自杀风险进行准确评估。

(1)与想自杀的人讨论自杀将诱导其自杀。事实上一般应该和可能自杀的人讨论自杀。与一个想自杀的人讨论自杀将可能使其产生相信的感觉，愿意花时间重新获得控制。

(2)威胁别人说要自杀的人不会自杀。事实上大量自杀死亡者曾经威胁过别人或者对他人公开过自己的想法。

(3)自杀是一种不合理的行为。事实上从自杀者的角度看，几乎所有采取自杀行动的人都有充足的理由。

(4)自杀者有精神疾病。事实上仅有少部分自杀未遂者或自杀成功者患有精神疾患。他们中大多数人是具有严重的抑郁、孤独、绝望、无助，被虐待，受打击，深深地失望，失恋或者别的情感的正常人。

(5)自杀发生在家族中，具有一种遗传倾向。事实上自杀倾向没有遗传性。它是习得的或者是情境性的。

(6)想过一次自杀，就会总是想自杀。事实上大部分人只是在他一生中的某个时候产生自杀企图。他们大多数人能从短时的威胁中恢复过来，学会适应与控制，长久地生活。使自己的生活丰富多彩，免受自我冲突的威胁。

(7)一个人自杀未遂后、自杀危险可能结束。事实上自杀最危险的时候可能是情绪高涨时期，当想自杀的人严重抑郁后变得情绪活跃起来的时候。一个危险的迹象是在抑郁或者自杀后出现“欣然”期。

(8)一个想自杀的人开始表现慷慨和分享个人财产，表明这个人有好转和恢复的迹象。事实上大多数想自杀者在情绪好转后，才有精力开始做出一定的计划、安排他们的财产。这种个人财产的安排有时类似于最后愿望与遗嘱。

(9)自杀总是一种冲动性行为。事实上自杀有些是冲动行为，另一些则是在仔细考虑之后才实行的。

趣味延伸:

心理危机干预的问题和展望

心理危机干预是指给处于心理危机中的个体提供有效的帮助和心理支持的一种技术，通过调动他们自身的潜能来重新建立或恢复到危机前的心理平衡状态，获得新的技能，以预防心理危机的发生。

心理危机干预的主要目的有二：一是避免自伤或伤及他人；二是恢复心理平衡与动力。心理危机干预适用于人格稳定和面临暂时困境或挫折的人，以及家庭、婚姻、儿童问题、蓄意自伤、自杀或意外伤害等情况。

心理危机干预问题，首先，目前仍然缺乏一个广为大家接受的、统一的、科学的心理危机评定标准。一个人情绪紊乱不一定就说明他处于心理危机状态，如果评定结果错误，会导致危机干预失败甚至造成终生的破坏性的消极影响。干预者必须通过不断地评估以评判和确定心理危机的严重程度，不断地确认当事人的心理危机状态，才能确定采取相应的应对策略和支持体系等干预措施。因此，在实际的心理危机的评估过程中，可以借鉴国外的理论和模式，评估当事人的认知、情感与行为以及不同危机环境、不同危机阶段、不同应激情境和不同的应激反应，进而做到有的放矢，快速响应，达到事半功倍的效果。其次，从研究范围来看，以往的研究基本上都是考察个体的心理危机。虽然只有在个体心理危机达到某个临界水平之上时，才有可能引发大规模的群发性事件，但是，心理危机一旦蔓延，群发性事件一旦发生就很难制止，除非在其爆发的能量得到足够的释放以后，心理危机干预措施才可能起作用，如 SARS 事件。因此，今后应该扩大到对群体心理危机及其干预方面的探索和研究。再次，虽然危机干预的相关理论得到了长足的发展，但在危机干预体系方面的工作却不尽人意，至今还没有发展成非常普及的社会现象，还处在宏观的、大、空、泛的状态。而对于危机应对的基础设施和制度安排更是缺乏和不完善，这样很难减少不合理和错误的危机应对行为。我们需要通过基础设施建设和制度安排，进一步加强学术合作与交流。这样，如果再遇危机事件，就可以快速反应，并加强危机应对的行为规范培训、危机之中和之后的心理辅导等。最后，对于心理危机及其干预的研究，基本上是延续西方的研究范式，缺乏本土化和创新的特色，特别是忽略了中西方文化背景的巨大差异。由于影响中国民众的文化背景与西方有着明显的差异，中国人的价值观与西方人也有显著不同。如人们在危机情景下的情绪唤醒具有很强的适应性意义。而情绪唤醒状态下的行为反应是高度自动化的，并主要受到思维习惯、行为习惯和社会文化、价值观的影响，因此，我们需要加强跨文化研究。但是，虽然中西方在各方面都存在差异，我们还是得加强跨学科和跨国合作，从而在坚实的科学基础上，构建适合中国国情的危机应对策略。

——王璐，赵静，徐艳斐．心理危机干预的研究综述[J]．吉林省教育学院学报，2011，27(09)：139－141.

参考文献

樊富珉．2005. 团体心理咨询[M]．北京：高等教育出版社．

刘勇．2003. 团体咨询治疗与团体训练[M]．广州：广东高等教育出版社．

中国就业培训技术指导中心、中国心理卫生协会组织．2005. 心理咨询师(二级)[M]．北京：民族出版社．

任桂秀．2006. 团体咨询手册[M]．成都：电子科技大学出版社．

樊富珉．2004. 大学生心理咨询案例集[M]．北京：清华大学出版社．

IRVIN D. YALOM，MOLYN LESZCZ. 2010. 团体心理治疗：理论与实践[M]．李鸣，译．北京：中国轻工业出版社．

季建林，赵静波．2007. 自杀预防与危机干预[M]．上海：华东师范大学出版社．

EdE. JACOBS，ROBERT L. MASSON，RILEY L. HARVILL. 2009. 团体咨询[M]．北京：高等教育出版社．

雅各布斯．2009. 团体咨询[M]．北京：高等教育出版社．

樊富珉，何瑾．2010. 团体心理辅导[M]．上海：华东师范大学出版社．

白羽．2006. 改变心力：团体心理训练与潜能激发[M]．杭州：浙江文艺出版社．

刘勇．2007. 团体心理辅导与训练[M]．广州：中山大学出版社．

徐光兴．2000. 学校心理咨询优秀案例集[M]．上海：上海教育出版社．

杨玉宇．2005. 大学生心理咨询案例分析与辅导[M]．昆明：云南民族出版社．

刘晓明．2002. 学校心理咨询百科全书—案例分析卷[M]．长春：吉林人民出版社．

游永恒．2005. 大学生心理咨询案例集[M]．成都：四川大学出版社．

叶斌．2009. 督导与反思：心理咨询案例集[M]．上海：华东师范大学出版社．

B. E. GILLILAND，R. K. JAMES. 2000. 危机干预策略[M]．肖水源，译．北京：中国轻工业出版社．

龚惠香．2010. 团体心理咨询的实践与研究[M]．杭州：浙江大学出版社．

沙夫．2000. 心理治疗与咨询的理论及案例[M]．北京：中国轻工业出版社．

吴增强，沈之菲．2000. 学校心理辅导研究[M]．上海：上海科学技术文献出版社．

岳晓东．2015. 心理咨询基本功技术[M]．北京：清华大学出版社．

张松．2016. 心理咨询与治疗[M]．武汉：武汉大学出版社．

塞缪尔．格莱丁．2014. 心理咨询导论[M]．方双虎，译．北京：中国人民大学出版社．

陈立民．2006. 高校辅导员理论与实务[M]．北京：中国言实出版社．

黄红，张佩珍．2003. 大学生心理行为指导[M]．上海：上海大学出版社．

张雪琴 . 2011. 大学生心理发展与调适[M]. 北京：中央编译出版社 .

杨眉 . 2001. 与焦虑同行：社交焦虑与考生焦虑的调节[M]. 北京：北京出版社 .

余琳 . 2007. 大学生心理健康[M]. 武汉：武汉大学出版社 .

章明明，冯清梅 . 2004. 大学生心理发展与教育[M]. 广州：暨南大学出版社 .

章劲元，郭晓丽 . 2010. 大学心事——心理咨询师与你聊成长[M]. 武汉：华中科技大学出版社 .

欧阳辉，王宝森 . 2001. 大学生心理健康学[M]. 长春：辽宁教育出版社 .

胡凯 . 2003. 大学生心理健康新论[M]. 长沙：中南大学出版社 .

何金彩，唐闻捷 . 2005. 大学生心理健康与发展[M]. 杭州：浙江大学出版社 .

包蕾 . 2014. 利用心理辅导室设备促进心理健康教育的实验研究[J]. 中国特殊教育(1)：84 – 89.

毕玉芳 . 2014. 高校心理咨询伦理的困境与对策[J]. 思想理论教育(1)：83 – 86.

曹宁宁，石惠，卢丽琼 . 2016. 高校心理咨询师咨询伦理的现状分析与对策思考——以上海高校为例[J]. 思想理论教育(3)：80 – 85.

曹显明 . 2013. 民族地区高校少数民族学生心理健康状况分析及对策探讨[J]. 贵州民族研究(4)：189 – 192.

陈腾飞，丁林芳 . 2014. 高校辅导员如何利用微信公众平台提高管理效率[J]. 河南教育(高教)(2)：62 – 63.

陈新星 . 2014. 高校辅导员与大学生心理危机预防[J]. 思想教育研究(11)：104 – 106.

陈娟，张兴瑜，赵秀娟，等 . 2014. 朋辈团体心理辅导对大学生社交焦虑的干预效果评价[J]. 中国学校卫生，35(12)：1819 – 1821.

陈增堂 . 2014. 上海高校心理危机干预工作现状分析与对策思考[J]. 思想理论教育(3)：79 – 82.

陈祉妍，刘正奎，祝卓宏，等 . 2016. 我国心理咨询与心理治疗发展现状、问题与对策[J]. 中国科学院院刊，31(11)：1198 – 1207.

董淑琴 . 2016. 对“十三五”时期加强高校辅导员队伍建设的思考[J]. 学校党建与思想教育(7)：73 – 75.

董晓蕾，刘冀萍，王瑞敏，等 . 2016. 基于心理资本视角的高校家庭经济困难学生心理健康状况调查与对策研究[J]. 思想教育研究(10)：122 – 126.

董晓蕾，刘冀萍，王瑞敏，等 . 2016. 基于心理资本视角的高校家庭经济困难学生心理健康状况调查与对策研究[J]. 思想教育研究(10)：122 – 126.

丁笑生 . 2016. 高校心理健康教育工作存在的问题与对策探析[J]. 思想理论教育导刊(7)：133 – 135.

费萍 . 2015. 高校辅导员职业能力培养论析[J]. 教育评论(5)：76 – 78.

高淑艳，郑宇姝 . 2016. 成长性团体心理辅导对大学生主观幸福感干预效果[J]. 中国学校卫生，

37(7)：1098 - 1100.

高海平，张颖．2013. 高校心理咨询师专业胜任力研究[J]．教育与职业(36)：87 - 89.

葛缨，刘洁，张进辅，等．2014. 大学生朋辈心理辅导调查问卷结构研究[J]．中国卫生统计，31(5)：819 - 822.

葛建义．2014. 大学生自杀事故中高校的注意义务[J]．中国青年研究(2)：97 - 101.

关金艳．2013. 大学生就业心理辅导的研究[J]．教育探索(8)：142 - 143.

管秀雪．2013. 团体心理辅导对高校贫困生心理健康干预的实效性探索[J]．思想政治教育研究，29(5)：135 - 137.

郭仁露，胡瑜，范玲霞，等．2015. 我国心理咨询与治疗领域热点知识图谱[J]．中国心理卫生杂志(7)：510 - 515.

龚燕，张明志，陈娟．2016. 我国现阶段高校大学生心理健康教育实践路径的选择[J]．教育理论与实践(24). 22 - 25.

何登溢，于利．2015. 法治化：高校辅导员队伍建设的新视角[J]．教育探索(5)：125 - 128.

何思彤，葛鲁嘉．2016. 高校朋辈心理辅导时代转向的理论条件探析[J]．黑龙江高教研究(2)：40 - 43.

何元庆，方存峰．2015. 高校心理咨询中保密的伦理困境与解决出路[J]．中国临床心理学杂志，23(2)：378 - 380.

何元庆，王静娴．2016. 高校心理咨询中非性双重关系的利弊分析与应对举措[J]．中国临床心理学杂志，24(2)：373 - 375.

何天雄．2015. 高校心理咨询中心建设的层次指标体系构建及实证分析[J]．思想理论教育(9)：93 - 97.

黄建春．2014. 积极心理学理念下高校心理健康教育模式的构建[J]．湖南社会科学(4)：247 - 250.

黄锡榜．2013. 高校突发事件下学生群体心理危机干预的效果研究[J]．黑龙江高教研究，31(7)：113 - 115.

黄建春．2014. 积极心理学理念下高校心理健康教育模式的构建[J]．湖南社会科学(4)：247 - 250.

姬广军，赵山明．2015. 大学生心理辅导中价值观干预的必然性分析[J]．教育评论(9)：76 - 79.

孔祥慧．2016. 试论高校辅导员素质提升面临的挑战与基本对策[J]．思想教育研究(10)：108 - 111.

林琳．2013. 高校辅导员工作学生满意度测评体系研究[J]．思想教育研究(10)：84 - 87.

李海云．2016. 高校辅导员信息化“微能力”结构研究[J]．电化教育研究(6)：106 - 111.

李志鹏．2015. 教育国际化背景下高校辅导员境外培训研究[J]．思想理论教育(2)：105 - 108.

李洋，王福顺．2015. 大学生家庭经济状况对学习动机的影响及心理辅导机制构建[J]．黑龙江高教研究(12)：81 - 83.

李洁，黄仁辉，高岚．2014. 绘画团体心理辅导对初中生心理耐挫力的干预研究——以自尊为切入点[J]. 教育学术月刊(10)：72－76.

李晶晶，蔡翥．2014. 积极团体心理辅导对大学生心理弹性干预效果评价[J]. 中国学校卫生，35(9)：1419－1420.

刘玎，卢宁，何建飞，等．2013. 团体辅导对网络成瘾大学生网络使用及学习管理的改善效果[J]. 中国心理卫生杂志，27(7)：496－501.

刘杨，熊青，陈新．2013. 家庭治疗疗法在高校心理咨询工作中的应用[J]. 社会科学战线(9)：270－271.

刘陈陵，王芸．2016. 来访者动机：心理咨询与治疗理论与实践的整合[J]. 心理科学进展，24(2)：261－269.

刘伟，申荷永，王晓寅，等. 2014. 心理咨询师的成人依恋、情绪体验和共情能力的关系研究[J]. 中国临床心理学杂志，22(03)：552－554＋559.

吕开东．2015. 高校学生心理咨询服务需求分析及对策研究[J]. 思想政治教育研究，31(6)：132－134.

林磊，陶思亮，王群．2015. 大学生心理健康状况调查与分析——以上海高校为例[J]. 思想理论教育(5)：89－92.

刘晓琳，邢红旗．2015. 高校贫困大学生心理健康教育探究[J]. 教育理论与实践(3)：41－42.

刘德洋，翟红．2017. 高校心理危机干预中大学生隐私权保护问题探究[J]. 中国成人教育(9)：40－43.

刘海霞，王玖，林林，等．2015. 高校有留守经历大学生心理健康现况调查[J]. 中国卫生统计，32(4)：636－638.

李永慧．2016. 高校心理危机干预中的伦理困境及应对策略[J]. 思想理论教育(5)：85－88.

马小红．2014. 高校辅导员职业能力提升的困境及对策[J]. 学校党建与思想教育(14)：73－75.

麻彦坤．2014. 团体辅导对中学生情绪智力发展的影响[J]. 教育科学研究(2)：59－62.

欧金昌．2015. 加强心理健康教育保障学生健康成长——教育部印发《中小学心理辅导室建设指南》[J]. 广西教育(40)：48－49.

祁明．2016. 高校辅导员队伍专业化、职业化建设面临的新挑战与新任务[J]. 思想理论教育(8)：22－25.

齐原．2014. 大学生对高校心理咨询态度的调查研究[J]. 中国成人教育(2)：108－110.

任胜涛．2016. 青少年厌学现象的成因及心理辅导机制构建[J]. 中国青年研究(4)：90－94.

沈威．2016. 高校辅导员身份认同的冲突与消解[J]. 思想教育研究(5)：96－100.

神彦飞，杨伟宾．2013. 高校辅导员知识与能力结构探究[J]. 思想理论教育导刊(10)：123－125.

谌誉，朱惠蓉，成琳，等．2016. 高校学生心理危机干预中家校协作现状分析——以上海高校为例[J]. 思想理论教育(11)：92－95.

石祥.2014. 大学生心理危机及心理辅导站建设研究[J]. 教育探索(10)：136－137.

佘双好. 2016. 中国高校心理健康教育模式的生成与发展[J]. 学校党建与思想教育(7)：27－31.

佘双好.2016. 中国高校心理健康教育模式的生成与发展[J]. 学校党建与思想教育(7)：27－31.

斯上雯，林潇骁，刘娟，等. 2015. 积极心理学团体辅导对小学生抑郁症状的干预效果[J]. 心理科学(4)：1012－1018.

孙远.2014. 高校网络心理咨询的困境与对策[J]. 黑龙江高教研究(1)：133－135.

唐庆，汪洋，唐晓君，等. 2016. 团体辅导对大学生主观幸福感干预效果Meta分析[J]. 中国学校卫生，37(7)：1031－1036.

陶金花，姚本先.2015. 高校个体心理咨询现状研究[J]. 中国卫生事业管理，32(10)：789－791.

汤芳，赵静波. 2013. 心理咨询与治疗中双重关系的实然现状与应然追求(综述)[J]. 中国心理卫生杂志，27(7)：523－528.

王俊，范赟. 2014. 高校辅导员专业化成长的“课程化”工作模式探索[J]. 思想理论教育(5)：93－97.

王超.2013. 关于高校辅导员职业化发展的思考[J]. 思想政治教育研究，29(4)：119－121.

王璐璐. 2014. 新时期高校辅导员职业价值观研究[J]. 中国青年研究(3)：99－101.

王红.2013. 北京高校心理危机运行机制现状[J]. 中国学校卫生，34(10)：1279－1280.

温娟娟. 2015. 团体辅导对高职新生适应状况的干预效果[J]. 中国学校卫生，36(4)：542－544.

吴志龙.2015. 大数据时代下高校辅导员预警能力研究[J]. 国家教育行政学院学报(4)：62－66.

吴冉，王宇景，陈江媛. 2017. 高校心理危机干预中家校沟通的困境与应对[J]. 中国学校卫生，38(1)：106－108.

谢守成. 2013. 当前高校辅导员队伍职业化发展的几点思考[J]. 思想教育研究(8)：15－16.

许继亮.2016. 高校辅导员职业指导能力提升策略[J]. 思想理论教育(12)：96－99.

许莹. 2015. 我国高校心理咨询与心理健康教育运行制度解析[J]. 教育探索(6)：125－127.

夏晓虹，李轶璇，田丹丹. 2015. 高校辅导员专业素养扫描及其发展路径探析[J]. 思想理论教育导刊(6)：125－127.

薛静华.2015. 心理咨询在高校思想政治教育中的应用探索[J]. 高教探索(1)：120－123.

姚玉红，毕晨虹，赵旭东.2014.《精神卫生法》实施对高校心理咨询工作的影响初探[J]. 思想理论教育(5)：85－88.

杨雪龙.2015. 高校青年辅导员的心理问题发生机制——基于压力—资源模型的视角[J]. 思想教育研究(7)：74－77.

杨颎. 2013. 基于高校危机干预体系的心理转介应对思考[J]. 黑龙江高教研究，31(7)：116－118.

杨亚庚.2014. 高校辅导员的职业特性研究[J]. 教育理论与实践(3)：28－30.

杨建义.2016. 高校辅导员队伍专业化建设的回顾与展望[J]. 思想理论教育(8)：17－21.

杨盈，包陶迅 . 2015. 团体辅导对大学生生命意义感的干预研究[J]. 中国学校卫生，36(12)：1830 – 1832.

俞国良，赵军燕 . 2013. 论学校心理辅导制度建设[J]. 教育研究(8)：90 – 95.

俞国良，侯瑞鹤 . 2015. 论学校心理健康服务及其体系建设[J]. 教育研究(8)：125 – 132.

俞国良，李天然，王勍 . 2015. 中部地区学校心理健康教育状况调查[J]. 中国特殊教育(4)：70 – 75.

余苗，柳之啸，卢映月，等 . 2014. 心理咨询师在价值冲突情境中的价值参与程度调查[J]. 中国心理卫生杂志，28(12)：897 – 901.

游琳玉，贾晓明，等 . 2014. 心理咨询与心理治疗督导伦理的定性研究[J]. 中国心理卫生杂志，28(12)：920 – 925.

张莉，鲁萍，杜涛 . 2015. 高校辅导员职业能力提升与专业化发展研究[J]. 思想理论教育导刊(8)：130 – 132.

张艳萍，杨雪 . 2015. 提升高校辅导员科研能力的对策研究[J]. 思想理论教育(11)：108 – 111.

张微，江光荣，陈佳，等 . 2014. 555 例危险行为高危青少年的心理干预：来自个体辅导和团体辅导的效果对照[J]. 心理科学(1)：225 – 231.

张锋，祝婷 . 2014. 团体心理辅导对大学生时间管理的改善效果[J]. 中国心理卫生杂志，28(5)：327 – 331.

张晓旭，朱海雪 . 2014. 正念认知疗法对手机依赖大学生的干预效果[J]. 心理与行为研究，12(3)：391 – 394.

张妩，王觅，钱铭怡，等 . 2014. 心理咨询师突破保密的态度和决策[J]. 中国心理卫生杂志，28(1)：35 – 39.

邹积英，陈志娟 . 2014. 提升高校辅导员工作动力的思考[J]. 教育探索(4)：100 – 101.

周军军 . 2016. 自媒体领域高校辅导员话语权的危机与应对[J]. 高校辅导员(4)：42 – 47.

周旻，石大维 . 2015. 高校网络化心理咨询研究[J]. 中国电化教育(7)：122 – 126.

周莉，徐紫薇，雷雳 . 2014. 美国高校心理咨询服务专业化和精致化的研究及启示[J]. 心理研究，7(2)：76 – 80.

郑丹丹 . 2016. 高校辅导员心理辅导胜任力现状调查研究[J]. 学校党建与思想教育(1)：81 – 83.

郑文，丁新华 . 2015. 团体辅导对改善大学生学业拖延的效果研究[J]. 心理研究，8(5)：78 – 82.

郑德前 . 2015. 新时期高校辅导员职业能力提升研究[J]. 学校党建与思想教育(22)：53 – 55.

朱海妍，刘丽琼，钟宇，等 . 2015. 团体沙盘游戏与心理辅导对大学生人际交往能力的干预效果比较[J]. 中国学校卫生，36(7)：1041 – 1044.

祝伟娜 . 2013. 团体心理辅导在高职院校学生管理中的应用[J]. 中国成人教育(16)：47 – 48.

曾海萍，赵静波，汤芳，等 . 2014. 高校心理咨询从业者胜任力现况[J]. 中国学校卫生，35(9)：1321 – 1324.

曾海萍，赵静波，刘县兰，等 . 2016. 高校心理咨询师工作倦怠与胜任力的关系[J]. 中国学校卫生，37(3)：421－424.

赵春晓，江光荣，林秀彬．2016．心理咨询中的非言语行为[J]．心理科学进展，24(8)：1257－1265.

朱旭，胡岳，江光荣．2015．心理咨询中工作同盟的发展模式与咨询效果[J]．心理学报，47(10)：1279－1287.

WEIST M D，LEVER N A，BRADSHAW C P，*et al*. 2014. Handbook of School Mental Health[M]. Springer US.

LIN S. 2004. Application of Group Counseling in the Development of University Students' Psychological Quality[J]．Heath Psychology Journal.

TANG Y T，ZHANG J，NIU Z X. 2006．Effect of Group Counseling on Mental Health Among College Students[J]．Chinese Journal of School Health.

YIN H，WANG J Luo J. 2016. Comparative Study on the Effect of Self Acceptance Group Counseling on Improving Mental Health of Higher Vocational Students[J]．Guide of Science & Education.

WEN S U，ZHANG Z，Jian－Hua L I. 2002. The Effect of Group Counseling on Mental Health of Middle School and College. Students[J]．Chinese Journal of Clinical Psychology.

OUYANG W A. 2000. Influence of Interpersonal Relationship Training on Mental Health of Undergraduates [J]．Chinese Mental Health Journal.

ZHANG Y S. 2006. On the Combination of Mental Health Education and Ideological Politics Education for College Students[J]．Journal of Henan University.